ERROS DO PASSADO,
SOLUÇÕES PARA O FUTURO

Affonso Celso Pastore

ERROS DO PASSADO, SOLUÇÕES PARA O FUTURO

A herança das políticas econômicas brasileiras do século XX

PORTFOLIO
PENGUIN

A Portfolio-Penguin é uma divisão da Editora Schwarcz S.A.

Grafia atualizada segundo o Acordo Ortográfico da Língua Portuguesa de 1990, que entrou em vigor no Brasil em 2009.

CAPA Carlos di Celio
PREPARAÇÃO Julia Passos
ÍNDICE REMISSIVO Maria Claudia Carvalho Mattos
REVISÃO Angela das Neves e Clara Diament

Dados Internacionais de Catalogação na Publicação (CIP)
(Câmara Brasileira do Livro, SP, Brasil)

Pastore, Affonso Celso
Erros do passado, soluções para o futuro : A herança das políticas econômicas brasileiras do século XX / Affonso Celso Pastore. — 1ª ed. — São Paulo : Portfolio-Penguin, 2021.

Bibliografia
ISBN 978-85-8285-141-8

1. Agricultura — Brasil 2. Crescimento econômico 3. Crise econômica — Brasil 4. Desenvolvimento econômico 5. Dívida externa — Brasil 6. Economia — Brasil 7. Inflação 8. Política econômica I. Título.

21-63352 CDD-338.981

Índice para catálogo sistemático:
1. Brasil : Política econômica : Economia 338.981

Cibele Maria Dias — Bibliotecária — CRB-8/9427

[2021]
Todos os direitos desta edição reservados à
EDITORA SCHWARCZ S.A.
Rua Bandeira Paulista, 702, cj. 32
04532-002 — São Paulo — SP
Telefone: (11) 3707-3500
www.portfolio-penguin.com.br
atendimentoaoleitor@portfoliopenguin.com.br

SUMÁRIO

Fatti non foste a viver come bruti,
Ma per seguir virtu e conoscenza.

Dante, Canto XXVI do *Inferno*, *Divina comédia*

PREFÁCIO

Marcos Lisboa

CONHECI AFFONSO CELSO PASTORE no fim dos anos 1990, quando voltei para o Brasil depois de morar seis anos nos Estados Unidos. A macroeconomia dominava o nosso debate, e eu admirava o cuidado com que ele analisava meticulosamente, com muitos testes estatísticos, cada argumento.

Naquela época, isso era pouco comum por aqui. A nossa tradição do pensamento econômico valorizava as longas narrativas que procuravam dar conta dos problemas, pinçando dados aqui e acolá para justificar seus argumentos.

Com Pastore era diferente. Seguindo a tradição dominante da academia no exterior, era um economista que analisava perguntas sobre temas precisos. Detalhava cada explicação nos seus diversos argumentos e buscava identificar as conjecturas, as hipóteses mais ou menos explícitas em cada etapa e testá-las com os dados e as técnicas da melhor estatística disponível.

No começo de 2001, havia uma tese sobre os problemas macroeconômicos que enfrentávamos. Havia anos que o Brasil conseguira debelar a inflação, mas o país crescia pouco em meio a uma taxa básica de juros, aquela fixada pelo Banco Central, bastante alta.

Além disso, o prêmio de risco dos investimentos no país aumentara consideravelmente naquele ano. Isso significava uma taxa de juros mais elevada para os títulos públicos de longa duração e para o setor privado.

Antes, assim como aconteceria vinte anos mais tarde, não faltavam narrativas criativas. Uma delas defendia que o problema era a condução da política monetária. O Banco Central teria optado por altas taxas básicas de juros para combater a inflação, mas que resultariam nos elevados prêmios de risco dos investimentos no país.

O argumento utilizava algumas equações agregadas bastante simples para propor que existiam dois equilíbrios possíveis. Em um, a taxa de juros do Banco Central seria alta, o que teria como consequência o elevado prêmio de risco. Outro equilíbrio, contudo, seria possível. Se o Banco Central reduzisse a taxa de juros, o risco país também cairia, e, como resultado, conviveríamos com inflação baixa, porém com maior crescimento.

Na época, convidei Pastore para debater com um dos autores da tese heterodoxa. Depois da exposição da tese, Affonso fez o que sabe fazer. Apresentou muitos testes para verificar se uma análise cuidadosa dos dados corroboraria a hipótese de que a taxa de juros determinava o prêmio de risco no caso do Brasil. A resposta era não.

Os muitos testes empíricos realizados, no entanto, foram ignorados no debate. O autor da tese reagiu apenas repetindo seguidamente seus argumentos, sem se deter nas evidências empíricas que Pastore relatara, como se os fatos fossem irrelevantes.

No ano seguinte, em novo governo, o Banco Central fez o que a tese criticava: aumentou a taxa básica de juros, além de aumentar o superávit primário. Deu-se o inverso do que supunha o argumento heterodoxo. Os prêmios de risco despencaram e, em poucos meses, o mesmo ocorreu com a taxa de inflação. Aos poucos, a economia voltou a crescer.

Pastore segue Karl Popper. Ciência testa hipóteses. Para isso, as conjecturas devem ser precisas o suficiente para que possam ser confrontadas com os dados. Não se pode demonstrar a verdade empírica de uma tese genérica. O possível é ter um argumento bastante específico e verificar se, com certo grau de confiança, ele pode ou não ser rejeitado pela evidência disponível.

Em meados do século passado, havia diversas narrativas que tentavam explicar o nosso subdesenvolvimento. Um dos argumentos mais comuns responsabilizava o excessivo peso da produção agrícola, em que existiria um excesso de trabalhadores pouco produtivos. Seríamos vítimas do comércio exterior com os países ricos e industrializados, que nos vendiam produtos caros em troca de mercadorias pouco elaboradas.

O atraso da agricultura se refletiria no uso de técnicas antigas de produção e na sua incapacidade de reagir aos preços de mercado.

Em sua tese de doutorado, Pastore resolveu verificar algumas dessas conjecturas sobre a nossa produção agrícola. O trabalho analisou a produção de diversas culturas em várias regiões do país, sistematizou as bases de dados e testou os argumentos. Ao contrário da visão dominante, ele rejeitou a hipótese de que a agricultura não reagiria aos preços de mercado.

Em 1968, Pastore havia estudado o que de melhor se fazia na academia americana. Lera os trabalhos de Theodore Schultz sobre economia agrícola e sabia das técnicas de estimação.

Havia poucos que estudavam os fenômenos econômicos como ele naquela época. Antonio Delfim Netto havia sido aluno de Alice Canabrava e Luis de Freitas Bueno, aprendera a teoria e a econometria da época e produzira um livro magistral, *O problema do café no Brasil.*

Affonso foi aluno de todos os três e levou a sério a necessidade de acompanhar a produção acadêmica na fronteira do conhecimento, uma característica marcante de sua longa vida profissional (Lisboa, 2019). Mais tarde, começou a estudar a política macroeconômica, sobretudo a monetária e cambial, temas principais dos seus trabalhos há quatro décadas (Pessôa e Lisboa, 2019).

Pastore sempre respeitou a técnica, e em *Erros do passado, soluções para o futuro* não é diferente. Com o rigor e a dedicação que lhe são característicos, ele resgata, sistematiza e atualiza alguns dos temas de política econômica que debate desde o começo de sua vida profissional. Não é um livro fácil, até pelo apuro técnico, mas é importante pelos mitos que desfaz e pelo que nos ajuda a compreender da história econômica do Brasil dos últimos cinquenta anos.

Pastore começa retomando sua pesquisa sobre a produção agrícola nos anos 1960. Suas conclusões sobreviveram bem às técnicas de estimação mais recentes. Ele conta brevemente a importância da política pública e das novas tecnologias para o desenvolvimento do agronegócio a partir dos anos 1970, uma história em que muitos colaboraram, com destaque para Eliseu Alves, mas também Pastore e Delfim Netto (Lisboa, 2020a e 2020b).

E esse é só o começo do livro. A parte principal é a discussão cuidadosa das nossas políticas monetária, fiscal e cambial nos anos 1970 e 1980, quando, por um estranho desenho institucional, o Banco do Brasil e o Executivo gastavam, enquanto o

Banco Central pagava a conta. Para quem defende — na contramão da experiência mundial — que o Brasil deve priorizar o gasto público, emitindo moeda de forma ilimitada, vale a pena ler sobre as consequências desastrosas da experiência daquele período. O livro destaca um ponto crucial. A indexação sozinha não é suficiente para criar uma inflação inercial, sendo necessária também a passividade da política monetária.

Uma das surpresas que Pastore nos reserva é a sua análise da política de promoção das exportações durante o governo Médici e os seus impactos sobre as distorções na produção setorial, com prejuízos para a produtividade da economia. A forma como a política foi implementada teve consequências negativas que, até onde conheço, ainda não haviam sido apontadas pela literatura acadêmica.

Pastore também analisa os problemas da política de desenvolvimento econômico nos anos 1970 e seus diversos efeitos colaterais. Proteger a produção de bens de capital, por exemplo, pode prejudicar a produção de outros setores e a produtividade da economia, comprometendo o crescimento. Além disso, ele destaca o risco latente do financiamento externo em razão das circunstâncias da época, pouco depois do fim do acordo de Bretton Woods.

O capítulo sobre a crise da dívida externa combina a qualidade da análise macroeconômica típica do autor e a experiência de quem conduziu o Banco Central naquele período. Ele destaca os alicerces da alta inflação dos anos 1990, como o regime monetário e as amarras decorrentes da política cambial e fiscal.

Ao final, Pastore examina dois temas frequentes no debate econômico brasileiro. O primeiro é o problema fiscal, que em parte resulta da captura do poder público por uma fragmentação de interesses específicos, e seu impacto na política macroeconômica. O segundo é a relação entre política cambial e crescimento econômico. Em ambos os casos, o autor associa história econômica e modelagem analítica.

Para além de tudo, o livro é importante pelo cuidado com o método da análise econômica, sobretudo a macroeconomia que tanto nos custou naquelas décadas. Pastore sabe do ofício e, com sua notável disciplina, manteve-se atualizado com a pesquisa acadêmica.

Samuel Pessôa e eu resenhamos suas contribuições para a análise macroeconômica entre os anos 1970 e 1990. Há muito o que celebrar em sua pesquisa, mas algo havia passado desapercebido. Quase três anos antes de John Taylor, Pastore por pouco não derivou a famosa regra de Taylor da política monetária, que sistematiza a forma de atuação dos bancos centrais. Faltaram poucas manipulações das equações para chegar ao resultado (Pessôa e Lisboa, 2020). Não é obra de pouco feito.

Muitos dos erros de política econômica documentados por Pastore foram apoiados pela peculiar combinação de narrativas sedutoras e grupos de interesse, que se beneficiam da proteção setorial discricionária concedida pelo Estado em detrimento do bem comum A análise embasada por modelos precisos e testes empíricos torna mais difícil cair nessas armadilhas.

Neste livro, Pastore nos ensina sobre a economia brasileira, mas também sobre a importância da técnica. O exemplo de Affonso, com seu engajamento na pesquisa cuidadosa da economia e na prescrição da política pública, pode ser útil na formação de jovens economistas. Quem sabe eles evitem repetir os erros que nos trouxeram até aqui.

Referências

LISBOA, M. B. (2020a). "A estranha economia da USP: uma historiadora fora do lugar, um estatístico que admirava Marshall e Antonio Delfim Netto". In: GOLDFAJN, I.; DANTAS, F. (Orgs.). *A economia com rigor: Homenagem a Affonso Celso Pastore*. São Paulo: Portfolio-Penguin, 2020.

_______. (2020b): "A oportunidade perdida em meio à revolução inesperada: a contribuição de Antonio Delfim Netto para a economia brasileira". *Estudos Econômicos*, v. 50, n. 2, abr.-jun. 2020.

PESSÔA, S. A.; LISBOA, M. B (2020): "Debate permanente com base na evidência empírica". In: GOLDFAJN, I.; DANTAS, F. (Orgs.). *A economia com rigor: Homenagem a Affonso Celso Pastore*. São Paulo: Portfolio-Penguin, 2020.

INTRODUÇÃO

MEU OBJETIVO NOS SETE CAPÍTULOS deste livro é reviver alguns temas aos quais me dediquei nos últimos cinquenta anos como pesquisador e como participante ativo dos debates sobre política econômica. Não é uma coletânea de artigos já publicados, nem uma tentativa de escrever um livro de história econômica. É um esforço de, revivendo a história à luz da teoria econômica e da econometria atuais, identificar erros de política econômica e aprender como reconhecer novas falhas, evitando que afetem a economia no futuro. Sigo três princípios que sempre me acompanharam. O primeiro é o de obedecer ao critério de demarcação da ciência enunciado por Karl Popper, que nos ensina que a distinção entre a metafísica e a ciência é a capacidade de negar a validade de uma proposição científica, submetendo-a ao confronto com os fatos. Por isso rejeito a construção de narrativas atraentes e me dedico ao teste das hipóteses. O segundo é que não se progride na busca desse objetivo sem o domínio da teoria econômica, que é um organismo em contínua evolução, impondo-nos um esforço de aprendizado que nunca termina. O terceiro é a total concentração na busca de soluções para os problemas econômicos enfrentados pelo Brasil.

O primeiro capítulo é dedicado ao papel da agricultura no crescimento econômico. Nos primeiros anos de profissão, opus-me às narrativas de economistas ligados à Comissão Econômica para a América Latina e o Caribe (Cepal), que tentavam nos convencer de que a agricultura brasileira seria ineficiente porque os agricultores não reagiriam aos preços. É uma interpretação oposta à de Theodore Schultz, para quem a baixa produtividade de uma agricultura tradicional não decorre de os agricultores não responderem aos preços, e sim de que naquelas circunstâncias os fatores de produção "tradicionais" são os que minimizam os custos. Segundo ele, o que impede o desenvolvimento da agricultura tradicional é a ausência de inovações que gerem uma oferta crescente de fatores de produção modernos, que elevem a produtividade. Tanto a hipótese de Schultz sobre as razões para a existência de uma agricultura tradicional como a proposição de que os agricultores respondem aos preços sobrevivem ao teste de negá-las em confronto com os fatos. Discuto, em seguida, a hipótese de que um mecanismo de autocontrole impediria o progresso da agricultura e mostro que ele não pode existir em uma agricultura aberta ao comércio internacional, que é o caso do Brasil. Em seguida, apresento as evidências empíricas de que o setor agrícola sustentou um aumento significativo de produtividade, que lhe possibilitou fornecer mão de obra aos setores urbanos, compensando a queda da população rural vinda da migração rural-urbana com o aumento da produtividade do trabalho, parte da qual por conta da mecanização, mas a maior contribuição veio das inovações biológicas produzidas nas universidades, em institutos estaduais de pesquisa e na Empresa Brasileira de Pesquisa Agropecuária (Embrapa).

No segundo capítulo, ingresso em um campo do qual nunca mais me afastei: a inflação e as políticas monetária e fiscal. Há mais de 25 anos estamos livres da "inflação inercial", e muito se escreveu a respeito da reforma monetária que a eliminou, mas nunca foi explicado de maneira correta por que ela nasceu e cresceu, sendo um assunto cercado de mais mitos do que realidade. Paradoxalmente, as sementes da inflação inercial — a indexação de preços e salários e a fragilidade institucional do Banco Central — foram plantadas por um plano extremamente bem formulado de reformas — o Programa de Ação Econômica do Governo (Paeg) —, sendo irrigadas nos anos do "milagre brasileiro" e do II Plano Nacional de Desenvolvimento (PND). Depois de expor a diferença entre uma inércia inflacionária e uma inflação inercial, apresento minha explicação: a indexação de preços e salários (tanto quanto qualquer outra fonte de rigidez de preços) é apenas a condição necessária para que exista uma inflação inercial. A condição suficiente é a existência simultânea de indexação com a total ausência de uma âncora nominal que deriva, em última instância, da fraqueza institucional do Banco Central, que foi introduzida pelo Paeg e só foi extinta com o Plano Real, quando foi criada pela primeira vez em nossa história uma âncora nominal para estabilizar a inflação em níveis baixos e economicamente toleráveis.

O terceiro capítulo é dedicado à análise do "milagre brasileiro". Críticos atribuem as elevadas taxas de crescimento entre 1968 e 1973 aos estímulos dados pelo governo ao crescimento da renda dos mais ricos e ao controle de salários, penalizando os mais pobres. Depois de uma análise sobre essa controvérsia, exponho as evidências, que hoje são plenamente reconhecidas, de que a piora na distribuição de rendas não foi nem uma consequência das políticas do governo, nem a causa das elevadas taxas de crescimento. Os erros de política econômica foram outros. Um deles foi o uso do controle de preços que substituiu a política monetária no controle da inflação, cabendo a esta última a tarefa de expandir o crédito a taxas de juros subsidiadas. Em vez de impedir que a semente da inflação inercial germinasse, o governo a irrigou. O segundo erro foi a execução de um programa de promoção de exportações através de subsídios que elevaram as distorções. Num esforço de "arqueologia econométrica", recuperei os resultados de estudos realizados entre 1977 e 1979 na Fundação Centro de Estudos do Comércio Exterior, dos quais fui um dos coautores, mostrando que, em vez de corrigir as distorções preexistentes e de operar como uma solução de "segundo ótimo" — *second best* —, o programa acentuou as distorções na alocação de recursos e em nada contribuiu para elevar a produtividade.

No capítulo 4 analiso os erros cometidos no II PND. Em 1973 ocorreu o primeiro choque do petróleo, e o governo acreditava que o aumento da produção doméstica de bens de capital e de insumos básicos levaria a uma substituição de importações suficiente para acomodar o aumento das importações daquela fonte de energia. O primeiro erro cometido foi o retorno à substituição de importações concentrado nos setores de bens de capital e de insumos básicos. Ao elevar a proteção desses bens, reduziu-se a proteção efetiva dos setores produtores de bens de consumo, que os utilizam na sua produção e que passaram a pressionar por maior protecionismo, acentuando um círculo vicioso de maior protecionismo e menor produtividade, do qual nunca nos livramos. O segundo foi acreditar que a causa da crise estava na elevação dos preços do petróleo. Um dos países atingidos pela crise foi o México, que era um exportador de petróleo e quebrou antes do Brasil, dando um atestado de que aquela crise pode ter sido acentuada pela elevação dos preços do petróleo, mas essa não foi a sua causa. O terceiro foi acreditar que os investimentos na substituição de importações poderiam ser financiados com empréstimos externos, e que a abundância desses empréstimos era proveniente da "reciclagem dos petrodólares", quando o que a provocava era um problema monetário internacional que levou ao fim do regime de Bretton Woods. Na busca de seus objetivos domésticos, os Estados Unidos produziam um aumento da sua oferta de moeda, que devido ao câmbio fixo se transformou em aumento da oferta mundial de moeda e em juros internacionais baixos. Foi essa a razão para o crescimento do mercado de eurodólares. Ninguém, no Brasil, atentava para esse risco, e mostro que havia claras evidências de que ele existia e que pagaríamos um custo elevado.

O capítulo 5 é dedicado à crise da dívida dos anos 1980, que foi plantada pelo endividamento externo ocorrido durante o II PND. São descritos os detalhes da negociação com o FMI (Fundo Monetário Internacional) e com os bancos, mas o objetivo principal do capítulo é demonstrar que era inevitável que o ajustamento à crise disparasse a superinflação dos anos 1980 e a sua consequência direta — a década perdida. Mostro que o inevitável realinhamento cambial gerava um "choque inflacionário" que se incorporava permanentemente à inflação. Como o aumento dos superávits comerciais era fundamental para repor a liquidez externa, era preciso que após uma maxidesvalorização cambial ocorressem minidesvalorizações que mantivessem o câmbio real em torno de uma meta, produzindo a cada mês um novo choque que se incorporava à inflação, cujos efeitos não seriam dissipados pela política monetária. Teoricamente existia um nível de taxa de juros que permitiria dissipar tais efeitos inflacionários e cumprir as metas de expansão da base monetária impostas pelo FMI, mas no mundo real tal elevação seria estratosférica. Ainda que aceitássemos as consequências recessivas de um ajuste daquela magnitude, seria impossível atender à outra condicionalidade imposta pelo FMI, que dizia respeito ao déficit operacional, e não ao resultado primário.

O capítulo 6 é devotado ao nosso eterno problema fiscal. Antes do Plano Real, a precariedade de nossas instituições econômicas permitia que os déficits públicos fossem financiados com a senhoriagem, mas a partir do regime de metas de inflação o Banco Central adquiriu independência nos instrumentos de controle da inflação, desaparecendo a senhoriagem, obrigando a política econômica a se basear no "tripé": metas de inflação, câmbio flutuante e metas para os superávits primários. Foi um período de aperfeiçoamento dos instrumentos e da arquitetura institucional, mas a ele se seguiu um novo período, no qual o governo desprezava as regras e as instituições, abandonando o tripé e colocando a dívida pública em uma trajetória de crescimento insustentável. Houve uma tentativa de retornar ao curso anterior, propondo e aprovando no Congresso uma emenda constitucional que congela os gastos primários em termos reais, mas essa não é uma regra fiscal autoaplicável, e para ter sucesso são necessárias reformas, que foram iniciadas, mas nunca completadas. Encerro o capítulo com reflexões sobre a interação entre as instituições políticas e econômicas, argumentando que nos últimos anos assistimos a uma deterioração dessas instituições, que nos distanciam do mundo ideal no qual elas criam "regras do jogo" que permitem que as decisões sejam tomadas em nome do interesse social, e não em defesa dos interesses privados, de corporações, e dos interesses de um número enorme e disfuncional de partidos políticos.

O capítulo 7 é dedicado à relação entre câmbio e crescimento econômico. Depois do trabalho de Dani Rodrik, que mostra evidências empíricas de que um câmbio subvalorizado está associado a um maior crescimento, cresceram as pressões para utilizar o câmbio real como instrumento para acelerar o crescimento. O próprio Rodrik argumenta que seus resultados não valem de forma absoluta, sendo apenas uma solução de *second best*. Depois de uma análise dos trabalhos que se seguiram ao dele, mostro que no Brasil não há razões que justifiquem o uso do câmbio como uma solução de *second best*. O caminho mais eficaz é uma rota de *first best*, atacando diretamente as distorções que impedem o aumento das exportações. O outro objetivo do capítulo é analisar o que está por trás dos fortes movimentos de depreciação e de valorização cambial. São apresentadas as causas da forte valorização do câmbio nominal e do câmbio real entre 2002 e 2012, mas são também mostradas evidências de que nos últimos anos esse ciclo se inverteu, quer pela tendência à queda dos preços de commodities derivada da redução do crescimento da China, quer por uma redução profunda na capacidade brasileira de atrair capitais. Tais movimentos devem sustentar o real em um nível mais depreciado por um extenso período, abrindo a possibilidade de se utilizar esse conjunto de condições para realizar reformas que elevem a competitividade de nossa indústria. São duas estas reformas: uma alteração nos impostos sobre bens e serviços que seriam unificados em um Imposto sobre Valor Agregado (IVA) com alíquota uniforme, e a redução de tarifas sobre as importações.

1
Agricultura e desenvolvimento econômico

QUEM OLHAR A AGRICULTURA BRASILEIRA à luz dos dados de hoje não terá dúvida de que é um setor eficiente e altamente produtivo, com uma expressiva contribuição para o crescimento econômico. Nas décadas de 1950 e 1960, porém, era grande o pessimismo quanto ao seu papel. Acreditava-se que o Brasil seria vítima da maldição dos países da "periferia", os quais, devido à suposta inelasticidade-preço da demanda internacional de produtos agrícolas, não conseguiam internalizar os ganhos de produtividade do setor, que eram transferidos aos países do "centro" na forma de preços mais baixos. No início da década de 1960, embora o governo já tivesse abandonado a política de sustentação dos preços do café, que favorecia o setor nos anos 1920 e 1930,[1] aquele ainda era o produto predominante na nossa agricultura, com quase 60% das exportações.

A agricultura brasileira é, atualmente, um exemplo de sucesso no aumento da produtividade e diversificação de produtos. Ao contrário do que ocorreu com a indústria, encontrou o caminho para o desenvolvimento com poucos estímulos de natureza fiscal, sendo desde cedo um setor aberto ao comércio internacional. Se, de um lado, o protecionismo que levou à substituição de importações contribuiu para o crescimento industrial, de outro acarretou uma valorização cambial que penalizou a agricultura.[2] Por um bom tempo o aumento da produção se beneficiou da expansão da fronteira agrícola combinada com o aumento da população empregada no setor.[3] Porém, diante da tendência ao progressivo esgotamento da fronteira e da queda da proporção da população empregada na área, que passou a ser atraída pelos salários mais altos nas atividades urbanas, foi necessário buscar formas de elevar a produção através do aumento da produtividade.

Sabemos que para aumentar a produtividade por trabalhador empregado é necessário elevar a densidade de capital por trabalhador e a produtividade total dos fatores. Mas a agricultura tem peculiaridades que demandam uma definição mais precisa de qual é o conceito relevante de capital. Deixando de lado o óbvio capital humano, ao qual retornarei mais adiante neste livro, na agricultura o capital físico tem duas naturezas distintas: a do capital biológico, que é o valor do estoque acumulado de conhecimento sobre práticas de cultivo e variedades mais produtivas criadas pelas pesquisas genéticas, grande parte das quais é muito eficiente na conversão dos fertilizantes em produto; e a do capital mecânico — o conjunto de máquinas agrícolas, entre as quais estão os tratores e as colheitadeiras —, que permite que cada trabalhador cultive uma área maior.

Por que enfatizo a distinção entre esses dois tipos de capital? Comecei a me interessar pelo problema a partir de uma surpresa que tive em uma viagem feita no início da década de 1970, quando passei pela área agrícola do Japão, logo depois de uma incursão na área agrícola dos Estados Unidos. A paisagem rural típica do Meio-Oeste norte-americano era de uma topografia plana, com fazendas onde havia, em um canto contíguo à extensa área destinada ao cultivo, uma casa e um galpão repleto de máquinas, ao lado de armazéns para sementes, fertilizantes e outros insumos, mas com pouca gente trabalhando. A impressão que se tinha era de que o trabalho era exercido de modo predominante pela família — pai, mãe e um filho ou filha, que provavelmente só trabalhava durante as férias escolares —, com poucos assalariados contratados, usando intensivamente máquinas de maior porte. Já no Japão, além da dificuldade de distinguir a área agrícola dos povoados, muito próximos uns dos outros, a topografia era acidentada, com alternância de áreas planas e colinas com variadas altitudes e inclinações, porém todas — incluindo as encostas — cultivadas de maneira intensiva, além do cultivo em extensas áreas alagadas. Nenhum pedaço de terra (e de água de pouca profundidade) ficava ocioso: nem mesmo aquele que nos Estados Unidos era usado como acostamento de uma rodovia. Havia um número visivelmente maior de trabalhadores usando instrumentos mais simples e máquinas de menor porte.

A intuição para tal contraste me parecia clara. Comparando os dois cenários, havia nos Estados Unidos abundância de terra e escassez de trabalhadores, o que levava a um comportamento diferente dos preços relativos dos fatores, provocando uma utilização intensa de máquinas poupadoras de mão de obra, enquanto no Japão, com abundância de população e escassez de terras, o cultivo era mais intensivo em qualquer topografia, incluindo o cultivo aquático. A hipótese era de que para ser mais produtiva a agricultura do Japão dependia mais intensamente do capital do tipo biológico, que combinado com os insumos químicos — fertilizantes e defensivos — elevavam a produção por unidade de área sendo, portanto, poupador de terra, e embora nos Estados Unidos esse tipo de capital também fosse utilizado de maneira intensiva, a preponderância era no uso do capital mecânico, que permitia que um número menor de trabalhadores cultivasse uma área maior. A explicação para tal diferença foi dada por Yugiro Hayami e Vernon Ruttan,[4] quando enunciaram a hipótese da inovação induzida. Os países investem mais no tipo de capital — biológico ou mecânico — que poupa o fator escasso, e usam mais de forma mais intensiva o fator abundante. Porém, independentemente da combinação de capital utilizado, sua importância para o desenvolvimento do setor vem do fato de que ambos geram um aumento da produtividade média da mão de obra empregada, e essa é a forma de promover o desenvolvimento do setor.

Em um de seus excelentes artigos, Zvi Griliches[5] propôs que há uma classe de funções de produção que são (aproximadamente) "separáveis", e esse é o caso da agricultura. Partindo da identidade $Y/L=(Y/A)(A/L)$, em que Y/L é o produto por trabalhador empregado, Y/A é a produção por área cultivada e A/L é a área cultivada por trabalhador, a função de produção de produtos agrícolas decompõe as variações da produção em duas componentes tecnologicamente (porém não economicamente) independentes, nas quais Y/A é uma função da terra e do capital biológico (variedades, técnicas de cultivo, entre outras), com sua eficácia potencializada pelos fertilizantes e defensivos, e A/L é uma função do número de máquinas por trabalhador empregado. Embora sejam independentes em termos tecnológicos, essas duas componentes não são independentes em termos econômicos. Ao elevar a produtividade por hectare, o aumento da densidade de capital biológico e de insumos químicos conduz ao aumento da produtividade marginal do estoque de capital mecânico e da mão de obra, o que expande a demanda e a utilização desses dois fatores, com reflexos nos preços. Já o aumento de máquinas por trabalhador empregado, além de elevar a área cultivada por trabalhador, aumenta a produtividade marginal do capital biológico e dos insumos químicos, induzindo o aumento de demanda e a sua utilização mais intensa. É a interação entre esses dois tipos de mudança tecnológica, à qual se soma o aumento do estoque de capital humano, que explica o desenvolvimento do setor. A disponibilidade de fatores pode favorecer um ou outro componente da "função de produção", mas, ao contrário de uma agricultura tradicional, que geração após geração repete as mesmas técnicas e os mesmos procedimentos, o progresso de uma agricultura moderna depende da utilização dos fatores modernos em permanente alteração de intensidade.

Nos anos 1950 e 1960, os economistas eram em geral extremamente céticos com relação ao desenvolvimento da agricultura. Havia exceções, como Delfim Netto — cuja intuição o levava a insistir nos pontos acima e que via nos investimentos no setor agrícola uma forma de desenvolvê-lo, contribuindo para o crescimento do país — e Eliseu Alves — um cientista que estava destinado a participar de uma verdadeira revolução responsável pelo desenvolvimento do setor agrícola através do progresso tecnológico —, cujas vozes não eram ouvidas por quem, à época, dominava o pensamento *mainstream* no campo das políticas de desenvolvimento, com forte influência da Cepal e dos brasilianistas que com frequência nos visitavam.

Para estes, existiria uma rigidez da oferta agrícola que a tornava insensível aos preços, e que seria uma consequência da estrutura agrária, com grandes latifúndios produzindo produtos exportáveis ao lado de pequenas propriedades que produziam para o mercado interno, com técnicas pouco produtivas.

Uma das consequências dessa anomalia — mas não a única — seria a geração de uma inflação estrutural.[6] Para aquela corrente de pensamento, era preciso mudar a estrutura agrária para desenvolver o setor e combater a inflação, e mesmo assim a contribuição da agricultura para o desenvolvimento seria pequena. A agricultura seria um setor no qual coexistiriam grandes proprietários absenteístas e pequenas propriedades que produziriam para subsistência, esta última com todas as características de uma agricultura tradicional.[7]

Mas mesmo para os que não chegavam a esse extremo e que acreditavam em um possível papel mais ativo da agricultura no desenvolvimento havia o temor de que esse objetivo se frustraria diante da existência de um "mecanismo de autocontrole".[8] O progresso tecnológico fundamentado em qualquer uma das duas formas de capital elevaria a oferta de produtos agrícolas, que se defrontaria com uma demanda inelástica com relação aos preços e muito pouco elástica com relação à renda, provocando uma queda dos preços dos produtos agrícolas, que seria tanto maior quanto mais intensa fosse a elevação da oferta. A queda do preço do produto levaria à redução do valor da produtividade marginal dos fatores modernos, desestimulando a sua utilização e conduzindo à estagnação da agricultura, que se tornaria prisioneira das técnicas tradicionais, sem se desenvolver.

Este capítulo é dedicado à exposição de como a agricultura pode contribuir para o crescimento brasileiro. Meu ponto de partida, na segunda seção, é o trabalho fundamental de Theodore Schultz,[9] *Transforming Traditional Agriculture*, com um diagnóstico preciso sobre qual seria o caminho para modernizar o setor. Para ele, a existência da agricultura tradicional não deriva da falta de resposta aos estímulos econômicos, e sim de que ela está presa a um "mau equilíbrio" no qual as técnicas tradicionais são as economicamente mais eficientes no sentido de que minimizam os custos, ainda que com baixas taxas de retorno. Sua segunda contribuição é a refutação empírica da doutrina da produtividade marginal nula da mão de obra, à qual voltarei a fazer alusão no capítulo 3. No início dos anos 1960, o modelo de desenvolvimento de uma economia dual, proposto por Arthur Lewis,[10] no qual a produtividade marginal do trabalho seria nula, tinha no Brasil uma reputação igual ou maior do que a do modelo neoclássico de Solow,[11] que tanto nos ajudou a organizar as ideias sobre o processo de desenvolvimento.

Na terceira seção, exponho os resultados contidos em *A resposta da produção agrícola aos preços no Brasil*,[12] refutando a hipótese de que no Brasil os agricultores não respondem a preços. As evidências empíricas para o Brasil mostram que há diferenças entre produtos e entre regiões, mas em todas elas, quer com produtos exportáveis, quer com produtos destinados ao mercado doméstico, as ofertas de produtos agrícolas são significativamente sensíveis aos preços relativos, com elasticidades semelhantes às ocorridas em outros países.

Na quarta parte é feita a crítica ao mecanismo de autocontrole. Um pouco de modelagem microeconômica com os valores dos parâmetros próximos aos encontrados em uma agricultura aberta ao comércio exterior é suficiente para mostrar que esse mecanismo não existe no Brasil. Como no caso da destruição do mito de que a agricultura não responderia aos preços, era preciso enterrar a ideia de que o país seria prisioneiro da inelasticidade-preço da demanda internacional através de um teste empírico, que foi feito por Mendonça de Barros.[13] O modelo serve a um propósito adicional, explorado na quinta parte do capítulo, que são as consequências da migração rural urbana. Combinando com a análise de Michael

Todaro[14] e de John Harris[15] sobre as forças por trás da migração, pode-se avaliar o que se deve esperar de uma agricultura que está prestes a esgotar a fronteira agrícola e se defronta com uma oferta limitada de mão de obra, que abandona progressivamente o setor em direção às cidades.

Na sexta parte, avalio os padrões de utilização de fatores e de crescimento da produtividade em duas épocas. Passo rapidamente pelo intervalo entre 1950 e 1970, e a análise mais profunda cobre o período de 1975 em diante, caracterizado por uma incorporação extremamente lenta de novas terras, indicativo de possível aproximação do esgotamento da fronteira agrícola; uma progressiva queda da proporção da população e do emprego rural, que nos anos finais levou à queda de ambos em termos absolutos. É uma época de elevação da produtividade por área plantada e por trabalhador empregado, com uma contribuição predominante das técnicas poupadoras do fator terra fazendo uso do capital do tipo biológico combinado com insumos químicos. A exemplo do ocorrido no primeiro período, nesse segundo a região Nordeste não mostra qualquer progresso em termos de crescimento de produtividade.

Na última seção, faço justiça ao papel fundamental desempenhado pela pesquisa feita em universidades e instituições oficiais, com destaque para o papel da Embrapa. Os dados evidenciam que a grande fonte de crescimento da produtividade por trabalhador empregado foi o aumento da produção por unidade de área cultivada, resultado das inovações tecnológicas produzidas pela pesquisa genética e agronômica, que, por sua vez, só se desenvolveu por conta do enorme investimento em capital humano, em grande parte devido à necessidade de desenvolver técnicas que permitiriam a incorporação de terras que, na sua ausência, não seriam produtivas. Foi isso que levou a agricultura brasileira ao desenvolvimento.

Schultz e a transformação da agricultura tradicional

Seria ingenuidade ignorar que a forma mais eficaz de provocar o arranque para o desenvolvimento seria a industrialização, negando as incontáveis evidências históricas relatadas por Daron Acemoglu e James A. Robinson,[16] muitas das quais se referem a casos de sucesso que ocorreram quando governos de países com instituições econômicas e políticas inclusivas lançaram mão por algum tempo de medidas de política econômica não convencionais, como a proteção tarifária e não tarifária, o direcionamento do crédito e os estímulos fiscais.[17] Como veremos nos próximos capítulos, entre 1950 e o final dos anos 1970, o Brasil teve uma fase de arranque para o crescimento baseado na industrialização com elevada dose de protecionismo e de incentivos fiscais e creditícios, que em seguida se perdeu por completo, o que teria ocorrido independentemente de uma agricultura em desenvolvimento ou estagnada. Mas isso não significa que a agricultura assumiria um papel marginal nesse processo.

Nos anos 1960, um influente artigo de Johnston e Mellor buscava nos convencer que à agricultura caberiam apenas algumas tarefas como: a geração de receita de moeda estrangeira necessária para financiar as importações; a geração de uma oferta de alimentos para os setores urbanos; e a transferência de parte do capital necessário para ajudar na industrialização.[18] Em adição, se nos curvássemos à doutrina de Lewis sobre a redundância do mercado de trabalho na agricultura, adicionaríamos mais uma incumbência: proporcionar uma quantidade ilimitada de trabalho para a indústria sem qualquer sacrifício imposto à produção agrícola.

Theodore Schultz refutou essa hipótese, apresentando em

seu lugar outra teoria não negada pelos dados. Para ele, os agricultores tradicionais não são pobres porque não respondem aos estímulos econômicos, e sim porque são prisioneiros de um "mau equilíbrio", usando modos tradicionais de produção que, embora sejam os mesmos utilizados por seus antepassados, são os que permitem produzir com o menor custo, caracterizando uma escolha racional. A adoção de técnicas envolvendo aquela particular quantidade e aquela particular combinação dos fatores não se deve a uma herança cultural e aos costumes, mas a uma constatação de que, diante da tecnologia existente, representam as escolhas que minimizam os custos.

No período que antecedeu a publicação de *Transforming Traditional Agriculture*, já havia estudos empíricos que mostravam que os agricultores tradicionais respondiam aos preços e que, dada a tecnologia disponível consubstanciada na "função de produção" envolvendo os fatores tradicionais, aquela particular combinação era a mais eficiente, uma vez que o valor da produtividade marginal de cada um dos fatores não diferia significativamente de seu preço. Se os agricultores estavam presos ao "mau equilíbrio" não era devido à sua irracionalidade, e sim ao fato de que, por alguma razão, não tinham à sua disposição fatores modernos com taxas de retorno elevadas o bastante que levariam ao aumento da produtividade por trabalhador.

Há dois conjuntos de testes empíricos relatados por Schultz. O primeiro se baseia na estimação de ofertas de produtos agrícolas. Os testes foram desenvolvidos por Krishna para a Índia, por Falcon para o Paquistão, por Dean para a África e por Eddel para países da América Latina, em uma dissertação de mestrado não publicada.[19] Em todos eles é rejeitada a hipótese nula de que a oferta de produtos agrícolas não responde aos preços. O segundo conjunto de trabalhos foi motivado pela cuidadosa investigação empírica de David Hopper[20] para uma região de agricultura reconhecidamente tradicional, em Senapur, na Índia. Ele partiu de estimativas de funções de produção ligando o produto aos fatores tradicionais, a partir das quais foram calculadas as produtividades marginais dos fatores utilizados, e multiplicando essas produtividades marginais pelos preços do produto; tais valores foram comparados aos preços dos respectivos fatores de produção, verificando-se que em média não diferiam de maneira significativa entre si. Os trabalhos de Welch e de Chenareddy[21] seguem essa mesma linha.

Se os agricultores alocam de forma eficiente os recursos, por que a agricultura não se desenvolve? A primeira razão está nas baixas taxas de retorno nos investimentos em técnicas tradicionais. A segunda é que, embora as taxas de retorno sobre os investimentos em fatores modernos sejam potencialmente muito elevadas, tais técnicas não estão disponíveis para a adoção pelos agricultores tradicionais.[22] Ações que gerem a produção de fatores modernos ou facilitem sua disponibilidade para os agricultores são as que conduzem à transformação da agricultura tradicional, modernizando-a.

Schultz também se insurgiu contra a doutrina da redundância da mão de obra na agricultura. A hipótese de que a abundância de mão de obra levaria à produtividade marginal nula do trabalho na agricultura era muito difundida, e sua consequência era que esse setor poderia suprir uma quantidade ilimitada de trabalho para a indústria sem prejudicar a oferta de produtos agrícolas. Como veremos no capítulo 3, essa hipótese foi usada no Brasil por críticos à concentração na distribuição de rendas que acompanhou o forte crescimento do Produto Interno Bruto (PIB) nos anos do "milagre brasileiro".

Havia na literatura um número citado com frequência — em torno de 25% —, que seria a "estimativa" da quantidade redundante do fator trabalho nos países pobres, que, por ser enunciado por autoridades como o próprio Lewis, adquiria ares de informação cientificamente correta.

Proposições científicas não têm essa classificação porque foram enunciadas por estudiosos reputados, e sim porque não são refutadas pelos fatos. Schultz buscou formas de colocar à prova a capacidade de previsão vinda da hipótese de que a produtividade marginal do trabalho na agricultura seria nula. Ele critica alguns dos pressupostos básicos da proposição e cita alguns exemplos isolados, mas seu ataque decisivo se baseou no episódio ocorrido na Índia na epidemia de gripe de 1918 e 1919. São raros os momentos nos quais um cientista social se defronta com um episódio que se assemelha a um experimento de laboratório delineado para um teste de hipótese, mas era esse justamente o caso. Com uma superpopulação e enorme predominância da atividade agrícola, a Índia é o país que teria a maior probabilidade de obedecer ao comportamento suposto por Lewis quanto à produtividade marginal nula da mão de obra na agricultura. Fazendo uso cuidadoso dos dados, levando em conta a influência de fatores climáticos e lançando mão de uma criteriosa seleção da base de comparação, Schultz apresentou evidências incontestes de que o declínio da população empregada na agricultura levou a uma queda da produção compatível com os parâmetros que a ligam ao emprego. Assim, rejeita de forma frontal a doutrina do trabalho redundante.

Theodore Schultz e Arthur Lewis dividiram o prêmio Nobel de economia em 1976: o primeiro sobretudo graças à sua contribuição para a teoria do capital humano — na verdade, ele foi o criador da expressão "capital humano"; e o segundo devido à sua contribuição para a teoria do desenvolvimento, com ênfase em seu trabalho sobre a economia dual. São duas linhas diametralmente opostas na teoria do desenvolvimento, mas premiações com essa característica não são uma exceção: ao longo da história, o Nobel foi outras vezes concedido a cientistas com visões opostas.[23]

A resposta da produção agrícola aos preços no Brasil

Depois de anos sendo bombardeados pela pregação de que os agricultores em países subdesenvolvidos não responderiam aos preços, os economistas se puseram a campo para colocar a hipótese à prova. No Brasil, os dois trabalhos pioneiros foram o de Delfim Netto,[24] porém limitando as ofertas para dois agregados de produtos (os índices de produção de alimentos e de matérias-primas para a indústria), e o de Brandt,[25] que estimou ofertas para vários produtos restritos ao estado de São Paulo. Conduzi uma pesquisa mais ampla, quer pela cobertura regional, quer pela quantidade de produtos investigados,[26] cujos resultados são resumidos a seguir. Em todos esses casos imediatamente foi utilizado o modelo de ajustamento parcial criado por Nerlove,[27] no qual a oferta agrícola de longo prazo é dada por

$$(1) \quad y^*_t = a + bp_{t-1} + cX_t + u_t$$

em que y^*_t é uma variável não observável, definida como o logaritmo, em t, da oferta agrícola desejada a longo prazo (como há custos de ajustamento, este não é instantâneo); p_{t-1} é o logaritmo do preço do produto no ano $t-1$ (na agricultura há uma defasagem de um ano entre a decisão de plantar e a colheita); e X_t é um vetor contendo todas as demais variáveis que influenciam a oferta (o clima, por exemplo). Finalmente, u_t é uma variável aleatória com média nula. Nessa especificação, o coeficiente b é a elasticidade de longo prazo da oferta. Para completar o modelo é necessária uma equação que descreva a trajetória do ajustamento em direção ao equilíbrio, que é dada por

$$(2) \quad y_t - y_{t-1} = \beta\left(y_t^* - y_{t-1}\right)$$

em que y_t é o logaritmo da oferta de curto prazo com $0 < \beta \leq 1$. A equação (2) indica que a variação da oferta entre t-1 e t é uma proporção do ajuste desejado a longo prazo. Substituindo (1) em (2) obtém-se $y_t = a\beta + b\beta p_{t-1} + b\beta X_{t-1} + (1-\beta)y_{t-1} + \beta u_t$, que é uma equação envolvendo apenas as variáveis observáveis, a partir da qual são obtidas as estimativas dos parâmetros de (1) e (2). A elasticidade de curto prazo da oferta é dada por $b\beta$.

O Instituto Brasileiro de Geografia e Estatística (IBGE) publica, para cada produto, a produção em toneladas e o valor da produção avaliada aos preços recebidos pelos produtores. O preço de cada produto é obtido dividindo o valor nominal da produção pela quantidade produzida, e o preço relativo de cada produto é obtido deflacionando-o pelo índice de preços da produção agrícola (na verdade, é o deflator implícito do valor da produção, cuja estimativa do "quantum" produzido é obtida por um índice Laspeyres com base móvel de ponderação). Com apoio nesses dados, foram estimadas ofertas de vários produtos para três regiões: o Nordeste; o Centro-Sul; e o estado de São Paulo, isoladamente. Omito a reprodução das tabelas com as estimativas das equações, mas todos os detalhes relevantes estão contidos na tabela 1. Para cada produto e em cada região estão as elasticidades de curto prazo da oferta acompanhadas da respectiva elasticidade de longo prazo entre parênteses, assinalando-se com (**) os coeficientes estatisticamente significantes a um nível de significância estatística de 5%, e com (*) os coeficientes estatisticamente significantes a um nível de significância estatística de 10%.

Tabela 1: Coeficientes de elasticidade de curto e longo prazos para as ofertas agrícolas

Produto	**Brasil**	**Nordeste**	**Centro-Sul**	**São Paulo**
Algodão	0,19** (0,63)	-	0,23 (0,23)	1,22** (2,03)
Amendoim	0,72** (1,55)	-	1,47** (1,47)	0,47** (1,02)
Arroz	0,31** (1,17)	0,03 (0,10)	0,23** (0,49)	0,61** (1,96)
Batata	-	-	-	0,29** (0,29)
Cana	0,16** (0,16)	-	0,26** (0,26)	0,12** (0,12)
Cebola	0,05 (0,06)	-	-	-
Feijão	1,14** (1,15)	0,03 (0,05)	0,03 (0,10)	0,37** (0,37)
Fumo	0,11 (0,20)	0,52** (0,70)	-	-
Mamona	0,20** (0,68)	0,14* (0,41)	0,23 (2,09)	0,39* (0,77)
Mandioca	0,11** (0,96)	0,12* (0,18)	0,09** (0,90)	0,26* (0,47)
Milho	0,15** (0,57)	0,06* (0,15)	0,06 (0,15)	-
Soja	-	-	-	2,63** (15,47)

Elaboração do autor. Os números entre parênteses ao lado das estimativas das elasticidades de curto prazo são as respectivas elasticidades de longo prazo.

Para aferir o comportamento das ofertas no Brasil em relação a outros países são apresentados, na tabela 2, os coeficientes de elasticidade estimados por outros autores, tanto em países mais pobres quanto em um país rico com uma agricultura desenvolvida, como é o caso dos Estados Unidos. Independentemente da região e do produto considerado, há uma expressiva maioria de resultados mostrando: respostas aos preços que são positivas e estatisticamente significantes e menores a curto do que a longo prazo; e que tais resultados são de magnitude muito semelhante aos encontrados em outros países, tanto os subdesenvolvidos como os com uma agricultura reconhecidamente mais desenvolvida.

Tabela 2: Elasticidade para as ofertas agrícolas em outros países

Produto	**País**	**Elasticidades**	**Pesquisador(es)**
Algodão	Paquistão	0,41 (n. c.)	Falcon
Algodão	Estados Unidos	0,27 (0,67)	Nerlove
Trigo	Estados Unidos	0,48 (0,93)	Nerlove
Milho	Estados Unidos	0,10 (0,18)	Nerlove
Fumo	Malawi	0,48 (n. c.)	Dean
Algodão	Índia	0,72 (1,62)	Krishna
Milho	Índia	0,23 (0,56)	Krishna
Cana	Índia	0,34 (0,60)	Krishna
Arroz	Índia	0,31 (0,59)	Krishna
Trigo	Índia	0,08 (0,14)	Krishna
Cebola	Estados Unidos	0,32 (n. c.)	Suits e Koisumi
Prod. agregada	Estados Unidos	0,10 (0,17)	Griliches
Alimentos	Brasil — Centro/Sul	0,10 (0,30)	Delfim Netto e outros
Industrializáveis	Brasil — Centro/Sul	0,50 (0,70)	Delfim Netto e outros

Elaboração do autor.

O mecanismo de autocontrole

Nos anos 1960 e 1970, ainda havia o temor de que a agricultura seria prisioneira de um mecanismo de autocontrole que impediria seu desenvolvimento. A história de nosso desenvolvimento agrícola se encarregou de negar a existência desse mecanismo, mas vale a pena insistir no tema usando com pequenas adições à modelagem que adotei em um artigo em coautoria com Mendonça de Barros,[28] que será útil na discussão sobre a migração rural-urbana e as evidências empíricas sobre a contribuição da mão de obra e do capital mecânico para a produção.

O ponto de partida é uma função de produção tecnologicamente separável, como a proposta por Griliches, que pode ser expressa na forma:

$$(3) \quad y_t = \phi(A,\rho)F(K,L)$$

na qual $\phi(A,\rho)$ é uma função da área cultivada, A, e do capital biológico combinado com insumos químicos, ρ, que determina a produtividade por área cultivada; e $F(K,L)$ explica a substituição da mão de obra pelo capital mecânico, que é por sua vez uma função homogênea de grau um na mão de obra empregada, L, e no capital mecânico, K, e que pela propriedade de homogeneidade faz com que a área cultivada por trabalhador dependa apenas do estoque de capital (máquinas) por trabalhador empregado.[29]

Em uma agricultura tradicional, a produção pode aumentar de maneira extensiva através da incorporação de novas terras, mas nesse caso a produtividade média por área, que denominaremos por $\pi = Y/A$, seria constante e com um valor absoluto muito baixo. Além disso, o estoque de capital mecânico seria baixo e de qualidade bastante rudimentar — em vez de máquinas seriam utilizados arados puxados por animais de tração. Em consequência, a combinação dessas duas fontes levaria a uma produtividade marginal do trabalho muito baixa, que, apesar disso, não é nula, com o trabalho sendo remunerado na sua produtividade marginal.

O segundo conjunto de equações estabelece o comportamento das ofertas de trabalho e de capital mecânico, que se elevam em relação ao salário, no primeiro caso, e à remuneração pela produtividade marginal do capital, no segundo, cujas elasticidades com relação aos respectivos preços são dadas por e_L e e_K. Por enquanto, não vou me preocupar com deslocamentos da demanda de mão de obra no plano ligando os salários ao emprego, mas essa condição será abandonada na próxima seção, quando for discutido o problema da migração rural-urbana. Se admitirmos que a contribuição à produção vinda da produtividade por área — que por sua vez depende dos fatores terra e capital biológico — ocorre a uma taxa de variação fixa, designada por $\hat{\pi}$,[30] chega-se, utilizando as propriedades de homogeneidade de grau um em $F(K, L)$, à especificação de como a taxa de variação da oferta agrícola, $\hat{y}$, reage às taxas de variação do preço, $\hat{p}$, e do crescimento da área cultivada combinada com o aumento de sua produtividade, $\hat{\pi}$,

$$(4) \quad \hat{y} = \varepsilon_p \hat{p} + (1 + \varepsilon_p)\hat{\pi}$$

$$(5) \quad \varepsilon_p = \frac{\sigma(\theta_L e_L + \theta_K e_K) + e_L e_K}{\sigma + \theta_L e_K + \theta_K e_N}$$

em que e_p é a elasticidade da oferta de produtos agrícolas ao preço do produto, θ_L, θ_K são as participações do trabalho e do capital na produção, e em que, repito, e_L, e_K são as elasticidades da oferta dos dois fatores com relação aos respectivos preços, sendo σ a elasticidade de substituição entre mão de obra e capital.

Antes de discutir o mecanismo de autocontrole, voltemos à proposição de que os agricultores não responderiam aos preços. Já sabemos que ela não se sustenta empiricamente, mas alguém poderia insistir que isso não se deve à "ignorância econômica" dos agricultores, que teimariam em não responder aos preços, e sim a alguma outra razão, como alguma "rigidez" peculiar à natureza da agricultura. Tomemos um caso compatível com fatos estilizados de uma agricultura tradicional, no qual não haja qualquer aumento da área e da produtividade por área ($\hat{\pi} = 0$), e que as duas ofertas de fatores sejam totalmente inelásticas ($e_L = e_K = 0$) ou, de forma alternativa, se apenas um dos fatores (trabalho ou capital mecânico) tiver oferta totalmente inelástica, a elasticidade de substituição entre os dois fatores seja nula, com $\sigma = 0$. Em qualquer um desses casos, ainda que os agricultores desejassem responder aos preços, a oferta agrícola seria totalmente inelástica, quer porque não seria possível alterar as quantidades dos dois fatores, quer porque, ainda que um deles pudesse se elevar em resposta a um estímulo em sua compensação monetária, eles só poderiam ser utilizados em proporções fixas, inexistindo substituição entre os fatores. Contudo, esse não é um conjunto razoável de hipóteses. Primeiro, é difícil imaginarmos que $\sigma = 0$ na agricultura, isto é, o trabalho e o capital, só possa se combinar em proporções fixas, como ocorre no modelo da produção industrial desenvolvido por Ekhaus.[31] Embora para operar um trator seja utilizado apenas um trabalhador, o que superficialmente poderia ser interpretado como uma tecnologia a coeficientes fixos, sabemos que é possível arar uma dada quantidade de terra usando apenas um trabalhador que disponha de uma máquina mais potente ou, de maneira alternativa, ver essa tarefa executada por vários trabalhadores com arados rudimentares puxados por animais de tração. A primeira usa uma intensidade de capital em relação ao trabalho maior do que a segunda, e a escolha entre um e outro processo depende dos preços relativos, mas a grande variedade de opções tecnológicas indica que é mais provável que haja algum grau de substituição e que $\sigma \neq 0$. É, também, contraintuitivo que as ofertas dos dois fatores sejam totalmente inelásticas: afinal, é difícil imaginar que alguém não optaria por obter alguma renda adicional diante de uma compensação mais elevada por seu trabalho, ou que o proprietário de uma máquina não decidisse usá-la de modo mais intenso se os contratantes do serviço decidissem pagar mais pelo aluguel dos serviços da máquina. Diante desses argumentos, desde que as decisões econômicas sejam racionais, nem mesmo em agriculturas tradicionais deveríamos encontrar ofertas de produtos agrícolas inelásticas, e como vimos na seção anterior essa hipótese é rejeitada pelos dados.

Retornemos agora ao mecanismo de autocontrole, considerando de início uma agricultura fechada ao comércio internacional. Admitamos que a demanda de produtos agrícolas $y^d = D(p, R)$ dependa do preço e da renda, R, com η_p sendo a sua elasticidade-preço e η_R a elasticidade-renda. Admitindo que a renda e a produtividade média por área são exógenas e têm taxas constantes de variação, igualando oferta e procura obtém-se

$$(6) \quad \hat{y} = \frac{-\varepsilon_p \eta_R}{\eta_p - \varepsilon_p} \hat{R} + \frac{\eta_p (1 + \varepsilon_p)}{\eta_p - \varepsilon_p} \hat{\pi}$$

$$(7) \quad \hat{p} = \frac{-\eta_R}{\eta_p - \varepsilon_p} \hat{R} + \frac{1 + \varepsilon_p}{\eta_p - \varepsilon_p} \hat{\pi}$$

e como $\eta_p < 0$, a expressão (6) deixa claro que a produção crescerá a uma taxa positiva que é tanto maior quando mais elevados forem o crescimento da renda e o da produtividade por área. No entanto, dada a renda, os preços cairiam a uma taxa tanto maior quanto mais elevado seja o crescimento da produção por área, e como em equilíbrio os agricultores igualam o preço dos fatores modernos (que são dados para cada agricultor individualmente) ao valor da sua produtividade marginal (o preço do produto pela produtividade física marginal do respectivo fator), o uso dos fatores modernos encolheria, em vez de se expandir.

Esse é o argumento de Paiva, mas ele cai por terra em uma agricultura aberta ao exterior.[32] Nesse caso não mais podemos pensar em uma demanda inelástica com relação ao preço. Na grande maioria dos produtos agrícolas (o café foi uma exceção, e de forma secundária o açúcar), o país é um "tomador de preços" no mercado internacional, o que significa que $\eta_p \to \infty$. Nesse caso todo o efeito expansionista da renda — doméstica e internacional — e do aumento da produtividade por área cultivada se transforma integralmente em expansão da quantidade produzida sem qualquer alteração nos preços, desaparecendo o mecanismo de autocontrole. Em uma agricultura aberta ao comércio internacional não há mecanismo de autocontrole.

A análise empírica de Mendonça de Barros foi um forte golpe na crença de que jamais poderíamos obter receitas substanciais através da exportação dos produtos agrícolas "não tradicionais". Trabalhando com uma amostra de alguns produtos — arroz, algodão, soja, milho e amendoim — e de países importadores no antigo Mercado Comum Europeu (Bélgica, França, Alemanha e Holanda) e na antiga Associação Europeia de Comércio Livre (EFTA, na sigla em inglês) (Áustria, Finlândia, Suécia, Suíça e Inglaterra), e depois de uma criteriosa avaliação das práticas protecionistas desses blocos, o economista estimou as elasticidades preço e renda das demandas dos produtos agrícolas enfrentando o comércio internacional. Sua análise indicou que havia um grande potencial de receitas e foi amplamente confirmada pela nossa história, antes mesmo do início do ciclo de ganhos de preços de commodities provocado pela China.

Porém, ainda que estejamos em uma economia fechada ao comércio internacional, o mecanismo de autocontrole teria efeitos menores sobre a adoção do capital mecânico. Para mostrar esse ponto temos que encontrar a expressão para $\hat{K}$ em função dos demais parâmetros do modelo exposto acima, que é:

$$(8) \quad \hat{K} = \frac{e_K(\sigma + e_L)}{\sigma + \theta_L e_K + \theta_K e_L}\left\{\frac{1+\eta_p}{\eta_p - \varepsilon_p}\hat{\pi} - \frac{\eta_R}{\eta_p - \varepsilon_p}\hat{R}\right\}$$

e dado o valor da expressão entre chaves a magnitude da taxa de crescimento do estoque de capital será tanto maior quanto mais elevado for o valor da elasticidade da oferta de capital mecânico, e_K. No entanto, no termo entre as chaves há dois efeitos em direção contrária: como $\eta_p - \varepsilon_p$ é sempre negativo, o valor de $\hat{K}$ só será positivo caso $\eta_R \hat{R} > (1 + \eta_p)\hat{\pi}$. Se estivermos vivendo um ciclo de elevada urbanização, com forte aumento da renda urbana derivada da industrialização, como o que ocorreu no Brasil na fase da substituição de importações nas décadas de 1950 a 1970, e como no período de forte crescimento econômico, entre 1968 e 1973, que será exposto no capítulo 3, o crescimento da renda será elevado e com grande probabilidade poderá gerar um efeito expansionista sobre a adoção do capital mecânico que predomina em relação ao efeito na direção contrária, vindo do aumento de $\hat{\pi}$. Claramente esse efeito será ainda maior se a economia estiver aberta ao comércio exterior. Esse seria o caso de um país no qual o ministro da Economia estivesse convencido de que a agricultura não teria a capacidade de contribuir de forma positiva para o crescimento e promovesse uma forte industrialização por substituição de importações, como foi o caso brasileiro naquelas duas décadas.[33] Nesse caso, como se comportaria a absorção de mão de obra?

Da mesma forma como foi feito para $\hat{K}$, podemos obter a expressão para $\hat{L}$, dada por:

$$(9) \quad \hat{L} = \frac{e_L(\sigma + e_K)}{\sigma + \theta_L e_K + \theta_K e_L} \left\{ \frac{1+\eta_p}{\eta_p - \varepsilon_p} \hat{\pi} - \frac{\eta_R}{\eta_p - \varepsilon_p} \hat{R} \right\}$$

sendo evidente que se existir uma oferta de trabalho extremamente elástica, no caso em que tenhamos $\hat{\pi} = 0$ combinado com o crescimento da renda, o resultado seria uma forte absorção de mão de obra. Mas esse é apenas um exercício hipotético, porque não podemos extrair de um modelo mais do que ele pode nos entregar, e se quisermos progredir na análise sobre os efeitos no emprego do setor rural não poderemos tratar o mercado de trabalho na agricultura como se fosse estanque, desvinculado da indústria e do setor de serviços, ignorando a existência da migração rural-urbana.

A absorção de mão de obra e a migração rural-urbana

De acordo com o censo populacional em 1940, quase 70% da população brasileira era rural. Essa proporção foi caindo, com uma nítida aceleração entre os anos 1960 e 1980, e continuando em queda daí em diante em menor velocidade, até atingir pouco acima de 15% em 2010 (gráfico 1). A industrialização e o forte crescimento do setor de serviços atraíram mão de obra do campo para a cidade. A migração é uma decisão racional, que depende de uma análise de custo/benefício por parte do potencial migrante. É a expectativa de que o fluxo de rendas futuras ao longo da vida útil no novo emprego supere o fluxo de rendas esperado caso permaneça no campo que leva alguém a sair da sua casa no sítio ou na fazenda onde trabalha na agricultura, migrando para a cidade. Quer intuitivamente, quer de forma explícita, para tomar uma decisão o potencial migrante terá que calcular o valor presente dos dois fluxos esperados de renda, avaliando se há entre eles uma diferença significativa. Como a magnitude do valor presente após a migração aumenta conforme o período de vida útil no novo trabalho, que é tanto maior quanto mais jovem for o migrante, a intensidade da migração será maior para os indivíduos dessa faixa etária. Do mesmo modo, o valor aumenta quanto mais elevado for o grau de educação do migrante. Uma primeira consequência é que as atividades urbanas ganham por adquirir um capital humano produtivo, ficando no campo os mais velhos e com menor grau de educação.

Gráfico 1: Proporção da população rural

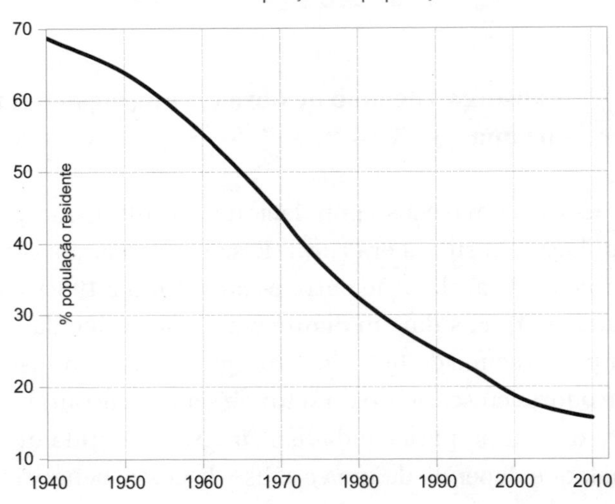

FONTE: IBGE.

Porém a decisão de migrar também envolve custos. Nada garante que ao chegar aos centros urbanos os migrantes encontrem rapidamente o emprego desejado. Todaro e Harris[34] argumentam que há um período de busca que pode ser mais curto ou mais longo, no qual o migrante pode ficar desempregado, sem receber qualquer renda, ou ter apenas uma renda pequena derivada de trabalhos temporários. De início, os migrantes permanecem em um "bolsão de desempregados" (ou subempregados), e quanto mais longo for esse período maior será a queda do fluxo esperado de renda na nova atividade, devendo ser descontado do benefício calculado anteriormente. Dessa forma, o migrante potencial terá de fazer uma segunda avaliação, respondendo à pergunta: qual é a probabilidade de obter o emprego desejado em um dado horizonte? Se essa probabilidade for elevada, o custo de migrar será pequeno em relação ao benefício, e a migração ocorrerá. Mas se o "bolsão de desempregados" já tiver crescido, aumentando a disputa pelos empregos urbanos e reduzindo a probabilidade de encontrar emprego, o custo será mais alto, desestimulando a migração.

Entre o início dos anos 1950 e a metade dos anos 1970, o Brasil conheceu um período de grande crescimento econômico fundamentado na industrialização. Foi um período no qual ocorreu uma intensa alteração estrutural, em que o aumento da produtividade do trabalho é quase que totalmente explicado pelo aumento da produtividade total dos fatores, que foi influenciada em parte pela queda da proporção da população empregada na agricultura e pela elevação da proporção empregada na indústria e no setor de serviços, com produtividade marginal do trabalho bem mais alta e pagando salários bem maiores. Uma das consequências dessa alteração estrutural foi sua contribuição para elevar as taxas de crescimento do PIB e da renda per capita, e a outra foi o intenso crescimento da demanda de produtos agrícolas — os alimentos. A expressão (9) da seção anterior indica que por isso deveria ter ocorrido um aumento da absorção da mão de obra. Mas essa "conclusão" omite o efeito da migração sobre a oferta de mão de obra na agricultura.

Demanda e oferta de trabalhadores agrícolas são representadas no gráfico 2. Ao elevar a renda per capita, a mudança estrutural (crescimento da produtividade da indústria e da renda per capita) aumenta os preços dos produtos agrícolas e eleva a produtividade marginal da mão de obra e do capital utilizados na agricultura, o que significa que a demanda de mão de obra no campo se desloca para a direita, de D para D'. Nas fases iniciais da migração rural-urbana é possível que o tempo de permanência no bolsão de desemprego seja menor, ou que a probabilidade de obter o emprego desejado seja mais alta, reduzindo a percepção do custo de migrar, o que faz com que a curva de oferta de mão de obra na agricultura se desloque para a esquerda, e ao encontrar demandas cada vez mais expandidas traça uma trajetória de salários em elevação, minimizando as variações do emprego agrícola.

Gráfico 2: Curvas de oferta e demanda de trabalho agrícola

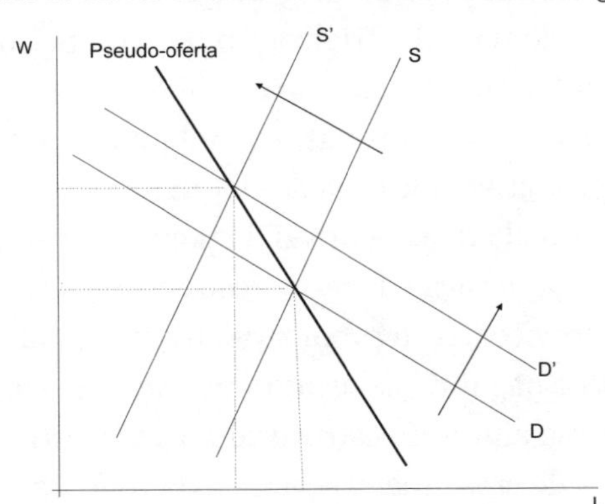

Elaboração do autor.

Se as oportunidades nas cidades forem grandes e o custo de migrar for baixo, o deslocamento da oferta de mão de obra na agricultura será mais intenso, e se isso se combinar com uma expansão mais forte da demanda de mão de obra — uma consequência do aumento da renda per capita —, é perfeitamente possível que ocorra uma queda da população rural e do emprego agrícola ao lado da elevação mais intensa dos salários no campo. É essa a situação sugerida no gráfico 2, no qual o lócus dos equilíbrios tem uma trajetória, que denominarei "pseudo-oferta de trabalho". No caso de uma fronteira agrícola extensa sendo crescentemente ocupada com custos baixos, a elasticidade da oferta de terra seria alta, o que levaria a uma elevação da área cultivada ao lado de uma intensa mecanização, que seria maior se existissem economias de escala na produção de máquinas agrícolas, reduzindo seus preços. Porém, ainda que esse não seja o caminho, com a agricultura passando a dispor de fatores de produção como variedades mais eficientes na conversão do fertilizante em produto, combinado com uma oferta elástica de fertilizantes, a trajetória de crescimento mostraria um aumento da produção por unidade de área, com menor crescimento da área cultivada.

As fontes de crescimento da produtividade

Quando no início dos anos 1970 ainda buscávamos entender como operava o fenômeno da inovação induzida, decompúnhamos as taxas de variação da produção na contribuição devida ao produto por área, atribuída ao uso de insumos biológico/químicos e à relação área/trabalhador, que deveria crescer com a intensificação do uso de máquinas. A interpretação dos resultados seguia a proposição de Griliches sobre a função de produção separável na agricultura. Um desses inúmeros exercícios tem os resultados apresentados na tabela 3. Os índices foram calculados pelo critério Laspeyres, com base móvel de comparação incluindo apenas lavouras.[35] Nesses resultados, destaca-se o forte crescimento da produção por unidade de área no estado de São Paulo, que é uma primeira evidência do esforço realizado na geração de variedades mais produtivas. Ayer e Schuh apontam que São Paulo investiu mais em pesquisas de algodão que os Estados Unidos, uma taxa de retorno de 90%, que supera as obtidas por Griliches, para pesquisas de milho híbrido; por Peterson, para pesquisas na avicultura; e por Evenson, para pesquisas em extensão nos Estados Unidos.[36] Esses estudos encontraram taxas de retorno que oscilaram entre 20% e 35%. Em menor escala, isso também ocorreu no Rio Grande do Sul e em Minas Gerais. Mas no Nordeste o crescimento no primeiro período foi extensivo, com aumento da mecanização ocorrendo no segundo período. O estado de São Paulo, com a fronteira agrícola praticamente esgotada, beneficiava-se de uma longa tradição de pesquisas em variedades e formas de cultivo.

Tabela 3: Decomposição do crescimento da produção

Componente	**Região**	**Período**	
		1950-60	**1960-8**
Produção por área	Brasil	1,77	2,03
	São Paulo	3,76	4,79
	Centro-Sul	1,55	2,09
	Nordeste	0,48	0,62
Área/trabalhador empregado	Brasil	0,54	1,96
	São Paulo	–0,05	0,62
	Centro-Sul	1,62	1,99
	Nordeste	0,16	3,14

Componente	Região	Período	
		1950-60	1960-8
Mão de obra	Brasil	3,53	1,36
	São Paulo	1,21	−1,32
	Centro-Sul	3,39	1,68
	Nordeste	4,39	1,65
Produção agrícola	Brasil	5,84	5,35
	São Paulo	4,92	4,09
	Centro-Sul	6,56	5,76
	Nordeste	5,03	5,40

FONTE: Pastore, Alves e Rizzieri (1974).

Para o período de 1975 a 2011, contamos com dados anuais estimados por Gasques, Bastos, Valdes e Bacchi.[37] Sua amostra é bem mais abrangente do que no exercício anterior, incluindo lavouras permanentes e temporárias, a avicultura e a pecuária, e a estimativa dos índices foi realizada utilizando a fórmula de Turnqvist com base móvel de comparação.[38]

No gráfico 3 está a evolução do produto agrícola, e a ela foram superpostas as tendências sobre as quais a produção cresce a uma taxa diferente em cada período, com uma quebra de estrutura em 1998. Antes de 1998, a produção crescia a uma taxa de 3,15% ao ano; e de 1998 em diante a taxa se eleva para 4,23% ao ano, com as duas taxas diferindo de maneira estatisticamente significante.[39] Como se comportaram a produção/trabalhador; a produção por área e a relação área/trabalhador? Também nesses casos há uma quebra de estrutura em torno de 1998, com as taxas de crescimento aumentando a partir de 1999. Na tabela 4 se verifica uma forte elevação da produtividade por trabalhador empregado, devida principalmente ao crescimento da produção por área, e em menor escala pelo aumento da relação área/trabalhador.

Gráfico 3: Índice de produção agrícola e sua tendência de crescimento

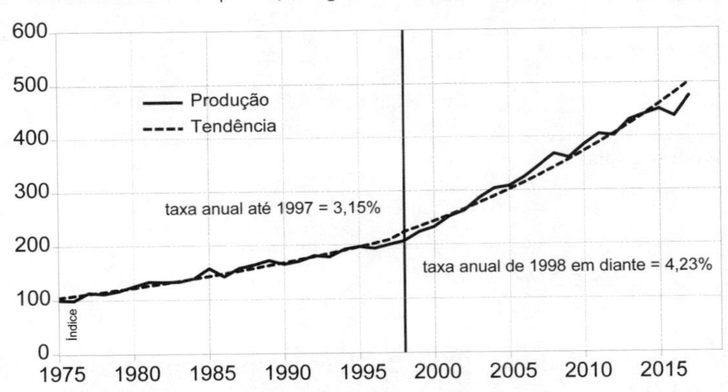

FONTE: Elaboração do autor a partir de dados de Gaques, Bastos, Valdes e Bacchi (2012).

Tabela 4: Partição das taxas de crescimento por período

	1975-98	**1999-2017**
Produção/trabalhador	3,21	5,17
Área/trabalhador	0,14	0,98
Produção/área	3,06	4,08

FONTE: Elaboração do autor a partir de dados de Gaques, Bastos, Valdes e Bacchi (2012).

Gasques, Bastos, Valdes e Bacchi aprofundaram sua análise construindo com a fórmula de Turnqvist um índice dos insumos primários, agregando a terra, a mão de obra e o capital.[40]

No gráfico 4, estão superpostos: o índice dos insumos e cada uma de suas componentes. Chama atenção que, após flutuar por cerca de vinte anos em torno de um valor estável, o índice de mão de obra cai em termos absolutos a partir de 1995, acentuando essa queda de 2005 em diante. Foi uma queda significativa: em 2017, o emprego no setor rural estava em torno de 20% inferior à média do período de 1975 a 1995. Segundo, há um crescimento muito pequeno do índice de terra

— inferior a 5% em um período de quarenta anos —, sugerindo que ou estamos nos aproximando do final da fronteira agrícola, ou o progresso em técnicas que elevam a produtividade por área tem realmente poupado de maneira eficiente o fator terra. Terceiro, há um contínuo crescimento do índice de capital mecânico, que, a exemplo do que ocorreu com a mão de obra empregada, muda de intensidade a partir de 1995, com a diferença de que nesse caso o crescimento se acelera.

Gráfico 4: Índice dos insumos e seus componentes

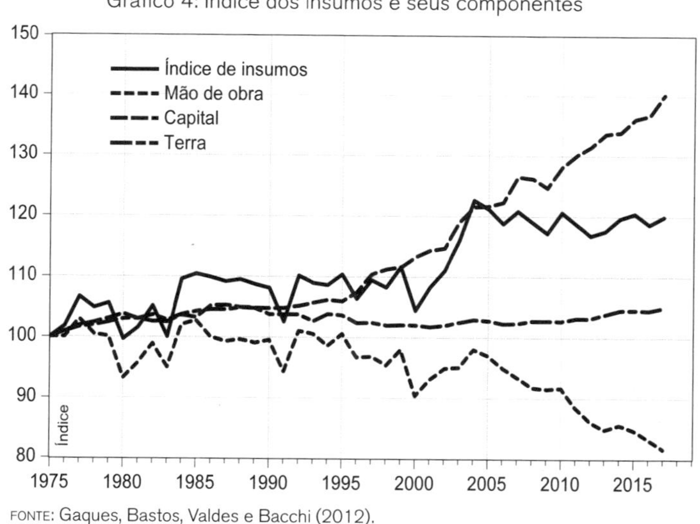

FONTE: Gaques, Bastos, Valdes e Bacchi (2012).

Como a produção cresce bem acima do aumento dos insumos, há um resíduo "não explicado" por esses três fatores primários de produção, e que denomino produtividade total dos fatores primários — a PTFP (gráfico 5). O termo PTF — a produtividade total dos fatores — é de utilização consagrada em funções de produção que incluem todos os fatores relevantes. Mas nesse caso estou utilizando explicitamente o modelo da função de produção separável definida por Griliches, na qual foram incluídos alguns dos fatores relevantes, que são os que denominei "fatores primários" (mão de obra, capital mecânico e terra), e omitidos outros fatores relevantes — o capital biológico. Na análise de Gasques e outros, este último é um fator omitido, que tem grande peso na explicação do crescimento da produtividade. Por isso preferi mudar a nomenclatura, criando o conceito de PTFP.

Gráfico 5: Produção agrícola, índice de insumos e PTFP

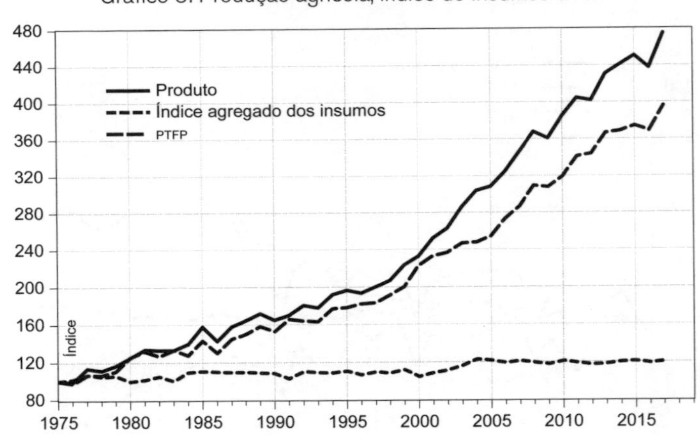

FONTE: Gaques, Bastos, Valdes e Bacchi (2012).

Parte desse resíduo não explicado pelos "fatores primários" poderia ser atribuída a mudanças na composição da produção, com o crescimento proporcionalmente maior de culturas nas quais a produtividade por unidade de área é maior. Porém, é possível que uma parte derive de fatores de produção relevantes na determinação do comportamento do setor e que são omitidos na decomposição. Para tornar mais claro, voltemos à proposição de Griliches sobre a função de produção separável. Esta seria, como foi visto, o produto de duas funções independentes em termos tecnológicos, com a primeira incluindo a terra e o valor do "capital biológico", cujos efeitos são potencializados pelos insumos químicos, e a segunda incluindo as máquinas agrícolas e a mão de obra, e que foram omitidas nesse cálculo. Embora seja possível atribuir um valor ao fluxo de fertilizantes e defensivos utilizados na produção (conhecemos seus preços e as quantidades utilizadas), é extremamente difícil — se não impossível — atribuir um valor ao estoque de conhecimento genético.[41] Tal omissão não teria efeitos práticos caso o "resíduo" não explicado na decomposição — a PTFP — fosse pequeno, ou seja, se a consideração explícita apenas dos fatores primários praticamente esgotasse todo o nosso conhecimento sobre as fontes de crescimento. Mas não é isso que nos mostram as séries do gráfico 5. Apesar da dificuldade de comprovação, há razões lógicas para atribuir boa parte desse crescimento aos fatores omitidos, que são o "capital biológico" e os insumos químicos.

Retornemos à contribuição dos fatores primários. Vimos no gráfico 4 que a queda da população empregada coincide de maneira aproximada com a aceleração no índice de capital. Qualquer que seja a razão da queda absoluta do número de trabalhadores, como uma maior migração provocada pelo aumento das expectativas de ganhos nas atividades urbanas ou uma queda acentuada do preço dos bens de capital que induzisse sua utilização mais intensiva, ela teria que ocorrer ao lado da maior utilização do capital mecânico. Para avaliar esse comportamento estimei uma regressão linear, tendo como variável dependente o logaritmo da área por trabalhador empregado e incluindo duas variáveis explicativas: o logaritmo do índice do capital; e a própria variável endógena defasada de um período, de forma a descrever a dinâmica de convergência para o novo equilíbrio. Antes de proceder à estimativa foi feito um teste de causalidade no sentido de Granger, que mostra que o índice de mão de obra por área falha em causar o índice de máquinas, mas o índice de máquinas não falha em causar a relação área/trabalhador. Os resultados estão na tabela 5. Ambas as variáveis têm o sinal esperado e são estatisticamente significantes a um nível de significância de 1%, com um $R^2 = 0{,}833$. A curto prazo, uma elevação de 1% no índice de capital leva a um aumento de 0,248% na relação área/trabalhador, e a longo prazo esse efeito chega a aproximadamente 0,5984%.

Tabela 5: Área/trabalhador em função do capital e da área/trabalhador em t-1

Variável	Coeficiente	Erro-padrão	Estatística t
Constante	0,712	0,364	1,958
Capital	0,248	0,075	3,307
Terra/trabalho (-1)	0,598	0,129	4,630
R^2=0,833 SE=0,270 F=97,171 DW=2,237			

FONTE: Estimativa do autor a partir de dados de Gaques, Bastos, Valdes e Bacchi (2012).

Como foi visto no gráfico 5, a aceleração na queda da população empregada ocorre em torno de 1995, mas pelo gráfico 1 vimos que naquela data já estávamos próximos do final do ciclo de queda da proporção da população rural. Essa evidência nos leva à conjectura de que possivelmente a queda do preço das máquinas e/ou o aumento da proporção de lavouras com tecnologias próprias para a mecanização (soja e cana de açúcar, por exemplo) tenham se elevado, mas não pode ser ignorado que por volta dessa data tivemos, também, o final de restrições regulatórias — o final do IAA (Instituto do Açúcar e do Álcool) e do IBC (Instituto Brasileiro do Café).

Essa não é a única evidência de que a mecanização substitui mão de obra. Com base nos censos de 1950, 1960 e 1970, que fornecem para cada estado a mão de obra empregada e o número de tratores, e utilizando uma especificação do tipo Cobb-Douglas, Pastore, Alves e Rizzieri (1976) estimaram os parâmetros da parte separável da função $F(K,L)$. Nas três primeiras linhas da tabela 6 estão as estimativas para cada um dos censos, e na última linha foram combinados os três censos. Em todos os casos os coeficientes são estatisticamente significantes, e não se rejeita a hipótese de que a função é homogênea de grau um. Com base nos dados da tabela 6, um aumento no estoque de tratores eleva a área cultivada em torno de 0,2%. Não são números que tenham grande diferença com a estimativa da tabela 5.

Tabela 6: Estimativas da função *F(K,L)* na especificação Cobb-Douglas

Censo	Constante	Mão de obra	Tratores	Soma dos coeficientes	R^2
1950	22,11	0,865 (7,546)	0,183 (3,117)	1,047	0,920
1960	49,01	0,810 (8,521)	0,206 (4,789)	1,016	0,930
1970	60,83	0,782 (6,647)	0,226 (4,614)	1,008	0,880
Combinando os três censos	*dummies*	0,831 (12,747)	0,157 (6,263)	0,988	0,900

FONTE: Pastore, Alves e Rizzieri (1976).

Disparidades regionais

Na tabela 3 ficou evidente que os avanços tecnológicos não são uniformes, sendo pior o desempenho no Nordeste. Já no censo de 2006, os informantes declararam a renda bruta e a área explorada. Agrupando os dados das quatro classes de renda bruta, Alves, Souza, Rocha e Marra (2012) mostraram que com mais de dez salários mínimos mensais há 500 008 estabelecimentos (11,36% do total) gerando 86,65% da renda, enquanto no extremo mais pobre se concentram 66,01% das propriedades, com apenas 3,27% da renda bruta. Há, assim, uma grande concentração da renda bruta. Excluído o estrato mais pobre, todos os demais estabelecimentos têm condições de competir no mercado. Contudo, há mais de 2,9 milhões de estabelecimentos com uma renda bruta da ordem de metade do salário mínimo da época. Estes últimos podem ser classificados como estabelecimentos com característica de pobreza absoluta, com a maioria no Nordeste (tabela 8). O contraste é visível. Qualquer que tenha sido a fonte de elevação da produtividade (da terra e/ou da mão de obra), o Brasil tem um desempenho claramente positivo. Mas talvez por influência do meio hostil, ou da ausência de pesquisas e/ou de extensão rural, a região Nordeste é discrepante e continua se comportando como uma agricultura tradicional. É uma diferença tão marcante que deveria induzir a adoção de políticas públicas que alterem essa enorme discrepância regional.

Tabela 7: Produção por tamanho de propriedade agrícola

Classes — salário mínimo/ mês	Número de estabelecimentos	%	Distribuição da renda bruta (%)	Renda bruta por estabelecimento
0-2	2904769	66,01	3,27	0,52
2-10	995750	22,63	10,08	4,66
10-200	472702	10,74	35,46	34,49
mais de 200	27306	0,62	51,19	861,91
Total	4400527	100,0	1000	10,45

FONTE: Alves, Souza, Rocha e Marra (2012).

Tabela 8: Localização das propriedades de baixa renda (0-2 salários mínimos)

Regiões	%
Norte	9,4
Nordeste	57,2
Centro-Oeste	5,7
Sudeste	15,1
Sul	12,6

FONTE: Alves, Souza, Rocha e Marra (2012).

A inovação induzida, a pesquisa e a Embrapa

Territorialmente o Brasil, como os Estados Unidos, tem dimensões continentais e uma disponibilidade de terras maior do que a do Japão, o que poderia sugerir que a agricultura brasileira imitaria a dos Estados Unidos, com a mecanização e a elevação da relação área/trabalhador sendo as componentes dominantes do aumento da produtividade. Há um grau elevado de mecanização, mas as evidências empíricas são claras: no Brasil, a maior contribuição para o crescimento da produtividade média da mão de obra na agricultura veio de técnicas poupadoras de terra, como o capital biológico combinado com insumos químicos, e não de técnicas poupadoras de mão de obra, como é proporcionado pelo uso intensivo de máquinas. A que se deve esse aparente paradoxo? Quer por razões históricas, quer pela necessidade de tornar aproveitáveis as terras do "cerrado", na região Centro-Oeste do país, que por muito tempo foram julgadas inaproveitáveis para a agricultura, mas cuja exploração foi fundamental para o aumento da produção agrícola e pecuária, desde cedo o Brasil investiu na criação de instituições competentes nas pesquisas biológicas e agronômicas, que levaram à geração de variedades e ao aprimoramento de técnicas de cultivo. Investir no aprimoramento das máquinas que atendam às necessidades dos agricultores é uma atividade que gera retornos privados, o que atrai empresas que investem em inovações. Porém, investir em variedades, sementes e técnicas de cultivo é algo diferente. Apesar dos elevados retornos sociais, é uma atividade que gera retornos privados na sua grande maioria das vezes impossíveis de serem internalizados pelos que geraram a inovação. Pesquisas genéticas, biológicas e agronômicas têm uma nítida característica de bem público, sendo predominantemente conduzidas por instituições governamentais e por universidades, justamente as maiores responsáveis pelo crescimento da agricultura brasileira. Desenvolvimento econômico requer instituições que permitam o aumento da produtividade, e o Brasil é um exemplo de sucesso nesse campo.

Duas razões que levaram ao aumento da produção por área cultivada estão por trás do sucesso brasileiro no campo das pesquisas. A primeira é a necessidade de dominar a agricultura em uma área tropical, o que limitava ou mesmo impedia a transferência das técnicas desenvolvidas em áreas temperadas. A segunda é a necessidade de domar o cerrado, que era uma fronteira que teria de ser ocupada, mas que demandava pesquisas na geração de variedades, sementes, modos de correção da acidez do solo, entre outros. Pena que um esforço como esse não tenha sido desenvolvido para o Nordeste, cuja produtividade por área não acompanhou o que ocorreu nas demais regiões.

Em 1973 foi criada no Brasil a Embrapa, uma empresa pública voltada à pesquisa. Contrariamente a pesquisas na área industrial, em que as inovações são protegidas por patentes, no caso da pesquisa genética e agronômica os resultados são do tipo de um bem público, cujo maior interesse está no seu retorno social, e não no seu retorno privado. É o caso diferente das pesquisas sobre tração motora nos Estados Unidos, onde uma empresa privada desenvolve a máquina adaptada à máxima eficiência em arar uma grande extensão de terra, e cujo retorno privado é apropriado por ela. Uma empresa pública que investe de maneira pesada em capital humano destinado à pesquisa, e que destina todo esse conhecimento à máxima utilização em todas as fazendas, não pode ser motivada pelo lucro privado, e sim pelo retorno social. Esses são os princípios nos quais foi criada a Embrapa, e o seu resultado em termos sociais aparece claramente nas fontes de crescimento da produção agrícola brasileira. O Brasil encontrou um caminho no qual suas instituições se adaptaram às restrições no que diz respeito aos fatores terra e clima, gerando variedades que elevaram a produção por área, que se transformou na mais importante fonte de aumento da produtividade da mão de obra.

2
As sementes da "inflação inercial"

EM 1966 FOI IMPLANTADO o Plano de Ação Econômica do Governo (Paeg), que realizou um extenso programa de reformas com o objetivo de modernizar as instituições e criar instrumentos para os controles fiscal e monetário. Avaliado pelos seus resultados tanto no controle da inflação como na retomada do crescimento, o Paeg foi um sucesso. Por algum tempo acreditou-se que em um futuro não muito distante o Brasil poderia alcançar os níveis de renda per capita dos países desenvolvidos, mas a partir dos anos 1980 perdeu por larga margem a corrida do crescimento em relação aos demais países emergentes. As séries de renda per capita da Penn World Table 9.1, medidas em paridade de poder de compra[1] (gráfico 1), mostram que até 1980 o Brasil vinha se aproximando dos Estados Unidos, afastando-se daí em diante de maneira contínua; que Cingapura, cuja renda per capita em 1960 era igual à brasileira, já superou a dos Estados Unidos; que a Coreia do Sul, cuja renda per capita era inferior à brasileira em 1960, já é quase igual à da Grã-Bretanha; que Botsuana, que em 1960 tinha uma renda per capita inferior à da Coreia do Sul, alcançou a do Brasil em 2000, mantendo daí em diante o mesmo desempenho brasileiro; que a China, que partiu da mesma base de Botsuana, já atingiu a renda per capita brasileira; e que corremos o risco de, em pouco mais de uma década, ter nossa renda per capita alcançada pela da Índia.

Gráfico 3: Rendas per capita em unidades de PPP para vários países

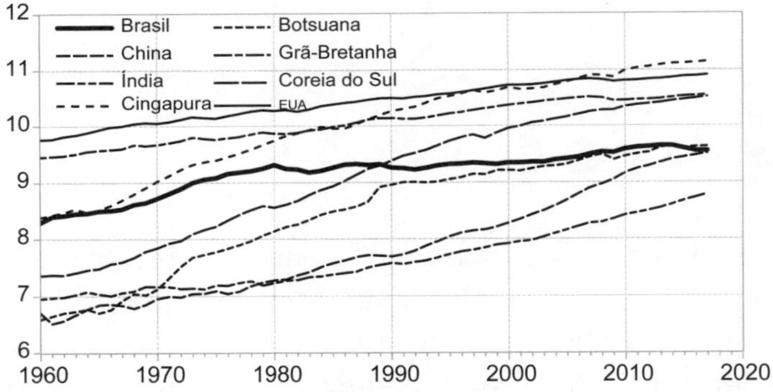

FONTE: Dados da Penn World Table 9.1.

É no mínimo intrigante que a partir dos anos 1980, apesar de um conjunto tão abrangente de reformas com sólidos fundamentos na teoria econômica, o Brasil não tenha conseguido manter taxas elevadas de crescimento, tornando-se prisioneiro da armadilha do crescimento lento. Não há uma explicação única para o nosso fracasso nesse campo, mas uma delas foi o extenso período de superinflações que se iniciou naquela época, e que só se encerrou com a reforma monetária do Plano Real. Paradoxalmente, foi o Paeg que, ao lado de reformas realmente inovadoras, cometeu dois erros que se transformaram nas sementes do que mais tarde se tornou conhecido como uma inflação inercial. Eram sementes que poderiam ter sido extirpadas, quer durante o "milagre brasileiro", quer durante o governo Geisel, mas, ao contrário, tiveram sua germinação potencializada por novos erros que contribuíram de maneira decisiva para jogar o país na superinflação dos anos 1980.

O primeiro foi a decisão de criar mecanismos de indexação para reduzir os custos da inflação. Até o início dos anos 1960, o Brasil ainda não havia realizado nenhuma experiência de controle da inflação, e temia-se que um combate mais direto e frontal (à época definido como um "tratamento de choque") gerasse custos tão elevados que impediriam o sucesso do programa. O medo do desconhecido e a busca por retornar rapidamente ao crescimento econômico acelerado são, na minha opinião, o que levou os autores do Paeg a optarem pelo gradualismo e, em consequência, pela indexação. A segunda foi a falha no formato dado ao Banco Central, que nasceu com a ilusão de que seria independente, tanto que na sua concepção inicial seus diretores teriam mandatos fixos,[2] mas não conseguiu garantir a independência no uso dos instrumentos, que é, como nos ensina Stanley Fischer, o que realmente importa para o controle da inflação.[3]

Neste capítulo, quero demonstrar que a indexação de preços e salários é apenas uma condição necessária para a existência da inflação inercial. A condição suficiente é a combinação da indexação com a inexistência de uma âncora nominal, que tanto poderia ser uma âncora cambial — caso o país tivesse optado pelo regime de câmbio nominal fixo —, quanto uma âncora monetária, que levou à inflação inercial. Os autores do Paeg optaram por uma âncora monetária, e por isso procuraram dar ao Banco Central a independência no uso dos instrumentos e garantir um mandato fixo ao seu presidente e a seus diretores. Logo em seguida, contudo, não apenas a independência no uso dos instrumentos foi totalmente removida, como a partir de 1969 o governo optou pelo regime de câmbio real fixo — equivalente, na prática, a indexar o câmbio nominal às inflações passadas —, o que, a menos que fossem impostos controles de capitais, retiraria do Banco Central a capacidade de operar a política monetária objetivando o controle da inflação. Tanto a inexistente independência no manejo dos instrumentos quanto a combinação do câmbio real fixo com a mobilidade de capitais levaram à passividade monetária, com a qual convivemos até a implantação do Plano Real.

Nossa primeira tarefa é esclarecer a diferença entre a inércia inflacionária, que existe em todos os países, e uma inflação inercial, que existiu no Brasil naquele período. A primeira lei de Newton ensina que a inércia é a resistência oferecida por um corpo à alteração do seu estado de repouso ou de movimento. Taxas de inflação que tenham um grau elevado de inércia opõem uma resistência maior ao declínio. Por isso, um choque que eleve a inflação em um dado momento "persiste" com maior intensidade nas taxas de inflação dos períodos seguintes. É por isso que usamos a expressão "elevada inércia" como um sinônimo de "elevada persistência". Tomando uma amostra de vários países, com inflações tanto altas quanto baixas, verifica-se que em todos existe algum grau de inércia. Se todos os preços fossem flexíveis ajustar-se-iam instantaneamente, e não haveria inércia. Ela surge quando há preços rígidos, e neste caso o grau de inércia (ou de persistência) depende da intensidade da citada rigidez. Quanto maior for a rigidez de preços maior será a persistência dos efeitos de um choque na inflação corrente sobre as inflações futuras, e, como uma indexação mais abrangente de preços e salários aumenta o grau de rigidez de preços, a inércia cresce com a indexação. No caso da inflação inercial, no entanto, os efeitos de um choque nunca se dissipam, "persistindo" nas taxas de inflação por todos os momentos subsequentes, sem nunca se dissiparem. Sua evolução no tempo segue um processo que se convencionou chamar de caminho aleatório — um *random walk* —, que será explicado claramente mais adiante, no qual a taxa de inflação esperada em t é igual à taxa de inflação ocorrida em t-1.

Um dos objetivos deste capítulo é demonstrar que para que exista a inflação inercial não basta que haja apenas a indexação de salários e preços, como era a crença no período dos "planos heterodoxos" de estabilização. Essa é apenas uma condição necessária. Repetindo, a condição suficiente é que ao lado da indexação não exista uma âncora nominal, e à guisa de introdução sobre o papel das âncoras quero analisar três situações distintas. A primeira refere-se a um regime de câmbio nominal fixo, como foi o de Bretton Woods, no qual a âncora nominal era o câmbio. Com câmbio fixo e plena mobilidade internacional de capitais a política monetária somente tem eficácia para determinar as reservas internacionais.[4] Uma elevação da taxa de juros contrai temporariamente a oferta de moeda, porém estimula os ingressos de capitais que reduzem a taxa doméstica de juros até igualá-la à taxa de juros internacional. Embora nesse caso não haja nenhuma justificativa para a indexação de preços e salários, cabe indagar se sua existência levaria a uma inflação inercial, e a resposta óbvia é que não, dado que a existência de uma âncora nominal — o câmbio fixo — impediria a inflação. Algo muito diferente ocorre quando existe mobilidade internacional de capitais e o câmbio real é mantido fixo através do reajuste do câmbio nominal em uma regra de PPP, por exemplo. Esse foi um regime mantido no Brasil por um longo período. Tanto quanto no regime anterior a moeda é passiva (quando a taxa de juros se eleva capitais são atraídos, aumentando as reservas até trazer a taxa de juros ao nível da taxa internacional), e como não há mais uma âncora nominal (o câmbio não pode ser a âncora porque é indexado às inflações passadas, e a moeda não pode ser a âncora, porque se ajusta passivamente à inflação) não há como dissipar os efeitos inflacionários de qualquer "choque" sobre a inflação. O problema começaria a ser solucionado com a introdução de um controle sobre os movimentos de capitais, que permitiria direcionar a política monetária ao objetivo doméstico — o controle da inflação[5] —, mas ela somente teria eficácia se fosse adotada uma regra de reação para determinar a taxa de juros, como será exposto adiante. Finalmente, essa mesma regra de reação terá eficácia em um terceiro caso, que ocorre mesmo na ausência de reajustes do câmbio nominal em uma regra de PPP, porém com uma indexação abrangente de preços e salários às inflações passadas, como será analisado em profundidade mais adiante. A conclusão é que, sem que se criem condições para ativar uma âncora monetária, as indexações abrangentes, incluindo ou não o câmbio, sempre levarão a uma inflação inercial.

Em todo o período que vai do Paeg ao Plano Real assistimos a uma combinação de indexação com a fragilidade institucional do Banco Central.

As reformas do Paeg

Porém, antes de expor os argumentos é preciso fazer justiça aos méritos do Paeg. Um importante passo dado pelo programa foi abandonar as teses originadas na Cepal, de que a inflação teria causas estruturais e não monetárias, e de que devido à "deterioração dos termos de troca" os ganhos de produtividade dos países produtores agrícolas seriam transferidos aos países do "centro" na forma de preços mais baixos, dando-lhes uma única opção para gerar o desenvolvimento econômico, que era o protecionismo indutor da substituição de importações. Abandonou, também, o mito de que o combate à inflação retardaria o crescimento econômico, e, muito antes de Douglass North[6] ter demonstrado a importância das instituições no crescimento econômico, os ministros Campos e Bulhões tiveram a intuição de propor um profundo programa de aprimoramento institucional que modernizou a política econômica.

Não foi tarefa fácil. A crença, à época, era de que por gerar "poupanças forçadas" a inflação seria benéfica ao crescimento,[7] e por ser supostamente um fenômeno estrutural seu combate através da política monetária levaria à estagnação.[8] Eram argumentos bem-vindos pelos industriais, que desde o final da Segunda Guerra Mundial haviam ocupado o espaço político que antes era preenchido pela aristocracia cafeeira, e que batalhavam por mais estímulos para o aumento da produção doméstica de bens de consumo, substituindo as importações. Tendo herdado uma inflação crescente e buscando evitar a recessão que em geral acompanha programas de estabilização, os autores do Paeg optaram por um combate gradual. Porém, como a inflação tem custos, criaram mecanismos redutores de distorções optando pela indexação que, em princípio, deveria se restringir aos ativos financeiros. Com base no mecanismo da "correção monetária" foi possível criar títulos públicos livres da incidência do "imposto inflacionário" através da correção de seu valor nominal pela inflação, viabilizando o financiamento de parte do déficit com a dívida pública. A correção monetária permitiu aperfeiçoar o imposto de renda, evitando a taxação dos lucros ilusórios que desestimulavam os investimentos,[9] tornando possível calibrar as alíquotas do imposto de renda das empresas de forma a melhorar a arrecadação sem gerar maiores distorções. A correção monetária criou, também, condições para o florescimento dos financiamentos em prazos mais longos, como é o caso da habitação, que haviam praticamente desaparecido devido à combinação da inflação com a Lei da Usura, que impunha um teto de 12% ao ano à taxa nominal de juros. Foi também com a correção monetária que se implantou a reforma que aboliu o estatuto da estabilidade no emprego, criando-se o Fundo de Garantia por Tempo de Serviço (FGTS).

As mudanças no imposto de renda foram o início de uma reforma tributária mais ampla. Antes, parte da arrecadação tributária derivava de dois impostos indiretos: o Imposto sobre o Consumo (IC), de âmbito federal; e o Imposto de Vendas e Consignações (IVC), de âmbito estadual, ambos com incidência em cascata. A reforma tributária de 1965 extinguiu esses tributos, substituindo o primeiro pelo Imposto sobre Produtos Industrializados (IPI), de âmbito federal e com alíquotas diferenciadas, e o segundo pelo Imposto sobre a Circulação de Mercadorias (ICM), de âmbito estadual e com alíquotas uniformes. Ambos incidiam sobre o valor adicionado, arrecadados na sistemática de débitos e créditos fiscais, copiando a experiência europeia do IVA. Essa reforma ajudou o crescimento da arrecadação e, ao lado do controle dos gastos públicos e do financiamento parcial dos déficits com as Obrigações Reajustáveis do Tesouro Nacional (ORTNS), visava eliminar a principal causa da inflação, que eram os déficits públicos financiados com emissão monetária. As ORTNS se transformaram mais tarde em uma unidade utilizada para reajustar contratos, como os aluguéis, criando condições para elevar progressivamente o grau de indexação da economia.

O Paeg deu, também, passos importantes para elevar a produtividade da economia. A queda da inflação reduziu a volatilidade do câmbio real que desestimulava as exportações, e a maior disciplina fiscal e monetária tornava viável a atração de capitais estrangeiros. Buscou-se progredir na conversibilidade das contas-correntes, que devido ao uso intenso das várias formas de controle cambial havia evoluído pouco ou nada a partir da adesão brasileira ao regime de Bretton Woods; foi atacada a reestruturação da dívida externa; buscou-se estimular o ingresso de capitais; e em 1967 foi feita uma primeira liberalização comercial, com uma redução linear de tarifas nominais. Por fim, o novo sistema tributário, com impostos indiretos calculados sobre o valor adicionado, que equivale a um imposto que incide apenas sobre a última venda ao consumidor final, seja em âmbito doméstico ou no exterior, permitiu que se isentasse plenamente esse imposto na exportação de produtos manufaturados.[10]

Mas as reformas não pararam nesse ponto. Até 1946, o Brasil não tinha sequer um embrião de banco central, e as funções de autoridade monetária eram exercidas pelo Banco do Brasil, que era um banco comercial comum. Foi apenas com a adesão do Brasil ao regime de Bretton Woods, em 1946, que o Banco do Brasil perdeu uma pequena parte do poder de exercer as funções de banco central, que passaram a ser divididas com um departamento a ele ligado, a Superintendência da Moeda e do Crédito, a Sumoc. Mas isso não se deve ao convencimento de políticos, de empresários e da direção do Banco do Brasil de que esse seria um arranjo institucional melhor do que o anterior, e sim às pressões internacionais. Tanto no Congresso quanto na direção do Banco do Brasil havia uma atitude contrária à perda dos privilégios daquela instituição, parte dos quais vinha de seu envolvimento com o controle monetário, e essa oposição só foi superada porque a instituição que representaria o Brasil no FMI e no Banco Mundial deveria ser o seu banco central, cujas funções eram até aquele momento exercidas por um banco comercial, o que era vetado. A solução de compromisso por parte dos signatários do acordo de Bretton Woods foi aceitar a Sumoc como se fosse um verdadeiro banco central.[11] A reforma proposta pela Lei Bancária de 1964 poderia ter seguido dois caminhos. Um deles separaria totalmente o Banco do Brasil das autoridades monetárias, transformando-o em um banco comercial comum, sujeito aos controles aos quais se submetem todos os bancos comerciais, e criando um banco central encarregado da política monetária e da supervisão bancária; o segundo definiria o conjunto das autoridades monetárias, englobando o Banco do Brasil e o Banco Central do Brasil. Além de adotar a segunda opção, mantendo Banco do Brasil como agente financeiro do governo, foi criado o Conselho Monetário Nacional — CMN —, que era o órgão encarregado de determinar a política monetária. A importância dessa decisão impõe que a analisemos em maior profundidade.

Consequências da fragilidade monetária

Dificilmente as instituições nascem perfeitas em meio a pressões de interesses com forte influência política. Em vez de o Banco Central ter sido criado com a ilusão de que seria independente porque seus diretores teriam um mandato fixo, melhor seria se estes tivessem a liberdade de manejar os instrumentos de política monetária — a taxa de juros e/ou os agregados monetários —, com o objetivo de controlar a inflação. Infelizmente, nem o mandato fixo dos diretores do Banco Central sobreviveu ao governo Costa e Silva, nem ocorreu a redução do poder do CMN, que, ao contrário, foi se elevando ao lado da perda de poder do Banco Central na administração dos instrumentos da política monetária.

Ao se encerrar o governo Castello Branco, Roberto Campos[12] relata que visitou o novo presidente da República, Costa e Silva, ocasião em que manifestou sua recomendação de que o novo governo deveria manter Dênio Nogueira na presidência do Banco Central, dado que havia sido empossado com mandato fixo. Costa e Silva não se convenceu, e em seu livro Campos relata que ao esgotar todos os argumentos possíveis fez um último apelo reafirmando a importância de garantir o controle da inflação e que "o Banco Central é o guardião da moeda", recebendo do presidente a resposta "o guardião da moeda sou eu!". Outro relato importante é o de Franco,[13] que reproduz um trecho da entrevista de Casemiro Ribeiro, um dos primeiros diretores do Banco Central. Casemiro relata ter sido procurado por Delfim Netto, o novo ministro da Fazenda, insistindo para que todos os diretores da instituição se demitissem, abrindo espaço para uma completa renovação de sua diretoria. Delfim queria uma nova cúpula, sobre a qual tivesse controle, e conseguiu seu objetivo. Não havia nenhuma disposição de transformar o Banco Central em uma instituição voltada ao controle da inflação. O que se buscava era o aumento da margem de poder discricionário do Executivo na promoção do desenvolvimento econômico a qualquer custo.

Em vez de deslocar a formulação da política monetária exclusivamente para o âmbito da diretoria do Banco Central, ocorreu o movimento inverso, com o poder sendo atribuído ao CMN, cujo principal objetivo era utilizar o crédito, em geral subsidiado, para promover o crescimento econômico. Uma evidência de como cresceu a interferência política na execução da política monetária é dada pelo levantamento feito por Franco[14] sobre a evolução da composição dos membros do CMN. Seu presidente sempre foi o ministro da Fazenda, e o presidente do Banco Central sempre foi um de seus membros. Em 1964, quando tinha apenas nove membros, o colegiado do CMN incluía três diretores do Banco Central, além de dois membros de notório saber indicados pelo presidente da República, e dos presidentes do Banco do Brasil e do Banco Nacional de Desenvolvimento Econômico e Social (BNDES). Em 1967, a inclusão de mais um diretor do Banco Central com mandato elevou o número de membros a dez, mas daí em diante o número de membros cresceu, chegando a 21 em 1979, a 24 em 1981, a 25 em 1986 e a 26 em 1987. Os ministros do Planejamento e da Indústria e Comércio, que eram membros não votantes entre 1964 e 1967, adquiriram direito a voto a partir de 1969; cresceu a partir de 1974 o número de membros nomeados, parte relevante dos quais era representante do setor privado, chegando a nove em 1981; finalmente, foram incluídos o ministro da Agricultura, os presidentes da Caixa Econômica Federal e do Banco Nacional da Habitação, da Comissão de Valores Mobiliários (CVM), do Instituto de Resseguros do Brasil (IRB), e o diretor da Carteira de Comércio Exterior do Banco do Brasil (Cacex).

A operacionalização da política monetária não se fazia alterando a taxa básica de juros, mas (supostamente) controlando de forma mecânica os agregados monetários, usando para isso o "orçamento monetário", cuja aprovação era submetida ao CMN, com votos iguais para todos os membros. Do ponto de vista contábil, o orçamento monetário era o balanço consolidado das autoridades monetárias (Banco Central mais o Banco do Brasil), tendo no passivo a base monetária e do lado do ativo muitas contas que jamais deveriam fazer parte do balanço de uma verdadeira autoridade monetária. Porém, do ponto de vista político, o CMN era um lócus onde as discussões eram orientadas para a geração de estímulos ao crescimento, sem prestar atenção às consequências sobre a inflação. Uma versão simplista da teoria quantitativa da moeda estabelecia a ligação entre a inflação desejada (isto é, o "objetivo de política econômica") e a expansão da base monetária (o instrumento), e era suposto que controlando cada uma das contas do ativo mediante o estabelecimento de tetos a igualdade entre o ativo e o passivo automaticamente levaria ao cumprimento da expansão desejada da base monetária. O que se discutia na reunião do CMN em que era aprovado o orçamento monetário era qual seria a expansão de cada uma das contas do lado do ativo. Dada a pulverização de forças e dados os interesses políticos representados naquele colegiado, pouca ou nenhuma atenção era dada ao controle da inflação.

De maneira esquemática, o balanço consolidado das autoridades monetárias tinha a forma apresentada na tabela 1, e como o Banco do Brasil era parte integrante da autoridade monetária, nessa estranha configuração a base monetária era dada por $M_t^B = M_t^P + R_t + D_t^{BB}$, em que M^P é o papel-moeda em poder do público, R são as reservas bancárias voluntárias e compulsórias e D^{BB} são os depósitos do público no Banco do Brasil.[15]

Tabela 1: Orçamento monetário e balanço consolidado das autoridades monetárias

Ativo	**Passivo**
Déficit de caixa do Tesouro (-) dívida pública Empréstimos do Banco do Brasil Fundos de fomento (tabela 2) Reservas internacionais	Papel-moeda em poder do público Depósitos do público no Banco do Brasil Reservas bancárias
Total do Ativo	Base Monetária $M_t^B = M_t^P + R_t + D_t^{BB}$

Elaboração do autor.

Olhando para o lado do ativo na tabela 1, saltam à vista três flagrantes violações à concepção de um banco central com independência no uso dos instrumentos. Primeiro, em vez de o Tesouro ser proibido de financiar seus déficits recorrendo ao Banco Central, esse mecanismo lhe dava livre acesso à expansão da base monetária.[16] Essa anomalia foi em parte corrigida pelo Paeg, mas não porque o Tesouro fosse proibido de recorrer ao Banco Central, e sim porque com a correção monetária dos títulos públicos se tornava teoricamente possível o financiamento de parte do déficit através da dívida pública. Para viabilizar a transferência das atribuições do Banco do Brasil e da Sumoc para o Banco Central, foi criada a conta movimento, com o objetivo de registrar os fluxos transitórios, cujo saldo deveria ser encerrado semanalmente, mas com o tempo o Tesouro passou a ter livre acesso a ela, abrindo um largo canal para a expansão da base monetária. "Diariamente o Banco do Brasil consolidava o montante de recursos que o governo utilizava, verificava o saldo nas contas-correntes e pedia ao Banco Central para cobrir a diferença através da conta movimento, com o Banco Central emitindo ou moeda ou dívida sem a autorização do Congresso."[17] A segunda era que, além de não ser submetido ao recolhimento compulsório de reservas bancárias, o próprio Banco do Brasil tinha acesso aos suprimentos que expandiam a base monetária. Terceiro, em vez de separar de forma clara os papéis do Tesouro e do Banco Central, atribuindo ao primeiro a administração da dívida pública, e ao Banco Central a tarefa de realizar as operações de mercado aberto separadas da tarefa do Tesouro, foi editada a lei complementar 12, de novembro de 1971, que transferiu ao Banco Central a função de administrar a dívida mobiliária federal, além de estabelecer que as operações de giro da dívida interna poderiam ser realizadas sem trânsito pelo orçamento da União.[18] Não havia nas reuniões do CMN discussões sobre como o Banco Central deveria atuar nas operações de mercado aberto — e consequentemente na fixação da taxa de juros —, que eram a única forma através da qual seria possível atingir uma meta para a expansão da base monetária. O Banco Central, e não o Tesouro Nacional, era o administrador da dívida pública, o que estabelecia limites claros à taxa de juros que poderia ser praticada,[19] limitando a sua capacidade de, através de operações de mercado aberto, enxugar a liquidez gerada pela expansão das demais contas do ativo. Nessa estranha engenharia, a autorização para o aumento da dívida pública era dada pelo CMN, e não pelo Congresso. Além de a execução do orçamento da União ser realizada por um departamento do Banco do Brasil e da gestão da dívida pública ser realizada pelo Banco Central, com o CMN, e não o Congresso, autorizando a expansão da dívida pública, o governo emprestava através do orçamento monetário recursos subsidiados ao setor agrícola, mas os subsídios não eram tratados como despesa da União,[20] gerando mais forças expansionistas sobre a base monetária.

Para exemplificar a preocupação com o uso da política monetária voltada ao direcionamento do crédito são mostrados, na tabela 2, os fundos que entre 1969 e 1972 foram administrados pelo Banco Central do Brasil, com seus limites aprovados pelo CMN. Nas reuniões do Conselho Monetário Nacional, atraíam mais atenção as propostas sobre o crédito agrícola, as exportações e os investimentos regionais do que as discussões em torno da política monetária.

Tabela 2: Fundos de fomento administrados pelo Banco Central

Sigla	Descrição
Funagri	Apoio à agricultura e à indústria em geral
FNRR	Refinanciamento rural
Fundece	Incentivo à abertura de capital
Fundepe	Desenvolvimento da pecuária
Fibep	Financiamento à importação de bens de capital
Fundag	Programa especial de desenvolvimento agrícola
Funinso	Fundo de investimento social
Finex	Financiamento à exportação
Funfertil	Incentivo ao uso de fertilizantes
Proterra	Redistribuição de terras e incentivo à agricultura do Norte e do Nordeste
Fercam	Estabilização e controle cambial
FDPAP	Defesa da agricultura e da pecuária
Trigo canadense	Importação de trigo do Canadá
Usaid	Empréstimos da Usaid
CCC	Convênio de crédito recíproco

FONTE: Pastore (2015), cap. 1.

Havia no Banco Central um diretor de crédito agrícola encarregado dos repasses à rede bancária privada do crédito agrícola subsidiado, cujas aplicações pelo sistema bancário privado eram regulamentadas, e em cuja fiscalização eram usados recursos humanos que poderiam ser alocados à supervisão bancária convencional, evitando ou pelo menos minimizando a frequência das crises bancárias. O direcionamento do crédito era uma fonte de poder político, que era fortalecido caso recursos não incluídos no orçamento fiscal pudessem ser criados, e a expansão monetária oferecia com grande facilidade a possibilidade dessa criação. Em minoria no CMN, no qual a partir de 1974 o Banco Central tinha apenas um voto — o de seu presidente —, o único instrumento que poderia usar para anular os efeitos expansionistas de todas essas fontes de crescimento da base monetária era a liberdade de realizar operações de mercado aberto totalmente independentes do manejo da dívida pública, e com plena liberdade de fixar a taxa de juros. Nada disso existia, e nem havia a disposição política de entregar esse poder ao Banco Central.

O Paeg realizou várias reformas importantes, mas não resistiu nem aos interesses políticos e da burocracia do Banco do Brasil, nem à difusa pressão do setor privado para manter vivos os privilégios de acesso ao crédito através daquele banco, e com isso deixou aberta a porta para que outros governos com muito mais propensão a decisões discricionárias e ao abuso dos incentivos de crédito destruíssem a capacidade de realização de uma política monetária voltada ao controle da inflação. O resultado poderia ter sido muito diferente caso os governos seguintes tivessem entendido a importância de aperfeiçoar as frágeis instituições criadas pelo Paeg. Contudo, quer nos anos do "milagre brasileiro", quando o papel do Banco Central no controle da inflação foi substituído pelo Conselho Interministerial de Preços — o CIP —, quer nos anos do II PND, quando a tarefa mais importante do Banco Central era a atração de empréstimos externos para financiar o ambicioso programa de investimentos,[21] a política monetária desapareceu como instrumento para controlar a inflação.

Na base da resistência à perda de poder do Banco do Brasil havia várias forças, tanto políticas quanto ligadas ao empresariado, e uma delas, ainda que não tivesse tido maior influência no curso dado àquele arranjo institucional, estava diretamente ligada aos acionistas privados da instituição, que, sem nenhuma razão plausível, foram também grandes beneficiários da solução encontrada. Veremos mais adiante que após um período de inflações baixas entre 1968 e 1973, que foram obtidas graças ao agressivo controle de preços, e não ao uso competente da política monetária, as taxas de inflação voltaram a se elevar. Embora a intensidade do ciclo inflacionário ocorrido antes do Paeg fosse muito menor do que a dos anos 1980, em ambos assistimos a senhoriagens elevadas e em magnitudes semelhantes.[22] Em ambos os casos, ocorreram senhoriagens que chegaram em torno de 5% do PIB, como será exposto no capítulo 6. Se no passivo do balanço consolidado das autoridades monetárias — a base monetária — existissem apenas o papel-moeda em poder do público e as reservas bancárias, apenas os detentores de papel-moeda e de reservas bancárias estariam pagando o imposto inflacionário, que seria totalmente internalizado pelo governo. Mas no passivo daquele balanço consolidado estavam, também, os depósitos à vista do público no Banco do Brasil, o que o tornava um sócio do governo na senhoriagem. Qual seria a magnitude de sua fatia? Admita que os depósitos do público no Banco do Brasil representassem apenas 10% da base monetária. Nesse caso, com uma senhoriagem total de 5% do PIB, o Banco do Brasil teria um ganho de 0,5% do PIB, que poderia ser utilizado pela sua diretoria para subsidiar empréstimos, elevar seus lucros ou simplesmente para contratar novos funcionários ou elevar salários. No caso mais benigno, de ausência de subsídios, de ausência de novas contratações e reajustes de salários, ocorreria o aumento dos lucros, e como o governo é o seu maior acionista, auferiria a maior parte da senhoriagem, mas não na forma de um fluxo de receita usado para financiar os déficits, e sim como um ganho patrimonial que só se transformaria em recursos para o Tesouro caso este decidisse vender parte das ações de sua propriedade. Quanto aos acionistas privados, contudo, tinham um ganho patrimonial que nada tinha a ver com a eficiência da instituição, mas com o privilégio de serem parte integrante daquele peculiar conjunto de autoridades monetárias.

Passividade monetária e inflação inercial

À exceção dos autores do Plano Real, que tinham o diagnóstico de que para controlar a inflação era fundamental que fosse criada uma âncora nominal, essa condição nunca apareceu nos demais planos heterodoxos. Preocupados com o forte aumento de demanda de bens e serviços que sempre acompanhava as paradas bruscas da inflação nos planos de estabilização fundamentados no congelamento de preços ou em uma desindexação instantânea, os autores do Plano Real não tomaram a decisão de criar apenas uma âncora nominal, mas sim duas — a cambial e a monetária[23] —, e como tinham consciência da fragilidade institucional da autoridade monetária, logo após a concretização da reforma monetária atribuíram o maior peso da ancoragem da inflação ao câmbio. Porém, tiveram o cuidado de preservar a capacidade do Banco Central de manter elevadas as taxas de juros, o que diante da opção pelo câmbio fixo exigiu a introdução de controles sobre os ingressos de capitais.[24] Apenas após a implantação do regime de metas de inflação é que a ancoragem da inflação passou a depender de forma exclusiva da política monetária.[25]

Tecnicamente, definimos uma inflação inercial como um processo no qual a taxa de inflação em um momento t só difere da inflação ocorrida em $t-1$ pela intercorrência de um choque aleatório u_t, em que u_t é uma variável aleatória com média nula. A trajetória de uma inflação inercial é dada por $\pi_t = \pi_{t-1} + u_t$, em que π_t é a taxa de inflação, o que implica que em cada momento o valor esperado da inflação em t é igual à inflação em $t-1$,[26] o que de imediato suscita a questão: será que a inflação é um processo que não tem nenhuma causa monetária ou fiscal? Por incrível que pareça, era exatamente esse o diagnóstico dos formuladores da política de combate à inflação no período dos planos heterodoxos. A indexação generalizada de preços e salários seria, para eles, a única razão para a existência da inflação, o que significava que para o seu controle seria preciso, apenas e tão somente, desindexar todos os preços.

No Plano Real também ocorreu uma desindexação, mas há duas diferenças fundamentais. A primeira é que para formular a estratégia de desindexação seus autores procuraram, antes de tudo, entender com muita clareza quais eram as funções da moeda, que serve tanto para quitar transações quanto como uma unidade à qual estão referenciados todos os preços, mas é apenas na quitação de transações que ela tem poder liberatório, isto é, tem que ser obrigatoriamente aceita pela outra parte. Fernando Henrique Cardoso deve a Gustavo Franco essa parte essencial da reforma.[27] Na primeira fase do Plano Real, essas duas funções da moeda foram separadas, atribuindo-se à URV a função de referenciar todos os preços e contratos, mantendo a atribuição de quitar transações à moeda antiga — o "cruzeiro real" —, que manteve a propriedade de ter poder liberatório. O plano se iniciou com uma fase de transição, na qual todos os preços e contratos passaram a ser expressos em URV, cujo valor nominal era corrigido diariamente, sendo no acumulado igual à inflação. Foi apenas depois de decorrido um período longo o bastante para que todos os preços e todos os contratos estivessem expressos em URV que esta foi transformada na nova moeda com poder liberatório — o real —, tendo seu valor nominal igualado a uma URV, que naquele momento foi extinta. Por fim, com a fixação da taxa cambial em um real por dólar e o estabelecimento de uma estreita faixa móvel de flutuação do real foi criada a primeira âncora nominal.[28]

Também é preciso demonstrar que a indexação sozinha não consegue gerar uma inflação inercial. Para isso utilizo um modelo simples no qual existe um dado grau de indexação de salários. A primeira equação do modelo é uma curva de Philips, dada por:

$$(1) \quad \pi_t - \omega_t = \beta(y_t - y^p) + u_t$$

em que π_t é a taxa de inflação, y_t e y_t^p são respectivamente o PIB atual e o PIB potencial, $\omega_t = \log W_t - \log W_{t-1}$ é a taxa de variação dos salários nominais, W, entre $t-1$ e t, e u_t é uma variável aleatória com média zero. A segunda equação explica os reajustes salariais. Nela é suposto que uma proporção σ de trabalhadores tem seus salários reajustados em t à taxa de inflação ocorrida em $t-1$, e uma proporção $(1-\sigma)$ de trabalhadores consegue reajustar seus salários em t às taxas de inflação esperadas. Com isso, a taxa média de reajustes nessa economia será dada por:

$$(2) \quad \omega_t = \sigma\pi_{t-1} + (1-\sigma)\pi_t^e$$

em que π_t^e é a taxa de inflação esperada em t, e $0 \leq \sigma \leq 1$ é o grau de indexação salarial. Substituindo (2) em (1) obtemos:

$$(3) \quad \pi_t = (1-\sigma)\pi_t^e + \sigma\pi_{t-1} + \beta(y_t - y_t^p) + u_t$$

Quando $\sigma = 1$, todos os trabalhadores têm seus salários indexados à taxa de inflação em $t-1$. Apenas para efeito de ilustração tomemos o caso (improvável) no qual tivéssemos continuamente $y_t = y_t^p$ e que todos os salários fossem indexados à inflação passada, com $\sigma = 1$. Por mais absurdas que sejam, essas hipóteses são uma representação muito próxima do que afirmavam os economistas envolvidos nos planos heterodoxos dos anos 1980, que não se preocupavam nem com movimentos de y_t, nem com âncoras nominais (quaisquer que fossem) e buscavam, apenas, formas mecânicas de desindexar a economia.

É fácil ver que nesse caso a taxa de inflação em t seguirá um *random walk*, isto é, $\pi_t = \pi_{t-1} + u_t$, caracterizando uma inflação inercial. Sem que fosse criada uma âncora não poderia ser surpresa que todos aqueles planos tivessem fracassado.

Será que esse resultado se manteria se introduzíssemos um banco central que dispusesse de um instrumento para controlar a inflação? Para simplificar, vou supor que a autoridade monetária existente fixe diretamente a taxa *real* de juros, R_t, que é o instrumento de política monetária usado no controle da inflação, e que se conhece o valor da taxa real neutra de juros, R_t^N, que é a que iguala o PIB atual ao PIB potencial. Como a demanda agregada de bens e serviços responde aos movimentos da taxa real de juros, a segunda equação do modelo será dada pela curva IS.

$$(4) \quad y_t - y_t^p = -b(R_t - R_t^N) + v_t$$

em que v_t é um termo de erro, e se a taxa real de juros for igual à taxa neutra, o PIB atual será igual ao PIB potencial. Substituindo (4) em (3) chegamos a

$$(5) \quad \pi_t = (1-\sigma)\pi_t^e + \sigma\pi_{t-1} - b\beta(R_t - R_t^N) + z_t$$

e em que $z_t = \beta v_t + u_t$.

Como a autoridade monetária conhece a taxa real neutra de juros, pode igualar a ela a taxa real de juros de mercado, e no caso extremo em que haja plena indexação de salários, isto é, $\sigma = 1$, a taxa de inflação seguirá um *random walk*. Diante da fragilidade institucional do Banco Central exposta anteriormente, suponhamos que o presidente do CMN — o ministro da Fazenda — proponha ao colegiado, e este aprove, que o presidente do Banco Central deveria praticar uma taxa real de juros "estimulante" do crescimento econômico, que definirei como uma constante abaixo da real neutra de juros. Ou seja, ele terá que manter $R_t - R_t^N = k < 0$, e, como há plena indexação de salários, $\sigma = 1$, a taxa de inflação seguirá a trajetória dada por $\pi_t = \pi_{t-1} + b\beta k + z_t$ com $b\beta k > 0$. Ou seja, o valor esperado da inflação em t será sempre superior à inflação em $t-1$. No capítulo 3 veremos que a manutenção de taxas de juros baixas refletia a preferência do ministro da Fazenda nos anos do "milagre brasileiro", sendo usado o controle de preços para evitar uma inflação crescente que, no entanto, se manteve persistentemente elevada.

Dando um passo à frente, se, ao contrário, a nossa autoridade monetária tiver o objetivo de controlar a inflação, deverá reagir, quando esta se elevar, colocando a taxa real de juros acima da taxa real neutra, podendo utilizar uma "curva de reação":

$$(6) \quad R_t = R_t^N + k\pi_{t-1}$$

com $k > 0$. Substituindo esse valor em (5) obtemos:

$$(7) \quad \pi_t = (1-\sigma)\pi_t^e + (\sigma - b\beta\kappa)\pi_{t-1} + z_t$$

Ainda que exista plena indexação de salários $(\sigma = 1)$, se o Banco Central fizer $k = 0$, a e quação (7) nos mostra que $\pi_t = \pi_{t-1} + z_t$, e chegaríamos de novo a uma inflação inercial, que pode facilmente ser evitada com o Banco Central seguindo a regra de reação (6) escolhendo um valor de k que atenda à desigualdade $k < (1/b\beta)$. Substituindo esse valor em (7) chega-se a $\pi_t = (1 - b\beta k)\pi_{t-1} + z_t$, em que $(1 - b\beta k) < 1$. Em conclusão, usando a regra de reação (6) existe uma inércia inflacionária, mas dada a restrição imposta sobre k jamais chegaremos a uma inflação inercial.

Ao analisarmos esses cálculos, percebemos que a indexação

sozinha não conseguiu transformar uma inércia inflacionária em inflação inercial. Para que isso ocorresse foi preciso que ao lado da indexação existisse a acomodação monetária total ou, expresso em uma forma que eu prefiro, que existisse total passividade monetária.

Insistindo na importância da passividade monetária

Para deixar ainda mais clara a importância da passividade monetária, vou partir de um modelo cuja inércia inflacionária não seja proveniente da indexação, e sim da existência de reajustes salariais justapostos. Embora ele tenha a desvantagem de ser um modelo envolvendo o nível de preços, e não as taxas de inflação, tem a vantagem de ressaltar que, neste caso, a passividade monetária isoladamente é a condição necessária e suficiente para que os choques se incorporem integralmente aos preços. O modelo usado é o de John Taylor.[29] Os salários não são determinados em um único momento, havendo justaposição de contratos que valem por dois períodos. Há dois grupos de trabalhadores: o primeiro grupo negocia em t o salário praticado em $t+1$ e $t+2$; e o segundo negocia em $t+1$ o salário que será praticado em $t+2$ e $t+3$. Os trabalhadores do primeiro grupo tomam em consideração tanto os salários em vigência para os do segundo grupo quanto os salários que eles esperam que venham a ser praticados quando o segundo grupo negociar os novos contratos. Para completar o quadro, admite-se que os salários dependem também da demanda esperada em t e $t+1$. Com isso, obtemos a primeira equação do modelo, explicativa dos reajustes de salários de um dos grupos, que é dada por:

$$(8) \quad x_t = \delta x_{t-1} + (1-\delta)\tilde{x}_{t+1} + \eta[\delta \tilde{y}_t + (1-\delta)\tilde{y}_{t+1}]$$

com todas as variáveis expressas em logaritmos, em que x_t é o salário daquele grupo, e na qual $0 \leq \delta \leq 1$ é o peso dado aos salários do período anterior, y_t é a demanda agregada, e as variáveis assinaladas com um til são os seus respectivos valores esperados. Como em t os trabalhadores desse grupo conhecem seus salários em $t-1$ e já sabem qual será o salário do outro grupo em $t+1$, esta é a sua expectativa sobre quanto ganharão naquele período. A equação se completa com a introdução dos valores esperados da demanda em t e em $t+1$, sendo η a intensidade de sua resposta à demanda esperada.

Admitindo que o salário médio seja a média geométrica dos dois grupos, isto é, $\overline{w} = 0,5(x_t + x_{t-1})$, e que os preços sejam determinados através de um *markup* sobre os salários, teremos:

$$(9) \quad p_t = \overline{k}\, 0,5(x_t + x_{t+1})$$

e para que haja um *markup* de 100% deveremos ter $k = 2$. Para fechar o modelo precisamos de uma equação representativa da demanda agregada, que é dada por:

$$(10) \quad y_t = m_t - p_t + v_t$$

que é a equação quantitativa com as variáveis expressas em logaritmos, em que m_t é o estoque nominal de moeda e v_t é a velocidade-renda da moeda. Substituindo (9) em (10), chega-se a:

$$(11) \quad y_t = m_t - 0,5\overline{k}(x_t + x_{t-1}) + v_t$$

e substituindo esse valor em (8), obtém-se:[30]

$$(12) \quad \left[(1-\delta)\tilde{x}_{t+1} - cx_t + \delta x_{t-1}\right] = \frac{-\eta}{1-\eta k}\left[(1-\delta)\tilde{m}_{t+1} + \delta\tilde{m}_t\right]$$

que foi obtida fazendo $\tilde{v}_t = \tilde{v}_{t-1} = 0$, $\tilde{x}_t = x_t$ e na qual $c = (1+\eta k)/(1-\eta k)$, atendendo à restrição $\eta k < 1$.

A solução da equação (12) determina o curso dos salários de um dos grupos, e a trajetória dos salários médios é obtida calculando a média geométrica dos dois grupos, com a trajetória dos preços obtida substituindo esse valor em (9). Porém não precisamos explicitar a solução de (12), bastando apenas olhar para os dois casos extremos. No primeiro caso extremo fazemos $\delta = 1$, o que significa que todos os trabalhadores olham apenas para os salários passados do outro grupo, desprezando as informações dos valores esperados das variáveis. A partir de (12) obtemos:

$$(13) \quad x_t = \frac{1}{c}x_{t-1} + \left(\frac{\eta}{c(1-\eta k)}\right)\tilde{m}_t$$

Como em (13) $c > 1$ o coeficiente de x_{t-1} é inferior à unidade, significa que os salários (e consequentemente os preços) têm uma inércia, mas não há uma raiz unitária.[31] Admitindo que $\eta = 1$ e que $k = 2$, teremos $(1/c)=0{,}333$, que é um coeficiente de inércia relativamente pequeno, no qual apenas 33,3% de um choque no salário daquele grupo em t se propaga para $t+1$.

No segundo caso, fazemos $\delta = 1$, e os trabalhadores desprezam por completo as informações sobre os salários praticados pelo segundo grupo, olhando apenas para as expectativas:

$$(14) \quad \tilde{x}_{t+1} = cx_t - \frac{\eta}{1-\eta k}\tilde{m}_{t+1}$$

e resolvendo por substituições sucessivas dos valores esperados da oferta monetária futura chega-se a:

$$(15) \quad \tilde{x}_{t+1} = \frac{\eta}{1-\eta k}\sum_{j=1}^{\infty} c^j \tilde{m}_{t+j}$$

Esse é o caso de expectativas racionais puras, e como $\delta = 1$ não há rigidez de preços. Ou seja, os trabalhadores não tomam em consideração os salários vigentes do segundo grupo, mas apenas os valores esperados da oferta monetária e dos salários do outro grupo. Note-se que no caso das expectativas racionais puras não há qualquer persistência, nem nos salários e, consequentemente, nem nos preços. Inflação inercial é algo impossível em um mundo onde há flexibilidade de preços e as expectativas são racionais.[32]

No entanto, o que ocorre se o Banco Central reagir às mudanças nos salários e nos preços acomodando a oferta de moeda? Para encaminhar a resposta usamos uma regra de política monetária ou uma "curva de reação" dada por:

$$(16) \quad m_t = \alpha p_t$$

em que $0 \le \alpha \le 1$ mede o grau de acomodação ou de passividade monetária, ocorrendo total passividade quando $\alpha = 1$. Substituindo (16) em (10), obtemos o novo comportamento da demanda agregada, que agora leva de maneira explícita em consideração a regra de reação do Banco Central, chegando-se a:

$$(17) \quad y_t = \Omega p_t + v_t$$

Com essa especificação, o parâmetro c em (12) modifica-se, sendo dado por:

$$(18) \quad c = \frac{1+\eta k \Omega}{1-\eta k \Omega}$$

Mantendo a hipótese de acomodação monetária total, mas impondo que os salários sejam formados apenas olhando para trás, com $\delta = 1$, com $\Omega = 0$ chegamos a $c = 1$, com uma raiz unitária. A única modificação imposta ao modelo foi a introdução da acomodação monetária, que foi suposta total. Ou seja, para que no contexto desse modelo ocorra uma raiz unitária, com os choques se incorporando totalmente ao nível de preços, não foi necessária a ocorrência de indexação, e ao mesmo tempo a passividade monetária é a condição necessária e suficiente. Como fica claro observando a equação (15), no caso puro de expectativas racionais não existia inércia: os salários dependiam apenas das ofertas monetárias esperadas.

No caso geral que exclui os dois extremos, e no qual $0<\delta<1$, a solução terá uma componente de inércia e uma componente associada às expectativas, com o grau da persistência se elevando junto com o crescimento de δ, mas só leva à inflação inercial caso haja total acomodação monetária, isto é, $\alpha = 1$. Embora interessante, a solução no caso geral mantém todas as propriedades aqui discutidas, e a forma de obtê-la é exposta por Sargent.[33]

Reajustes cambiais em uma regra de PPP

Embora a inflação inercial possa existir sem a presença de indexação, é inegável que essa é uma das fontes da inércia inflacionária. Quando em 1969 o governo optou por um modelo de promoção de exportações, tomou a decisão de defender um nível estimulante do câmbio real, passando a reajustá-lo de acordo com a inflação. Entrávamos em um regime de minidesvalorizações cambiais. Naqueles anos havia uma grande mobilidade de capitais: a política monetária dos Estados Unidos levava a taxas de juros baixas, e o crescimento do mercado de eurodólares permitiu um grande crescimento dos empréstimos bancários aos países.[34] Sabemos que na presença de mobilidade de capitais os países enfrentam o desafio da trindade impossível, segundo a qual é impossível manter ao mesmo tempo o câmbio (nominal ou real) fixo, a liberdade de movimentos de capitais e o controle monetário.[35] Como vimos, se houver plena mobilidade de capitais e o câmbio for fixo, a resposta a uma elevação da taxa de juros será o aumento do ingresso de capitais, que continuará até que ocorra a equalização da taxa doméstica à internacional de juros, tornando impossível o controle monetário. Apenas duas dessas condições — câmbio fixo; mobilidade de capitais e controle monetário — podem ocorrer ao mesmo tempo. Naqueles anos havia mobilidade internacional de capitais, mas o câmbio nominal não era fixo. O que era fixo era o câmbio real, que era reajustado em uma regra de paridade de poder de compra, e nesse caso se reproduz a trindade impossível. A conclusão é que com esse regime cambial e na ausência de controles sobre os movimentos de capitais desaparece o exercício independente da política monetária, tornando a moeda passiva.

Para analisar esse caso vou usar a extensão do modelo de reajustes salariais justapostos de Taylor, que foi realizada por Rudi Dornbusch.[36] A primeira equação é a da demanda agregada dada por:

$$(19) \quad y_t = d(m_t - p_t) + g(e_t - p_t) + v_t$$

com $d, g > 0$, e em que e_t é o câmbio nominal e p_t é o nível doméstico de preços.

O governo segue duas regras de política econômica, dadas por:

$$(20) \quad m_t = \alpha p_t$$

$$(21) \quad e_t = \beta p_t$$

nas quais $\alpha \geq 0$ e $\beta \geq 0$ são os coeficientes que explicam como o governo reage aos preços na fixação da oferta de moeda e do câmbio. Admitindo que o nível de preços dos parceiros comerciais do Brasil se mantenha constante, ao fazer $\beta = 1$ na segunda regra de reação acima o governo reajusta o câmbio nominal em uma regra de paridade de poder de compra, operando com metas para o câmbio real, mas enfrentando o desafio da trindade impossível.[37]

Substituindo as duas regras de política econômica na demanda agregada (20), chegamos a uma equação semelhante à (18), na qual o valor de Ω se altera para:

$$(22) \quad \bar{\Omega} = d(1-\alpha) + g(1-\beta)$$

A equação de *markup* agora toma em consideração os salários e o câmbio, sendo dada por:

$$(23) \quad p_t = 0,5\kappa(x_t + x_{t-1}) + (1-\kappa)e_t$$

em que κ e $(1-\kappa)$ são as participações de bens domésticos e internacionais na produção. Utilizando as regras de política econômica (21), chega-se a:

$$(24) \quad p_t = k'(x_t + x_{t-1})$$

em que $k' = \dfrac{\kappa / 2}{1-\beta(1-\kappa)}$. Voltemos, agora, ao mesmo caso extremo no qual os salários mantinham a inércia. Com os novos valores teremos:

$$(25) \quad c = \frac{1 + k'\bar{\Omega}\eta}{1 - k'\bar{\Omega}\eta}$$

que nos mostra que, quando a política monetária tiver total acomodação e a taxa cambial nominal estiver indexada ao nível doméstico de preços ($\alpha = \beta = 1$), teremos $c = 1$ em (25), caindo no caso de inflação inercial. De acordo com o modelo, em uma economia aberta com o governo reajustando o câmbio em uma regra de paridade de poder de compra, como ocorreu a partir do "milagre brasileiro" e na presença de mobilidade de capitais, que era a característica marcante daquele período, haverá sempre uma "moeda passiva", chegando-se sempre à inflação inercial.[38]

Evidências empíricas

Nas seções anteriores foram expostas evidências de que tanto antes quanto depois da criação do Banco Central do Brasil não havia independência para utilizar os instrumentos da política monetária, e que nessa situação a moeda se torna passiva. Vimos também modelos que mostram que o grau de inércia se eleva com o aumento da rigidez de preços, que inclui a indexação de preços, salários e câmbio. A conclusão é que a combinação da passividade monetária com a indexação leva à "inflação inercial". Nesta seção passamos ao teste das hipóteses.

Começo resumindo as evidências já apresentadas em trabalhos anteriores.[39] No gráfico 3 são superpostas as taxas de inflação (medidas pelo IGPDI) e de expansão monetária (no conceito de M1). A correlação nesse período é elevada, de 0,737, mas correlação não significa causalidade. Uma correlação elevada pode decorrer de uma expansão monetária que amplie a demanda agregada causando inflação, ou de que haja uma forte passividade monetária, com a moeda se acomodando ao crescimento da inflação. Para aferir a direção da causalidade, usamos o teste de Granger, que parte do princípio de que as causas precedem os efeitos. Usando o teste de Granger com regressões de cada variável sobre seus próprios valores e o da outra variável em $t-1$ e $t-2$, chegamos aos resultados na tabela 3, mostrando que nem as taxas de expansão monetária falham em causar as taxas de inflação, nem estas falham em causar a expansão monetária. A hipótese de que há acomodação passiva da moeda não é rejeitada.

Gráfico 3: Taxas de inflação e de expansão monetária

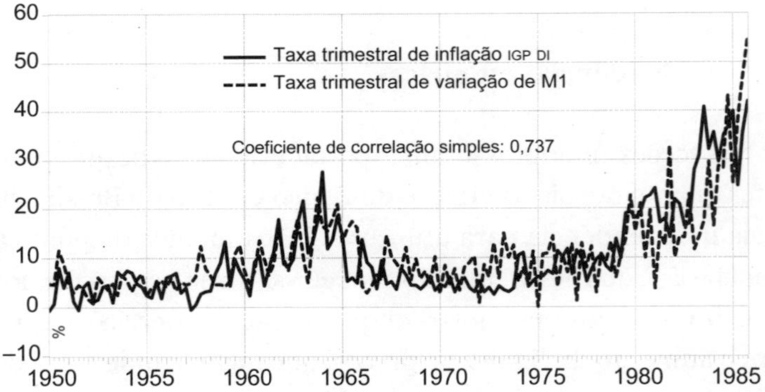

FONTE: Banco Central do Brasil e Fundação Getulio Vargas.

Tabela 3: Causalidade de Granger: Inflação e expansão monetária

Moeda não causa preços	F = 9,775
Preços não causam moeda	F = 18,516

Os testes foram realizados considerando duas defasagens.

Nossa segunda hipótese é que diante da indexação e da passividade monetária uma simples "inércia inflacionária" se transforma em inflação inercial. Tecnicamente, o que distingue uma da outra é o valor do coeficiente β na equação $\pi_t = \beta\pi_{t-1} + u_t$, e um teste adequado para colocar à prova se β difere de maneira significativa de um é o de Dickey-Fuller. Os resultados estão na tabela 4. Para ambas as séries não é possível rejeitar a hipótese nula de existência de raiz unitária a qualquer nível razoável de significância estatística. A teoria nos dá o embasamento para a existência de uma raiz unitária nas taxas de inflação. Como o teste de causalidade de Granger indicou que se rejeita a hipótese de que as taxas de inflação não causam as taxas de expansão monetária, estas últimas também teriam que ter uma raiz unitária, e essa hipótese não foi rejeitada pelo teste apresentado na tabela 4 a partir da estimativa com constante e sem tendência.

Tabela 4: Teste de raiz unitária (1950-85) — Dados trimestrais

Teste de Dickey--Fuller aumentado	IGPDI		M1	
	Estatística t	p-valor	Estatística t	p-valor
Período 1945q1 a 1985q4	0,892	0,995	−1,179	0,998
Valores críticos				
1%	−3,471		−3,474	
5%	−2,879		−2,881	
10%	−2,576		−2,577	

Elaboração do autor.

Como as duas variáveis têm uma raiz unitária e há uma causalidade bilateral, devemos testar a existência entre elas de uma relação linear cujo resíduo é estacionário, e a forma de colocar essa hipótese à prova é saber se essas duas variáveis cointegram, usando para isso o Teste de Johansen. Há várias formas para se especificar o teste, colocando ou não uma tendência nos dados, e colocando ou não uma tendência e uma constante na equação cointegrante. O teste foi feito considerando M1 e o IGPDI em um modelo envolvendo quatro defasagens e em todas as especificações possíveis quanto a intercepto e tendência. Os resultados estão na tabela 5, na qual se verifica que em todas elas não se rejeita a hipótese de que as taxas de inflação e de expansão monetária cointegram.

Tabela 5: Teste de cointegração entre as taxas de variação de M1 e do IGPDI

Tendência nos dados	**Nenhuma**	**Nenhuma**	**Linear**	**Linear**	**Quadrática**
Tipo de teste	Sem intercepto sem tendência	Intercepto sem tendência	Intercepto sem tendência	Intercepto tendência	Intercepto tendência
Traço	1	1	1	1	1
Max eigenv.	1	1	1	1	1

Elaboração do autor.

Sabemos que a elevada correlação entre as taxas de inflação e de expansão monetária mostrada no gráfico 3 se deve em parte à causalidade que vai da moeda para os preços e em parte da causalidade na direção contrária. Como a causalidade é bilateral, não podemos escolher uma das duas como sendo a variável exógena para prever os valores da outra, e por isso não podemos usar um modelo simples como o da regressão linear. Teremos que utilizar um modelo que admita a existência de uma causalidade bilateral, e que seja adequado a tratar a relação entre duas variáveis que cointegram. O modelo correto, nesse caso, é o VEC — o modelo autorregressivo com correção de erros —, através do qual se pode estimar qual é a resposta das taxas de expansão monetária a um choque ocorrido nas taxas de inflação e qual é a resposta da taxa de inflação a um choque nas taxas de expansão monetária. Os resultados estão na tabela 6. Se de fato a correlação elevada mostrada no gráfico 1 é predominantemente gerada pela causalidade da moeda para os preços, teremos que obter uma resposta maior das taxas de expansão monetária a um impulso na inflação do que a resposta da inflação a um impulso nas taxas de expansão monetária. Mais do que isso, a variância da inflação explicada pela moeda terá que ser maior do que a variância da moeda explicada pela inflação. Na tabela 6 estão as estimativas com os valores entre parênteses abaixo dos coeficientes sendo só valores de t de Student. Em todos os casos os resíduos são bem comportados. Através dessas estimativas obtemos as curvas de resposta a impulsos, no gráfico 4, e a decomposição de variâncias, no gráfico 5. Este é o objetivo principal da estimativa desse modelo VEC. Como os choques em uma das variáveis têm efeitos sobre a outra que nunca se dissipam, a curva de resposta a impulsos tende a um valor constante, e no gráfico 5 se verifica que, quando a resposta da moeda a um impulso na inflação se estabiliza, o faz em um valor que é em torno do dobro da resposta da inflação a um impulso na moeda. No gráfico 6 estão as respectivas decomposições de variância. Como o modelo é dinâmico e a resposta ocorre no tempo, acumulando efeitos, a curto prazo a variância explicada é menor do que decorridos vários períodos. Após três trimestres, a resposta da moeda à inflação ainda é pequena, mas com o passar do tempo ela vai se elevando, e vinte trimestres depois (cinco anos), 60% da variância da inflação é explicada pela moeda. Já a decomposição inversa mostra que a variância da inflação é muito pouco explicada pela variância da moeda.

Tabela 6: Estimativa do vetor autorregressivo com correção de erros para $\Delta\pi_t$ e $\Delta\mu_t$

Vetor cointegrante		
π_{t-1}=1,000,	μ_{t-1} =-1,116,	C=1,346 (12,437)
Variáveis independentes	Variável dependente $\Delta\pi_t$ (1–A)	Variável dependente $\Delta\mu_t$ (1-B)
$\Delta\pi_{t-1}$	–0,199 (2,134)	–0,457 (4,215)
$\Delta\pi_{t-2}$	–0,163 (1,991)	–0,566 (-5,968)
$\Delta\mu_{t-1}$	0,051 (0,594)	–0,139 (1,398)
$\Delta\mu_{t-2}$	–0,071 (1,034)	0,116 (1,449)
z_{t-1} é o vetor de cointegração	–0,226 (2,958)	0,571 (6,428)
constante	0,304 (0,964)	0,502 (1,374)
R^2	0,293	0,504
SE	3,913	4,541
F	12,419	30,544

Elaboração do autor.

Gráfico 4: Curvas de resposta a impulsos

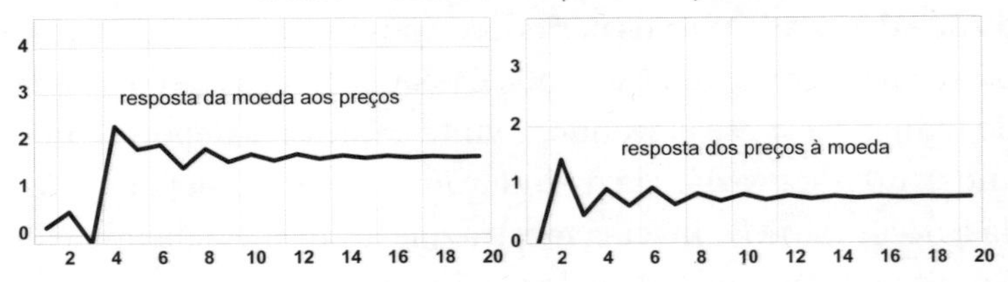

Elaboração do autor.

Gráfico 5: Decomposição de variâncias

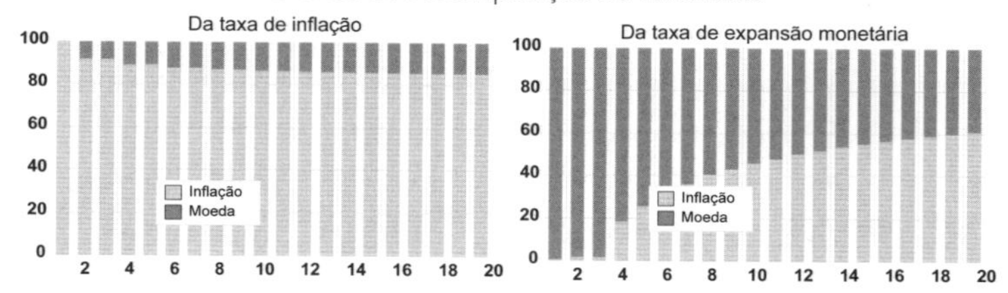

Elaboração do autor.

Essa bateria de testes nos mostra que toda a explanação apresentada na primeira parte do capítulo não é rejeitada pelos dados. Temos uma inflação inercial (não se rejeita a hipótese de raiz unitária nas taxas de inflação), a moeda é passiva (as taxas de inflação causam as taxas de expansão monetária) e a resposta da moeda aos preços predomina por larga margem à resposta dos preços à moeda. Porém, o teste cobre um período longo, que vai de 1945 até 1985, no qual podem ter ocorrido mudanças. Será que a passividade monetária existiu em todo o período? A exposição feita na seção sobre a fragilidade institucional nos indica que sim. Porém, antes do Paeg não existia indexação de preços, salários e câmbio, o que sugere que antes não deveria existir uma raiz unitária nas taxas de inflação. Em 1967, o controle de preços introduziu uma força geradora de rigidez de preços, e em 1969 o governo adotou o regime de minidesvalorizações cambiais em uma regra de PPP, que acentuou fortemente a indexação de preços e salários. Teremos que investigar se nos anos iniciais, com baixo grau de indexação, já havia evidências de uma raiz unitária na inflação ou se tais evidências cresceram depois do aumento do grau de indexação. Na tabela 7 estão os testes de causalidade de Granger para dois períodos: de 1945 a 1968, imediatamente antes do início das minidesvalorizações, e de 1969 a 1985. Os testes foram realizados com duas defasagens. Não há diferenças em relação aos resultados do teste para o período como um todo. Em resumo, a moeda sempre foi passiva no Brasil. Porém, os testes de raiz unitária mostram um comportamento diferente. Não se rejeita a existência de uma raiz unitária no período de 1969 a 1985, mas ela é rejeitada com uma probabilidade elevada no período de 1945 a 1968.

Tabela 7: Causalidade de Granger em vários períodos

	1945-85	**1945-68**	**1969-85**
Moeda não causa preços	F = 9,775 (0,000)	F = 7,617 (0,001)	F = 6,900 (0,000)
Preços não causam moeda	F = 18,516 (0,000)	F = 3,107 (0,050)	F = 5,269 (0,003)

Elaboração do autor. Os números entre parênteses logo abaixo das estatísticas F são os valores da probabilidade de que aquele F tenha sido obtido ao acaso.

Tabela 8: Teste de raiz unitária (1950-85) — dados trimestrais

Teste de Dickey-Fuller aumentado	IGPDI		**M1**	
	Estatística t	**Probabilidade**	**Estatística t**	**Probabilidade**
Período 1945q1 a 1968q4	1,7008	0,4242	−1,833	0,3622
Valores críticos				
1%	−3,501		−3,509	
5%	−2,892		−2,896	
10%	−2,583		−2,585	
Período 1969q1 a 1985 q4	3,905	1,000	1,901	0,999
Valores críticos				
1%	−3,530		−3,530	
5%	−2,905		−2,905	
10%	−2,590		−2,590	

Elaboração do autor.

Embora no período 1945-68 possam ter existido outras formas de rigidez de preços que não a indexação, elas não foram capazes de gerar uma persistência perceptível nos dados observados. Sabemos que o grau de indexação não cresceu de forma instantânea após o Paeg, mas foi se elevando pouco a pouco, até crescer de maneira acentuada a partir de 1969. Foi em 1969 que, na busca de promover exportações, além de introduzir um sistema de subsídios fiscais e creditícios, o governo passou a operar com metas para o câmbio real, de início com minidesvalorizações mais distantes uma da outra, mas aumentando a sua frequência. É impossível determinar exatamente o momento no qual passamos de uma simples inércia inflacionária para uma inflação inercial.[40] Fica claro, no entanto, que se não houvesse fragilidade institucional dificilmente teríamos o crescimento da indexação, e que na presença dessa fragilidade o crescimento da indexação nos levou à fatalidade de termos uma inflação inercial.

Nos próximos capítulos veremos a importância desses resultados.

3
O milagre brasileiro

O OBJETIVO DESTE CAPÍTULO é analisar um período controverso de nossa história econômica, que vai de 1968 a 1973, o chamado "milagre brasileiro". Tivemos ao mesmo tempo as maiores taxas de crescimento da história e as críticas mais hostis à política econômica. Contudo, não foram críticas dirigidas a erros técnicos como o uso do controle de preços para combater a inflação, atribuindo-se à política monetária apenas a tarefa de manter baixa a taxa de juros e de expandir o crédito para estimular o crescimento. Nem foram críticas dirigidas aos subsídios fiscais e aos creditícios sobre os quais foi erigido um modelo de promoção de exportações que ajudou no crescimento daqueles anos, porém em vez de abrir a economia ao comércio exterior acentuou distorções na alocação de recursos com defeitos muito semelhantes aos do modelo de substituição de importações. Foram críticas cujo maior objetivo era o de combater um governo autoritário que buscava se legitimar pela capacidade de manter o crescimento econômico elevado e que se baseava em uma narrativa econômica[1] que era politicamente atraente para aquela finalidade, porém carente de fundamento empírico. No plano político era preciso destruir a suposta fonte da legitimidade pela qual lutava o governo militar, e para isso usavam-se todos os argumentos que servissem ao objetivo. Hoje, muitos anos distante da luta política daqueles anos, é possível revisitar aquele período nos concentrando apenas na análise dos resultados e dos erros de política econômica.

Começo, no entanto, pela narrativa econômica, que era centrada no pressuposto de que para gerar aquelas taxas de crescimento o governo deliberadamente comprimiu os salários e elevou a renda dos mais ricos, concentrando a distribuição de rendas. Ela foi exposta pela primeira vez em um best-seller de Celso Furtado,[2] abrindo uma longa lista de artigos com críticas contundentes.[3] Qual era o argumento? No período anterior à Segunda Guerra Mundial, a exportação de produtos agrícolas gerava a receita em dólares necessária para importar os bens de consumo, predominantemente bens duráveis, que atendiam à demanda dos mais ricos. Foi a existência dessa demanda de proporções significativas que abriu o caminho para a substituição de importações e a industrialização. Porém, tendo criado um parque industrial complexo e diversificado, o país se encontrava diante do desafio de sustentar o crescimento com a expansão da demanda doméstica de bens duráveis de consumo, que não poderia ser proveniente dos operários industriais. A razão estava nas previsões do modelo dual de Arthur Lewis, cuja crítica feita por Schultz quanto à sua validade empírica foi exposta no capítulo 1, e cuja importância no modelo de Furtado pode ser mais bem entendida lendo a resenha de seu livro feita por Pedro Malan e John Wells.[4]

Na agricultura brasileira o fator trabalho teria uma produtividade marginal nula ou próxima de zero com duas consequências: grandes contingentes de trabalhadores poderiam deixar a agricultura sem alterar a produção de alimentos; e a indústria se defrontaria com uma oferta de mão de obra infinitamente elástica, que supriria a demanda de mão de obra por parte da indústria mantendo os salários reais dos operários não qualificados permanentemente deprimidos. Porém, se de um lado a oferta abundante de mão de obra reduzia os custos de produção de manufaturas, elevando os lucros e estimulando os investimentos, de outro seria incapaz de gerar a demanda para absorver a produção. Como o aumento da demanda não poderia ser sustentado pela renda dos "operários", teria que ser proveniente da renda dos mais ricos — os "capitalistas" —, dada pela soma dos lucros e dos resultados de suas aplicações financeiras. Para que o país pudesse crescer, consequentemente, seria necessário promover o aumento dos lucros dos empresários e favorecer os rentistas. O aumento da concentração na distribuição de rendas, favorecendo o crescimento da renda dos mais ricos, teria sido o "instrumento" usado pelo governo para gerar a demanda de produtos industriais que expandiria o consumo e aceleraria o crescimento econômico.

A crítica que no início só existia no plano de uma narrativa econômica politicamente atraente ganhou corpo quando os dados sobre o aumento da concentração de rendas, que de fato ocorreu entre 1950 e 1970, foram usados por Albert Fishlow[5] como prova de que aquela seria a interpretação correta. As evidências empíricas produzidas por Carlos Geraldo Langoni[6] destruíram as bases da narrativa, que, no entanto, continuou sendo repetida em várias versões devido aos seus dividendos políticos. Na última seção deste capítulo vou expor os argumentos de Fishlow contrapondo a eles a fundamentação empírica da análise de Langoni. Mas antes disso precisaremos de uma análise mais detida de quais foram os instrumentos que o governo de fato utilizou para acelerar o crescimento e de quais foram os erros.

Havia na formulação e na execução da política econômica do ministro Delfim Netto — o grande responsável à época pelas ações do governo no campo da economia — um elevado grau de heterodoxia. Tinha, no período em que foi ministro da Fazenda, uma visão peculiar sobre a inflação brasileira, que para ele seria, pelo menos naquele momento, uma inflação de custos e não de demanda, o que o levava a desprezar a eficácia da política monetária como instrumento de combate à inflação sob pena de reduzir o crescimento econômico, optando pelo controle de preços.[7] Embora em sua passagem pela academia ele tivesse dominado em profundidade a teoria do desenvolvimento econômico, ao delinear a sua estratégia de crescimento usava muito pouco os ensinamentos do modelo neoclássico de Robert Solow[8] sobre as fontes do crescimento econômico em favor da crença keynesiana na força que a libertação do "espírito animal" dos empresários exercia sobre os investimentos. Sempre acreditou que o desenvolvimento dependia mais dos estímulos à demanda do que dos estímulos dados à oferta através de reformas que melhorassem a eficiência alocativa e a produtividade total dos fatores. Para ele, as "falhas do mercado" excediam as "falhas do governo", cujo comando sobre a economia teria que ser ampliado, e por isso não tinha apego a um regime de regras, buscando o aumento do poder discricionário na concessão dos estímulos à indústria que, ao mesmo tempo, levassem ao crescimento econômico e maximizassem o apoio político dos industriais ao governo.[9] O desenvolvimento econômico não seria um processo suave, e sim um processo no qual ocorreria uma alternância de sucessos e de frustrações, ou algo como "um processo de geração e de superação de tensões", o que indicava que também havia na sua heterodoxia uma influência do raciocínio dialético.

O crescimento excepcional daqueles anos excitou a mente de muitos economistas em busca de explicações. Uma delas, largamente aceita, é que o sucesso daquelas taxas de crescimento se deve às reformas do Paeg, que tiveram um efeito catalisador do crescimento, gerando um salto na produtividade.[10] Não tenho objeções a essa interpretação. Afinal, a ordenação institucional do Paeg, que no campo fiscal era robusta e fundamentalmente inovadora, porém extremamente frágil no campo monetário, contribuiu para a remoção de incertezas e para a criação de um ambiente econômico mais estável e previsível, permitindo um salto no crescimento. Mas para mim, na melhor das hipóteses, essa é uma explicação incompleta. Um fato reconhecido na literatura usando evidências empíricas sobre as fontes do crescimento a partir do modelo neoclássico de Solow é que o forte crescimento entre 1968 e 1973 veio em grande parte por conta de um aumento sem precedentes — e jamais repetido — da produtividade total dos fatores. Um possível candidato à explicação poderia ser uma mudança estrutural — a migração rural-urbana — que já estava em curso, na qual trabalhadores rurais deixavam atividades com produtividade marginal do trabalho mais baixa (porém não nula) e obtinham empregos nos setores urbanos de produtividade marginal mais alta. Como veremos, no entanto, o aumento da produtividade total dos fatores — a PTF — naquele período foi muitas vezes mais intenso do que o que poderia ser explicado apenas pela mudança estrutural de fato ocorrida. A outra hipótese é que a expansão da demanda vinda dos estímulos à produção e aos investimentos voltados às exportações de produtos manufaturados permitiu que o PIB atual por algum tempo convergisse de maneira mais rápida e intensa na direção do PIB potencial, produzindo uma recuperação cíclica da PTF.[11]

Nesse período, o governo lançou um programa de estímulo aos investimentos na exportação de produtos manufaturados, quer com subsídios fiscais a partir dos impostos existentes, como o IPI (Imposto sobre Produtos Industrializados), de âmbito federal, e o ICM (Imposto de Circulação de Mercadorias), de âmbito estadual, quer com subsídios através do crédito. Mas não eram subsídios buscando uma solução de *second best*, isto é, corrigindo ou pelo menos atenuando distorções preexistentes herdadas do período da substituição de importações e provocadas pela excessiva proteção tarifária e não tarifária à indústria. Eram subsídios voltados para o aumento da produção e das exportações qualquer que fosse o custo, e que acabaram por acentuar as distorções. Se um setor ou um produto necessitasse de uma dose maior de estímulos para ampliar as exportações, o governo estava disposto a oferecê-la para alargar a produção ainda que à custa de fatores escassos, obtendo a contrapartida do aumento da receita em dólares vinda da exportação de produtos manufaturados. Afinal, o crescimento econômico era ao mesmo tempo o instrumento usado para legitimar o governo autoritário e para libertar o espírito animal dos empresários industriais, dos quais dependia em grande parte o apoio político ao governo. Como veremos, as distorções geradas eram tais que se o Brasil tivesse decidido continuar no caminho dos subsídios às exportações teria de rever de forma profunda aquele programa. Além disso, eram subsídios insustentáveis devido à violação de cláusulas do GATT (Acordo Geral de Tarifas e Comércio, na sigla em inglês), abrindo as portas para a retaliação pelos parceiros comerciais.

Na próxima seção serão expostas evidências amplamente

conhecidas de que o excepcional crescimento da renda per capita e da produtividade média do trabalho entre 1968 e 1973 foi quase que integralmente provocado pelo aumento da PTF, porém a transformação estrutural que já vinha ocorrendo, e que prosseguiu depois, não consegue explicar a intensidade daquele aumento. Na seção seguinte é discutida a heterodoxia no controle da inflação, baseada no controle de preços. Não há evidências conclusivas de que a combinação do controle de preços com a expansão exagerada da moeda e do crédito tinha levado a uma inflação reprimida, porém nada foi feito para aprimorar o frágil arranjo institucional do Banco Central. Pelo contrário, tanto nesse período quanto durante o II PND, o já frágil Banco Central foi ainda mais debilitado. Em seguida analiso em profundidade como foram concedidos os estímulos à indústria através de um amplo programa de subsídios fiscais e creditícios às exportações, sendo apresentadas as evidências empíricas de que eles geravam significativas distorções alocativas. Era um modelo voltado para as exportações, mas reafirmo que tinha os mesmos defeitos do modelo de substituição de importações. Na última seção será detalhada a controvérsia sobre a concentração da distribuição de rendas, evidenciando que ela foi uma consequência do crescimento acelerado do período, e não a sua causa.

As fontes de crescimento entre 1950 e 1980

Entre 1950 e 1980, o crescimento brasileiro se beneficiou de uma profunda transformação estrutural. A análise da migração rural-urbana, no primeiro capítulo, permitia antever a direção e a intensidade desse efeito e, como seria de esperar, o que ocorreu com os dados demográficos ocorreu também com o emprego. Em 1950, em torno de 63% da população em idade ativa estava empregada na agricultura, com 20% da população no setor de serviços e 17% na indústria, mas em 1980 o emprego na agricultura já estava pouco abaixo de 30%, com 23% na indústria e 39% no setor de serviços.[12] Havia no setor rural, no início da transformação estrutural, um "exército de reserva" com baixa produtividade marginal recebendo salários baixos, que poderia migrar para as cidades e se empregar na indústria e nos demais setores urbanos com produtividade marginal e salários mais elevados.

É fato amplamente conhecido que o surto de crescimento no período de 1968 a 1973 é predominantemente explicado pelo aumento da PTF. Na tabela 1 estão as estimativas realizadas por Ferreira e Veloso usando duas decomposições baseadas no modelo de Solow com base nos dados da Penn World Table 7.0.

Tabela 1: Contribuições para o crescimento

	y (variação do produto)	**k (variação do estoque de capital)**	**h (variação do estoque de capital humano por trabalhador)**	**A (variação na PTF)**
1950-80	4,4	1,9 (44%)	0,5 (12%)	1,9 (44%)
1968-73	7,1	2,0 (28%)	0,1 (1%)	5,0 (70%)
	y	**k/y**	**h**	**A**
1950-80	4,4	0,3 (7%)	0,9 (20%)	3,2 (73%)
1968-73	7,1	−1,4 (−19%)	0,1 (2%)	8,3 (117%)

FONTE: Ferreira e Veloso (2013).

Na primeira das duas decomposições, mostrada na parte superior da tabela, a produtividade média do trabalho, y_t, é a soma das contribuições do estoque de capital físico por trabalhador, k_t; do estoque de capital humano por trabalhador, h_t; e do resíduo não explicado por essas componentes, a PTF, A_t.[13] Na segunda decomposição, na parte inferior da tabela, a função de produção é rearranjada exprimindo a produtividade por trabalhador em função do estoque de capital em relação ao produto, k/y, do capital humano e da PTF.[14] Nos dois casos não há (nem poderia haver) diferença no crescimento da produção por trabalhador empregado, que é de 4,4% ao ano no período 1950-80 e de 7,1% no período 1968-73, mas há grandes diferenças nas várias fontes, em especial da PTF, cuja contribuição é sempre maior no segundo período, e em particular usando o segundo procedimento de decomposição. Por quê? Há dois caminhos através dos quais o aumento da PTF contribui para o crescimento. O primeiro é direto, desconsiderando o efeito que gera sobre as demandas do capital físico e humano. Essa é a forma usada na decomposição mostrada na parte superior da tabela 1. O segundo reconhece que um aumento da PTF eleva a produtividade marginal dos dois tipos de capital, deslocando as suas demandas para a direita no gráfico que liga a produtividade marginal no eixo vertical ao estoque de capital (físico ou humano) no eixo horizontal. Assim, parte do aumento dos dois estoques de capital é uma consequência induzida pelo aumento da PTF, devendo ser atribuída a ela a responsabilidade pelo crescimento. Se um dos fatores — o capital físico, por exemplo — tiver uma oferta elástica, cresce a quantidade que é incorporada ao processo produtivo,[15] mas se eventualmente sua oferta for de todo inelástica o efeito ocorrerá apenas no preço relativo do fator, elevando-o. Esse aumento "induzido" é capturado na segunda forma de decomposição como contribuição da PTF, quando no primeiro era atribuído aos investimentos em capital fixo.

O conjunto dos dados expostos mostra que a PTF sempre teve uma grande contribuição, e sabemos que pelo menos uma parte dessa contribuição é devida à mencionada alteração estrutural. Mas quanto? Ferreira e Veloso simularam o que teria ocorrido com o produto por trabalhador se não tivesse ocorrido a transformação estrutural no período 1950-80, e concluem que em vez de crescer 4,4% ao ano teria crescido 3,2%.[16] Para que atribuíssemos uma contribuição da PTF entre 70% e 117% da produtividade média da mão de obra à alteração estrutural, ela teria que ter ocorrido de forma concentrada entre 1968 e 1973, o que de fato não aconteceu.

O controle de preços e a indexação cambial

O Paeg criou o Banco Central, mas até a adoção do regime de metas de inflação, em 1999, seu mandato nunca foi o de controlar a inflação usando os instrumentos adequados ao exercício da política monetária — a oferta monetária e/ou a taxa de juros —, e sim controlar execução do Orçamento Monetário, cujas diretrizes eram aprovadas pelo Conselho Monetário Nacional e transformadas em metas para cada uma das contas do lado do ativo daquela peça contábil. A prioridade do governo era o crescimento econômico, dando pouca importância à inflação, que após o Paeg havia caído para a faixa dos 20% ao ano, mantendo-se estável até 1973, quando ocorreu a primeira elevação dos preços internacionais do petróleo. Uma inflação estável em torno de 20% ao ano era tolerada pelo governo, cujo único objetivo era manter elevada a taxa de crescimento econômico, e, na visão keynesiana do ministro da Fazenda, isso requeria fortes estímulos aos investimentos com taxas de juros baixas e crédito abundante, impondo essa orientação ao Conselho Monetário Nacional, do qual emanavam as diretrizes no campo da política monetária.[17] A oferta monetária foi aumentando seu grau de passividade, e junto com o controle de preços e as minidesvalorizações cambiais em uma regra de paridade de poder de compra foi contribuindo para aumentar a propagação de choques inflacionários que, para felicidade do governo daquela época, praticamente não existiram. Essa situação mudaria de forma drástica quando uma sucessão de choques atuou elevando a inflação, mas esse período só será analisado no capítulo 5.

Com a economia se aquecendo, o governo teria que evitar a inflação, mas não admitia sacrificar os juros baixos, dos quais necessitava para acelerar os investimentos. Em setembro de 1967 foi criado o Conselho Interministerial de Preços, cujo objetivo era executar "a política de preços no mercado interno buscando sua harmonização com a política econômica financeira global". A frase é vaga, mas foi a forma encontrada pelo governo para transmitir aos empresários a informação de que a inflação seria combatida usando como instrumento o controle de preços, que era o caminho preferido para controlar o que o ministro da Fazenda entendia ser uma "inflação dos custos".[18] De maneira implícita, entendia-se que à política monetária seriam atribuídas outras tarefas mais nobres. Para executar o controle de preços foi montado um exército de técnicos que "auditavam" as planilhas de custos montadas pelos empresários para "comprovar" a necessidade do reajuste de preços por eles pleiteado devido ao aumento dos custos, e só teriam autorização para o reajuste caso houvesse a aprovação desses auditores.

O controle de preços, tanto quanto a indexação e a existência de contratos salariais justapostos, é uma das várias fontes de rigidez de preços que, como foi visto no capítulo anterior, acentua a inércia inflacionária. Em adição, em 1969, já na busca dos incentivos às exportações que contaria com um amplo sistema de subsídios fiscais e de crédito, o governo adotou o regime de minidesvalorizações cambiais, que de início eram menos frequentes, mas que logo evoluíram para mudanças mais constantes seguindo aproximadamente uma regra de paridade de poder de compra, PPP. No gráfico 1 está a taxa cambial em relação ao dólar deflacionada pelo índice de preços ao consumidor. No período anterior a esse regime cambial, o câmbio real era extremamente volátil, o que elevava os riscos nas exportações. A queda dessa volatilidade a partir de 1969 reduziu os riscos dos exportadores, ajudando na exportação, mas aumentou o grau de indexação, contribuindo para elevar a inércia inflacionária.

Usando os modelos empíricos expostos no capítulo 2, não há evidências de que a expansão monetária ocorrida nesse período teria gerado, na ausência do controle de preços, uma inflação mais elevada. Ou seja, não há evidências de que tenhamos atravessado um período caracterizado por uma inflação reprimida. Porém, tanto o aumento da negligência com a política monetária, que elevou a sua passividade, quanto o aumento da indexação — e consequentemente da inércia — foram movimentos que levariam a inflação a sair completamente do controle, o que ocorreu quando a economia foi submetida à crise da dívida externa dos anos 1980.

Gráfico 1: Câmbio real: cruzeiros por dólares deflacionado pelo IPC-DI

Índice
200
180
160
140
120
100
80
60
1965 1970 1975 1980 1985

FONTE: Elaboração do autor a partir de dados de Banco Central do Brasil e Fundação Getulio Vargas.

A opção pelos subsídios às exportações[19]

As reformas do Paeg criaram condições para a retomada do crescimento, mas o governo tinha ambições de acelerá-lo ainda mais. Instituições econômicas se alteram endogenamente e não são independentes da força política dos grupos que se beneficiam de seus resultados.[20] A influência dos interesses da agricultura, que foi importante na formulação da política econômica nos anos 1920 e 1930, já havia desaparecido, crescendo a influência da indústria, o que me leva a propor que essa é uma das razões para que, a partir de 1969, diante do esgotamento do modelo de substituição de importações e das evidências de sucesso de países que vinham promovendo exportações, o governo tenha decidido manter grandes estímulos à indústria através de subsídios às exportações de produtos manufaturados.

Para abrir a economia, o governo poderia ter optado por sustentar um câmbio real depreciado em vez de apenas retirar a sua volatilidade através de reajustes cambiais na regra de PPP. Há hoje uma vertente da teoria do desenvolvimento iniciada pelo artigo de Dani Rodrik[21] que acumula evidências de que a manutenção de um câmbio real subvalorizado acelera o crescimento econômico. Esse tópico será analisado em profundidade no capítulo 7, mas vale a pena adiantar o argumento. Para explicar como um câmbio subvalorizado aceleraria o crescimento econômico, Rodrik parte da conjectura de que o setor produtor de bens *tradables* [comerciáveis] é mais sujeito (do que o setor produtor de bens domésticos) a duas ordens de distorções: as de natureza institucional e as provenientes de falhas de mercado. A solução de *first best* para superar esses dois impedimentos ao crescimento consistiria em realizar reformas que eliminassem diretamente esses problemas, mas na impossibilidade de sua realização a subvalorização cambial cumpriria essa função, atuando como uma solução de *second best*. Na resenha da abundante literatura sobre as evidências empíricas que vêm se acumulando nesse campo, Barry Eichengreen[22] nos alerta que em vez de manter o câmbio real subvalorizado seria preferível, na impossibilidade de corrigir as distorções, subsidiar diretamente as exportações. Afinal, um câmbio real subvalorizado equivale a um subsídio à produção somado a um imposto incidente sobre as vendas domésticas dos bens *tradables*, levando à redução de seu consumo pelos residentes do país. Para os entusiastas do argumento e das evidências empíricas de Rodrik poderia parecer que ao montar um programa de subsídios o governo estaria buscando uma solução de *second best* voltada a reduzir a penalização à exportação de manufaturas imposta pela proteção elevada à indústria produtora de bens substitutos de importação. Porém, quando analisamos o programa brasileiro de subsídios às exportações à luz da teoria das tarifas efetivas e dos subsídios efetivos, vemos que em vez de reduzir distorções elas se acentuaram. Estávamos muito distantes de uma solução de *second best*.

Subsídio nominal e subsídio efetivo

A introdução de um subsídio ad valorem de alíquota s_j sobre um produto $j = 1, 2 \ldots n$ exportado eleva o seu preço para $p_j(1 + s_j)$, e por analogia à tarifa efetiva sabemos que gera um "subsídio efetivo", que nada mais é do que a margem de proteção dada ao valor adicionado — salários mais lucros — do produto exportado, dado pela expressão

$$(1) \quad s_j^* = \frac{s_j - \sum a_{ij} \tau_i}{1 - \sum a_{ij}}$$

na qual os a_{ij} são os coeficientes técnicos de utilização do insumo i no produto j na matriz de insumo-produto, e τ_i é a proteção dada ao insumo i, que pode decorrer de uma tarifa ou de um subsídio. A expressão (1) mede quantos por cento o valor adicionado do produto exportável se situa acima do valor adicionado de livre-comércio que, admitindo a ausência de distorção sobre a taxa cambial, é definido como o valor adicionado que vigoraria quando, na ausência do subsídio ao produto e de qualquer tipo de proteção aos insumos, a conta-corrente fosse financiada com ingressos de capitais compatíveis com o passivo externo desejado.

Se não existissem tarifas sobre as importações e o câmbio estivesse em equilíbrio, a introdução de um subsídio à exportação em um ou mais produtos geraria uma distorção na alocação de fatores de produção. Mas na presença de distorções preexistentes, como tarifas sobre as importações que contraem a demanda e valorizam o câmbio em relação ao que prevaleceria na ausência das tarifas — como era o caso naqueles anos —, sob certas condições, em vez de acentuar as distorções, a introdução de um subsídio pode levar a uma solução de *second best*, através da qual as distorções previamente existentes são reduzidas ou mesmo eliminadas.

Como será demonstrado em seguida, apesar do sucesso em produzir uma elevação das exportações de produtos manufaturados, todas as indicações são de que o sistema brasileiro de subsídios às exportações falhou no que diz respeito à correção de distorções, e por isso jamais poderia ser classificado como uma solução de "*second best*". Uma segunda crítica é que ele foi um sistema que violou práticas de comércio previstas no GATT — o antecessor da Organização Mundial do Comércio (OMC) —, o que expôs as exportações brasileiras de produtos manufaturados a ações compensatórias por importantes parceiros de comércio, como foram os *countervailing duties* colocados pelos Estados Unidos, que acabaram por condená-lo, fazendo com que anos depois fosse abandonado.[23]

Sob que condições o subsídio às exportações seria uma solução de "segundo ótimo"? A curva de oferta do produto j é dada por $C(q)+\sum a_{ij}(1+\tau_i)\varepsilon$, que é a soma do custo marginal de produção do valor adicionado utilizando os dois fatores primários — mão de obra e capital físico — $C(q)$, que é crescente com a quantidade produzida, q; e do custo marginal dos insumos diretamente utilizados na produção do produto i, que é dado por $\sum a_{ij}\left(1+\tau_i\right)\varepsilon$ e que é constante porque por hipótese o país é um "tomador de preços" no mercado internacional. Para simplificar a notação, fazemos o preço internacional em dólares do produto exportado igual a um, e, depois de ser convertido na moeda doméstica pela taxa cambial ε e de aplicado o subsídio s_j, o preço será dado por $(1+s_j)\varepsilon$. Igualando o preço ao custo marginal obtemos:

$$(2) \quad (1+s_j)\varepsilon = C(q) + \sum a_{ij}(1+\pi_i)\varepsilon$$

A presença das tarifas sobre as importações valoriza o câmbio, fazendo $\varepsilon < \bar{\varepsilon}$, em que $\bar{\varepsilon}$ é a taxa cambial de equilíbrio na ausência de tarifas. Em livre-comércio, a proteção sobre os insumos é nula, e o equilíbrio é dado por:

$$(3) \quad \bar{\varepsilon} = C^*(q) + \sum a_{ij}\bar{\varepsilon}$$

em que $C^*(Q)$ é o valor adicionado de livre-comércio, gerado na ausência de distorções. Isolando $C(q)$ e $C^*(q)$ nos dois primeiros membros de (2) e (3), dividindo membro a membro, definindo $1+\sigma_j^* = C(q)/C^*(q)$ e usando a definição de subsídio efetivo (1), obtemos:

$$(4) \quad 1+\sigma_j^* = \frac{\varepsilon}{\bar{\varepsilon}}(1+s_j^*)$$

em que σ_j^* é o subsídio efetivo compensado pela magnitude da valorização cambial. Na ausência da distorção que valoriza o câmbio ($\varepsilon = \bar{\varepsilon}$), o subsídio efetivo compensado é igual ao subsídio efetivo não compensado, ou seja, $\sigma_j^* = s_j^*$. Se o objetivo da concessão do subsídio for atingir uma posição próxima do *second best*, devemos ter $\sigma_j^* = 0$, o que substituído acima conduz a:

$$(5) \quad s_j^* = \frac{\bar{\varepsilon}}{\varepsilon} - 1$$

que substituída em (1) conduz a:

$$(6) \quad s_j = r + (\bar{\tau} - r)\sum a_{ij}$$

em que $r = (\bar{\varepsilon} / \varepsilon) - 1$ é a intensidade da sobrevalorização cambial, e $\bar{\tau} = (\sum a_{ij} \tau_i) / \sum a_{ij}$ é a proteção média sobre os insumos, que pode derivar das tarifas ou dos subsídios. A expressão (6) nos dá a estimativa de qual é o subsídio ad valorem que compensa exatamente as duas distorções: a valorização cambial e a redução do valor adicionado exportado gerado pela incidência de tarifas e/ou subsídios às exportações. É, dessa forma, uma solução de *second best*. Como veremos em seguida, os subsídios efetivos dados aos vários setores da indústria nada têm a ver com o que ocorreria caso fosse aplicada a expressão (6).

Quantificação dos subsídios nominais e efetivos

Para avaliar se os subsídios às exportações levaram o país para próximo a uma solução de *second best* é preciso estimar a estrutura de subsídios efetivos colocada em ação a partir de 1969, o que requer duas informações: a) a quantificação dos subsídios ad valorem, fiscais e creditícios; e b) os valores dos coeficientes a_{ij} da matriz de insumo-produto existente à época.[24]

Naqueles anos, contrariamente ao que existe hoje, o ICM e o IPI tinham a forma quase perfeita de um IVA puro e, dessa forma, podiam ser plenamente isentados nas exportações.[25] Em adição a isso, contudo, o governo criou um "crédito prêmio", que se somava à isenção, caracterizando o subsídio. Como o IPI tinha alíquotas progressivas seguindo um critério de essencialidade, apenas por acaso o crédito-prêmio poderia ser um instrumento para corrigir as distorções em cada produto, levando à interpretação — retomada mais adiante — de que o que se buscava era uma promoção de exportações sem considerar o problema da eficiência. Quando foi regulamentado, o crédito-prêmio do IPI[26] tinha um limite superior de 15%, que foi também o teto criado para o crédito-prêmio do ICM. Mais tarde, a perda de competitividade de alguns produtos gerou pressões que levaram à elevação do crédito-prêmio do IPI acima desse limite, constituindo-se em uma segunda evidência de que havia pouca (ou nenhuma) preocupação com a eficiência.

O cálculo dos subsídios creditícios foi realizado considerando a diferença entre a taxa de juros dos vários programas de financiamento e a taxa de juros de mercado. Após sucessivas alterações, o sistema se consolidou com base na Resolução 71 do BC, de 1º de novembro de 1967, que regulamentou o financiamento à produção de manufaturas destinadas às exportações; na Resolução 296 do BC, de 23 de julho de 1974, que elevou as faixas de financiamento; e na Resolução 68 do Concex, de 14 de maio de 1971, que instituiu o Finex.

Completam a gama dos incentivos fiscais às exportações as isenções do Imposto sobre Operações Financeiras (IOF), do Imposto Único sobre Minerais (IUM), sobre o Imposto Único sobre Combustíveis e Lubrificantes (IUCL) e, finalmente, o Befiex. Foram isentos do IOF as operações de seguros de crédito, de transporte, os adiantamentos de contratos de câmbio e os financiamentos realizados pela Cacex com recursos do Finex. O exportador estaria isento do IUCL caso o imposto excedesse 2% do valor FOB (Free On Board) exportado. Por fim, através do decreto-lei 1219 e da legislação que se seguiu, o Befiex isentou ou reduziu o IPI sobre as importações de máquinas e equipamentos, e a soma do IPI e do depósito compulsório sobre importações de matérias-primas, produtos intermediários, partes, peças e assessórios que integrassem produtos de exportação.

Antes de prosseguir é importante tratar de outro instrumento — o *drawback* —, que significa a isenção de tarifas incidentes sobre as importações de insumos que são utilizados diretamente na produção de produtos exportados. Na sistemática vigente antes de 1975, o exportador que utilizasse o *drawback* perdia o crédito-prêmio (a parte fiscal do subsídio) sobre a parcela do valor FOB exportado correspondente aos componentes beneficiados pelo *drawback*, fazendo com que nem sempre houvesse vantagem em utilizá-lo. Tal sistemática foi alterada em maio de 1976, mas apenas para o IPI, e não para o ICM. Para obter o crédito-prêmio do IPI, o exportador só perderia o subsídio sobre o componente importado que ultrapassasse 25% do valor FOB exportado. Definido por $\overline{s}_j^*$ o subsídio efetivo quando há o benefício do *drawback*, e por s_j^* o subsídio efetivo sem o benefício do *drawback*, a diferença entre os dois é dada por:

$$(7) \quad \overline{s}_j^* - s_j^* = \frac{(\overline{\tau}_j^* - s_j^f)\sum_{1}^{D} a_{ij}}{1 - \sum_{n}^{n} a_{ij}}$$

em que $\overline{\tau}_i^*$ é a tarifa que incide sobre os insumos importados com o benefício do *drawback*, s_j^f são os subsídios de natureza fiscal, o conjunto de 1 a D abrange o conjunto dos bens para os quais existe o *drawback*, e os a_{ij} são os $n - m - 1$ coeficientes técnicos desses insumos na matriz de insumo-produto. Duas observações cabem neste ponto. Embora o *drawback* eleve, quando utilizado, a margem do valor adicionado sobre o produto exportado, contrariamente ao crédito-prêmio do ICM e do IPI ele não caracteriza um subsídio, e portanto não é condenado como uma prática ilegal de comércio. Por isso continua como prática usual no comércio exterior brasileiro mesmo depois do abandono daquele sistema de promoção através de instrumentos fiscais e creditícios. Segundo, embora seja uma melhoria no incentivo à exportação, sua magnitude sempre foi muito pequena em relação à margem do subsídio fiscal concedido através dos créditos-prêmio do ICM e do IPI, como será visto mais adiante. A próxima etapa consiste na estimativa dos valores de s_j^*, na equação (6), que são as soluções de *second best*.[27] No gráfico 2 está o diagrama de dispersão entre os subsídios ad valorem observados e os subsídios efetivos. A metade dos setores tem subsídio efetivo igual ou maior a 40%. No gráfico 3 estão os subsídios efetivos ordenados do mais baixo para o mais alto, e os setores incluídos em cada um dos doze grupos, que constam da tabela 3.

No trabalho original da Funcex as estimativas foram feitas pelos dois critérios consagrados na literatura sobre a proteção efetiva, criados por Balassa e por Corden[28], respectivamente. Embora haja diferenças na magnitude dos subsídios efetivos, a mudança do critério não altera nem a sua ordenação do mais baixo para o mais alto, e nem o padrão da distribuição dos pontos no diagrama de dispersão apresentado no gráfico 2, e por isso me restringi a apresentar apenas os resultados usando o critério estabelecido por Balassa.

Gráfico 2: Correlação entre o subsídio nominal e a taxa de promoção efetiva (critério Balassa)

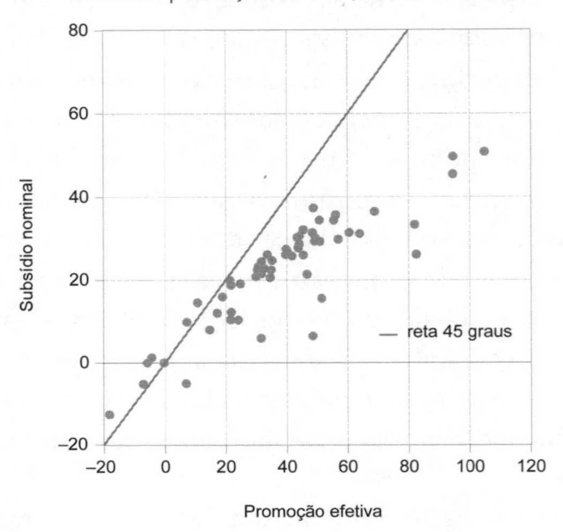

Elaboração do autor.

Gráfico 3: Subsídios efetivos em ordem crescente (critério Balassa)

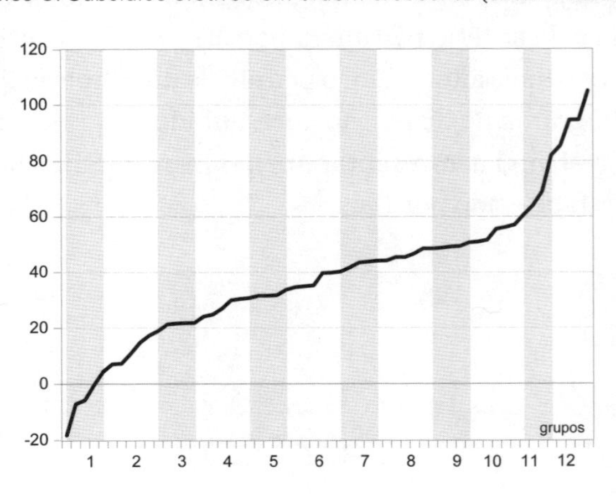

Elaboração do autor.

Tabela 3: Setores incluídos em cada um dos grupos no gráfico 1

Grupo	Setores
1	(001) Extração Mineral; (281) Indústria do Fumo; (171) Fabricação de Celulose, pasta mecânica; (202) Refinaria e Petroquímica; (002) Extrativa de Combustíveis Minerais.
2	(241) Beneficiamento de Matérias Têxteis Naturais; (211) Indústria Farmacêutica; (206) Fabricação de Pigmentos, tintas, solventes; (263) Refinação de óleos vegetais, gorduras alimentícias; (201) Elementos, Compostos Químicos.
3	(101) Fabricação de Cimento; (102) Fabricação de Vidro; (114) Metalurgia de Não Ferrosos; (135) Fabricação de Material Eletrônico; (262) Refino de Açúcar.
4	(151) Indústria da Madeira; (204) Resinas, Fibras art. Elastôm.; (231) Indústria de Matérias Plásticas; (122) Fabricação de Peças Mecânicas para Máquinas; (301) Fabricação de Produtos Diversos.
5	(121) Fabricação de Bombas e Motores; (145) Fabricação de Veículos Ferroviários e Outros Veículos; (131) Equipamentos para Energia Elétrica; (261) Agroindústria Alimentar; (133) Fabricação de Material Elétrico.
6	(221) Indústria de Perfumaria, Sabões e Velas; (291) Indústria Editorial e Gráfica; (191) Indústria de Couros e Peles; (113) Fabricação de Fundidos, Ferro e Aço; (125) Equipamentos de Escritório e Uso Doméstico.
7	(112) Fabricação de Laminados de Aço; (103) Outros Produtos Minerais Não Metálicos; (143) Fabricação de Peças Mecânicas para Veículos; (124) Fabricação de Máquinas e Equipamentos para a Agricultura; (134) Fabricação de Aparelhos Elétricos.
8	(252) Fabricação de Calçados; (271) Indústria de Bebidas; (207) Fabricação de Produtos Químicos Diversos; (132) Fabricação de Condutores Elétricos; (161) Indústria do Mobiliário.
9	(203) Fabricação de Derivados do Carvão Mineral; (181) Indústria da Borracha; (144) Indústria Naval; (205) Fabricação de Óleos Vegetais em Bruto; (123) Fabricação de Máquinas e Equipamentos Industriais.
10	(172) Fabricação de Papel e Papelão; (142) Fabricação de Caminhões e Ônibus; (136) Fabricação de Equipamentos de Comunicação; (251) Fabricação de Artigos de Vestuário; (141) Fabricação de Automóveis.
11	(115) Fabricação de Outros Produtos Metalúrgicos; (111) Fabricação de Ferro, Aço em formas primitivas; (264) Outras Indústrias Alimentares; (126) Fabricação de Tratores e Máquinas Rodoviárias.
12	(173) Fabricação de Artefatos de Papel; (242) Fiação, Tecelagem, Fibras Artificiais Sintéticas; (243) Fiação, Tecelagem Fibras Naturais; (244) Outras Indústrias Têxteis.

Elaboração do autor.

Os subsídios acentuaram distorções

A questão relevante neste ponto é se os subsídios reduziram ou aumentaram as distorções. Para dar uma resposta precisamos de um critério que permita avaliar a sua eficiência, e um desses critérios é o do custo de recursos domésticos (CRD), criado por Michael Bruno.[29] José Augusto Arantes Savasini e Honório Kume fizeram uma cuidadosa avaliação do CRD para os 58 setores da matriz de insumo-produto estimada pelo IBGE para aquele período.[30]

Tomemos um produto cujo valor exportado é x_j, e que na sua produção utiliza diretamente um valor m_j de insumos importados. A geração líquida de divisas na sua exportação é dada por $x_j - m_j$, e se dividirmos o valor — expresso em reais — das quantidades de trabalho, serviços do capital e de insumos domésticos pela receita líquida de divisas $(x_j - m_j)$, teremos um valor, expresso em reais/dólar. Esse é o custo de recursos domésticos para produzir um dólar através da exportação desse produto. Setores que produzem divisas com um menor CRD são mais eficientes. Através dos coeficientes a_{ij} da matriz de insumo-produto, podemos calcular quanto de trabalho e de capital direta e indiretamente é utilizado para produzir cada um dos insumos intermediários que entram na produção do produto j, o que nos leva à equação para o CRD expressa apenas pela utilização dos dois fatores primários, trabalho e capital, dada por:

$$(8) \quad d_j = \frac{\sum_{s=1}^{m+2} \bar{f}_{sj} v_s}{x_j - m_j}$$

em que os valores de $\bar{f}_{sj}$, com s variando de um a m, são as quantidades de trabalho e de capital utilizadas na produção dos m insumos, e os dois valores restantes de $\bar{f}_{sj}$ representam o que é diretamente utilizado de trabalho e de capital na produção daquele produto. Como estamos falando de quantidades, para completar o cálculo precisamos dos preços da mão de obra e do capital, e por se tratar de um critério de eficiência teremos que utilizar os seus preços-sombra, isto é, os seus custos sociais.

Para o cálculo do custo social da mão de obra, Savasini utilizou tanto a metodologia proposta por Ian Little e James Mirrlees,[31] comparando-a com as estimativas realizadas por Edmar Bacha,[32] optando por um custo de oportunidade da mão de obra não qualificada de 60% do salário mínimo da época. Tinha que ser dado um passo além para introduzir o efeito da mão de obra qualificada, cuja contribuição na produção não é dada pela matriz de insumo-produto. O problema foi contornado utilizando as informações da lei dos ⅔, e o custo social desse tipo de mão de obra foi igualado ao seu custo privado.

Para a estimativa do custo social do capital por unidade de produto foi utilizada a relação

$$(9) \quad C_j^S = r^s \frac{K_j}{VP_j}$$

em que C_j^s é o custo social do capital na produção do produto j, r^s é a taxa de retorno social obtida pelo critério da média ponderada, e (K / VP_j) é a relação capital/produto no setor j. Estimativas de r^s foram realizadas por Bacha[33] e Langoni[34] utilizando metodologias diferentes, porém com valores muito próximos. Para a obtenção do custo social do capital, C_j^s, foram utilizados os balanços das quinhentas maiores empresas de 1971, publicados pela revista *Conjuntura Econômica*. Foi assumido que o câmbio de equilíbrio estaria valorizado em 25%.

No gráfico 4 está o diagrama de dispersão entre os subsídios efetivos e o CRD. Admitindo uma sobrevalorização de 25%, só os setores com CRD menor que um seriam viáveis em termos econômicos. Considerando o caso mais favorável do valor de r_s igual a 16%, teríamos apenas meia dúzia de setores gerando um benefício líquido positivo. Porém, ainda que a sobrevalorização fosse mais elevada, conduzindo a um número maior de setores com benefício positivo, não se elimina a crítica de que há uma clara correlação positiva e estatisticamente significante entre o CRD e a taxa de subsídio efetivo, o que nos indica que de um modo geral os subsídios mais elevados foram direcionados aos setores que produzem divisas com um custo de recursos domésticos mais elevado. Ou seja, os subsídios favoreciam mais os setores que utilizam fatores escassos com custos sociais mais elevados, caracterizando uma alocação ineficiente de recursos.

Gráfico 4: Subsídios efetivos e custo dos recursos domésticos (critério Balassa)

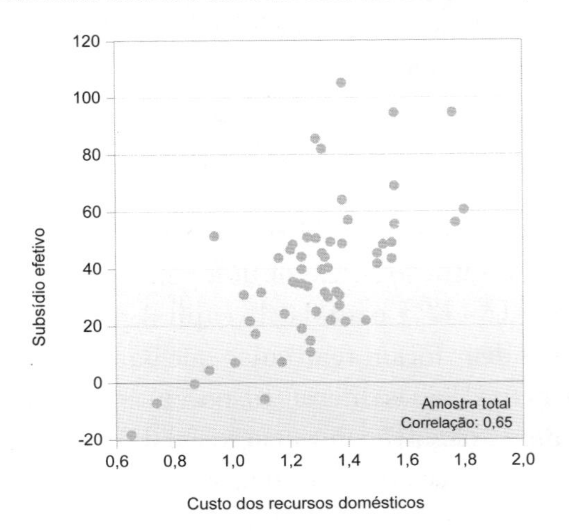

Elaboração do autor.

Dois outros trabalhos estenderam esses resultados. No primeiro deles, Mendonça de Barros e outros[35] desagregam as estimativas trabalhando com uma amostra de aproximadamente sessenta produtos agrícolas e industriais. Suas conclusões são de que "em geral os maiores custos de recursos domésticos correspondem às maiores doses de incentivos, o que pode implicar promover-se relativamente mais produtos cuja eficiência produtiva local é relativamente menor", e acentuam que, "no limite, o caso mais claro é dos produtos agrícolas in natura, que não apenas não são estimulados, porém taxados". No segundo, Juan Hersztajn Moldau[36] retornou ao grau de agregação da matriz de insumo-produto, mas utilizando os coeficientes da sua versão final. A segunda diferença é que ele utiliza um método alternativo para o cálculo do custo social da mão de obra, baseado nas análises de Todaro,[37] Harris e Todaro,[38] Arnold Harberger[39] e Joseph Stiglitz.[40] Moldau conclui que em relação aos estudos prévios há um número relativamente maior de setores com benefícios líquidos (no critério de Bruno) não significativos, e que, "dado o sistema de incentivos em vigor apenas os setores: agrícola; extração mineral; combustíveis minerais; e madeira se constituiriam em fontes viáveis de divisas".

Quando falamos de crescimento econômico, estamos falando na elevação da produtividade, que em parte depende do aumento do capital por trabalhador empregado, e em parte depende da PTF. Desvios em relação à alocação eficiente de recursos levam a uma queda da PTF, e em vez de favorecer o crescimento o penalizam. Se o governo estivesse em busca de um aumento da demanda agregada, sem se preocupar com a eficiência, aquele modelo poderia levar aos resultados desejados. Porém, estava longe de ser uma estratégia sustentável de crescimento econômico.

O problema da concentração da distribuição de rendas

Já sabemos que o forte crescimento entre 1950 e 1980 deve muito à transformação estrutural da economia brasileira, e que a aceleração do crescimento entre 1968 e 1973 contou com uma ampliação vinda do programa de subsídios às exportações. Há muitas críticas que poderiam ser feitas, como o uso do controle de preços no combate à inflação ao lado da fragilização adicional do Banco Central e do aumento da indexação, que levariam o país à superinflação dos anos 1980 e às distorções geradas pelos subsídios, que era um caminho errado para conduzir o país à abertura comercial. Mas os críticos do governo preferiram outra via. Entre 1960 e 1970 ocorreu um aumento na concentração da distribuição pessoal de rendas, sendo tentador, no plano político, acusar o governo de gerá-la de maneira deliberada, privilegiando o capital e a renda dos mais ricos, e achatando a renda dos mais pobres.

No início deste capítulo expus qual era a concepção teórica da crítica, e não vou repeti-la. Contudo, ao contrário do procedimento de um cientista que se pauta pela distinção entre ciência e metafísica,[41] as críticas de Furtado se limitaram a juntar fatos que se ajustassem à sua narrativa, que era politicamente atraente. Coube a Fishlow[42] buscar — sem sucesso — as evidências empíricas de que a explicação de Furtado — muito semelhante à sua — era a correta. Sua análise se inicia citando os dados dos censos de 1960 e 1970, constatando o aumento da concentração na distribuição de rendas, que foi inegável. Mas logo em seguida, sem qualquer análise empírica mais profunda, passa à explicação das causas desse aumento e, assim como Furtado, em vez de colocar à prova as hipóteses usa os dados de forma a engrossar a sua retórica. Uma de suas afirmações de impacto, claramente motivada pela análise de Langoni de que é na teoria do capital humano e dos investimentos em educação que se encontra a explicação para o ocorrido, é que "é bom lembrar não somente quanto a desigualdade é explicada pela educação, mas também quão pouco". Se a educação explica pouco, de onde viria o aumento da concentração na distribuição de rendas? Os dados do censo permitiriam ter avançado na explicação, mas Fishlow preferiu aderir de corpo e alma à narrativa de Furtado. A primeira causa apontada por ele é a contenção dos reajustes do salário mínimo no período posterior ao Paeg, que de fato teve uma queda em termos reais em torno de 20%, dando um passo adiante com forte impacto político na crítica a um governo autoritário, contenção essa à qual atribui o objetivo político do governo, que seria a "destruição do proletariado como uma ameaça política e o restabelecimento de uma ordem econômica voltada à acumulação de capital". Afirma que a expansão após 1968 foi uma consequência da concentração de rendas que já existia antes aos anos do "milagre". Foi ela que "permitiu o crescimento de um setor que dependia da demanda das classes de rendas altas — os automóveis —, sem que se desenvolvessem os setores dependentes da demanda da classe de renda baixa — alimentos e têxteis". Para Fishlow, o aumento da concentração veio de políticas que favoreceram os mais ricos, como a concessão liberal de incentivos aos investimentos no mercado financeiro, os ativos de renda fixa ou a aplicação de recursos em regiões ou setores específicos. Do lado financeiro, taxas reais de juros positivas para os poupadores e um mercado de capitais ebuliente "podem ser um caminho para satisfazer os requisitos de um mercado eficiente, mas em contrapartida beneficiam os indivíduos que têm rendas acima da média, o que acentua a concentração na distribuição pessoal de rendas". Um de seus argumentos finais ataca os resultados no campo da educação, afirmando que "é especialmente perturbador descobrir que fatores estruturais como a distribuição de oportunidades para a educação e para a alocação regional da força de trabalho não estão tendendo à equalização, mas sim o contrário".

O trabalho de Langoni difere dessa análise e mostra as evidências empíricas dos erros cometidos por Fishlow. Também usa os dados dos censos demográficos de 1960 e 1970, mas os complementa com os dados do Ministério do Trabalho (a lei dos ⅔) e do Ministério da Fazenda (o Imposto de Renda), e estabelece uma enorme diferença em relação ao trabalho de Fishlow pela profundidade da análise empírica. Langoni não se preocupou com encontrar dados que confirmassem conclusões mantidas a priori, e sim com testes empíricos, colocando à prova a hipótese de que a concentração na distribuição de rendas se deve à combinação entre o crescimento acelerado com a inelasticidade da oferta de fatores que são absorvidos quando os setores crescem e se modernizam, explicando o aumento da distância entre os salários de trabalhadores qualificados e não qualificados.

A primeira bateria de testes vem de regressões envolvendo 248 mil observações para o censo de 1960 e 342 mil para o de 1970, com o logaritmo da renda como variável dependente, através das quais é possível avaliar os desvios relativamente a uma renda média base, que é captada no termo constante da equação. As demais variáveis são: os anos de escolaridade (primário, ginásio, colegial e superior); a atividade ou setor (secundário e terciário); a idade (10/14, 15/19, 20/24, 25/29, 30/39, 40/49, 50/59, 60/69); a região (Guanabara; Rio de Janeiro; São Paulo; o grupo Paraná, Santa Catarina e Rio Grande do Sul; o grupo Minas Gerais e Espírito Santo; o grupo dos estados do Nordeste; e o grupo dos estados do Centro-Oeste).

O termo constante da equação representa a média geométrica da renda dos indivíduos analfabetos do sexo feminino no setor primário, com mais de setenta anos e na região Centro-Oeste. Ao contrário da conclusão de Fishlow, suas regressões mostram que "as maiores diferenças de renda estão associadas ao grau de educação".

Comparando os resultados das regressões para 1960 e 1970, nota-se que os termos constantes das duas regressões são muito próximos entre si: para 1960 é 3,97, e para 1970, 4,04. Ou seja, entre os dois censos praticamente não há diferença de renda para o grupo que está na "base" da comparação. Dessa forma, comparando coeficientes das variáveis explicativas nas regressões de 1960 e 1970, tem-se uma estimativa das causas do aumento da concentração entre os dois anos. A estimativa é de que a escolaridade, a idade, a atividade, a região e o sexo explicavam, em 1960, 51% da diferença com relação à renda básica, e que em 1970 essa diferença cresce para 59%. É uma conclusão diametralmente oposta à de Fishlow.

No capítulo 8 de seu livro, Langoni expõe sua interpretação teórica, bem como os resultados de seus testes. A forma pela qual se dá o crescimento econômico reflete no mercado de fatores: o crescimento pode ocorrer através do uso mais intensivo dos fatores já existentes e sem aumento de produtividade, ou incorporando novos fatores, com base no capital humano, com crescimento da produtividade. Se neste segundo caso a oferta do fator for elástica, a consequência é o crescimento; mas se a oferta do fator for inelástica, o que cresce são os seus preços. Contrariamente ao que ocorre nos setores tradicionais, nos setores modernos as duas fontes muito importantes de crescimento são o investimento em capital humano e a pesquisa, e sua ocorrência não depende da existência de oferta elástica dos fatores, "pelo contrário, é justamente o aumento do custo dos fatores, que se tornam relativamente mais escassos à medida que se expande a produção, que cria os incentivos para a sua substituição através dos investimentos em pesquisa". Nos setores tradicionais, a variância das taxas de crescimento deve ser baixa, o impacto no mercado de trabalho é pequeno (alta elasticidade da oferta) e a variância nas taxas de retorno do capital fixo deve ser baixa. Já nos setores modernos, as maiores taxas de crescimento provocam, diante de uma oferta de trabalho cuja elasticidade cai com o grau de qualificação, um aumento da distância entre os salários nos vários graus de qualificação. O mesmo ocorre com o capital físico. Por fim, se o processo de crescimento se caracteriza pela transformação de setores tradicionais em modernos, deve haver uma correlação positiva entre a taxa de crescimento e a desigualdade.

Para colocar a hipótese à prova são estimadas regressões para 1960 e 1970, que permitem obter as contribuições marginais da educação, da idade, do sexo e da região para as diferenças de renda observadas dentro de cada setor. Em todos os casos o coeficiente de determinação múltipla R^2 aumenta de maneira significativa na passagem do setor primário para o terciário, e em 1970 as variáveis consideradas explicam 31% das diferenças observadas de renda no setor primário, subindo para 52% no secundário e 61% no terciário. Os coeficientes também mostram que em 1970 os anos adicionais de educação "resultam num acréscimo de renda [que] é praticamente o dobro do observado no setor primário". Por fim, a comparação entre 1960 e 1970 mostra um aumento na importância relativa de todos os setores, embora tenha beneficiado mais o secundário, cuja taxa de crescimento foi a mais elevada. Sua conclusão, em resumo, é que "a desigualdade na distribuição de rendas está, em geral, associada à *performance* de crescimento, mas não necessariamente ao *nível* de desenvolvimento", e que "é possível haver aumento transitório no grau de concentração como consequência da aceleração do crescimento".

Embora aceite a interpretação de Langoni de que sob certas circunstâncias um crescimento econômico acelerado leva a uma concentração na distribuição pessoal de rendas, o governo não fica totalmente livre de críticas. Naqueles anos já era conhecida uma importante vertente da teoria do desenvolvimento econômico, que apontava o papel do capital humano. Da mesma forma como demoramos para entender os ensinamentos de Theodore Schultz sobre a agricultura, demoramos para reconhecer o caminho que ele abriu nesse campo do conhecimento, que conduziu às contribuições de Gary Becker e Jacob Mincer sobre o papel dos investimentos em educação no desenvolvimento econômico. Países que entenderam mais cedo a importância desse fator, como a Coreia do Sul, puderam consolidar o crescimento com base no capital humano, abandonando pouco a pouco as intervenções discricionárias. O Brasil infelizmente acabou se perdendo nesse caminho.

Os caminhos a percorrer

A história dos países que tiveram sucesso em crescer não é necessariamente a dos que desde o início praticam os princípios do livre-comércio, mas sim a dos que temporariamente se desviaram desses princípios através de intervenções corretas. Há inúmeros exemplos de sucesso com o uso da intervenção do governo indo ao ponto de coordenar os investimentos, como são os casos da Coreia do Sul e de Taiwan.[43] Temporariamente o Brasil cresceu, quer devido a uma enorme transformação estrutural, quer devido aos incentivos à substituição de importações e às exportações de produtos manufaturados, que impulsionaram a indústria.

Com a falência do sistema de subsídios, poderíamos ter reagido de várias formas, colocando em seu lugar estímulos fiscais para os investimentos em infraestrutura ou formas alternativas de reduzir custos e gerar externalidades, aumentando a eficiência. O debate sobre a distribuição de rendas havia nos alertado sobre a necessidade de investir em capital humano. Poderíamos, também, caminhar um pouco mais na redução de tarifas, expondo as indústrias a uma maior competição externa, percorrendo o mesmo caminho de países que tiveram sucesso, como a Coreia do Sul.

Nenhum desses caminhos foi o escolhido. Ao final dos anos 1970, já era claro que o mundo havia ingressado em uma nova realidade relativamente aos preços do petróleo, e o governo reagiu a isso retornando de corpo e alma ao modelo de substituição de importações. Pior ainda, em vez de criar regras que reduzissem riscos, atraindo investimentos privados, optou pelos investimentos a partir de empresas estatais, premiando o setor privado com subsídios que favoreciam o modelo de substituição de importações. Foram investimentos financiados com a dívida externa, adquirida através de empréstimos bancários, sem atentar para o fato de que vivíamos um período de taxas internacionais de juros artificialmente baixas, com base em um arranjo internacional — o regime de Bretton Woods —, que estava condenado a desaparecer. Foi o início de uma crise profunda, que inaugurou a década perdida.

4
O II PND e a crise da dívida externa

GRANDES CRISES NÃO SÃO decorrência de pequenos erros ou de eventos isolados. São a consequência de uma sucessão de erros coletivos, cometidos em vários momentos, com efeitos cumulativos. Em agosto de 1982, o México declarou a suspensão dos pagamentos de sua dívida externa, e algum tempo depois o Brasil fez o mesmo. O default quase sincrônico de vários países levou a uma crise bancária sistêmica, de abrangência internacional. Ainda hoje há quem acredite que a causa predominante — ou mesmo exclusiva — daquela crise foi a elevação dos preços internacionais do petróleo. É inegável que o aumento do preço do petróleo teve a sua parcela de contribuição para a crise, mas não foi sua causa predominante. Para eliminar dúvidas a esse respeito, basta lembrar que tanto o México como o Brasil foram igualmente atingidos pela crise da dívida, porém apenas o Brasil era dependente das importações daquela fonte de energia, enquanto o México era um exportador de petróleo.[1] O que havia em comum entre esses dois países não era a dependência das importações de petróleo, e sim a execução de programas extremamente ambiciosos de investimentos — o II PND do governo Geisel, no Brasil, e o programa de desenvolvimento de Lopes Portillo, no México. A motivação encontrada por Geisel para o endividamento externo e tornada explícita no II PND seria a necessidade de obter os empréstimos para financiar os déficits nas contas-correntes provocados pela elevação dos preços internacionais do petróleo. Porém o real objetivo era financiar os investimentos em uma nova rodada de substituição de importações de bens de capital e de insumos básicos, realizado em grande parte por empresas estatais, que era o modelo de desenvolvimento de sua preferência.[2] O governo acreditava que poderia usar os volumes abundantes de empréstimos proporcionados pelos bancos internacionais para financiar investimentos voltados à produção doméstica dos bens de capital e de insumos básicos que antes eram importados, o que geraria o espaço necessário para acomodar o aumento das importações de petróleo.

Havia vários erros nessa estratégia. Primeiro, a forma correta de corrigir déficits nas contas-correntes é reduzindo a absorção total doméstica em relação ao PIB (o que equivale a elevar as poupanças domésticas em relação aos investimentos)[3] e realinhando o câmbio, o que de início tem efeitos recessivos. Ainda que em um horizonte mais longo o Brasil se tornasse autossuficiente na produção de insumos básicos e de bens de capital, dado que tais investimentos não maturam instantaneamente, em um horizonte mais curto o que prevaleceria seria um aumento da absorção em relação ao PIB, elevando ainda mais os déficits em contas-correntes e provocando o aumento mais intenso da dívida externa, e em grande parte foi isso que ocorreu. Outro erro era a distorção alocativa provocada pela substituição de importações. Ao elevar as barreiras tarifárias e não tarifárias — como os índices de conteúdo nacional — sobre as importações de bens de capital e de insumos básicos, reduziam-se as margens de proteção efetiva aos setores produtores de bens de consumo.[4] Isso gerava uma reação por parte dos industriais que, estimulados pelos níveis elevados de proteção efetiva, haviam investido na produção de bens de consumo. A proteção efetiva sobre esses bens declina quando se elevam as tarifas sobre os bens de capital e os insumos importados, e por isso aumentavam as pressões para uma nova rodada de aumento da proteção nos setores afetados, o que impedia a abertura de nossa economia para o comércio internacional. O maior de todos os erros, no entanto, foi o risco assumido ao se julgar que não havia limites para aquele endividamento e que a taxa internacional de juros permaneceria baixa *per omnia saecula saeculorum*.

Havia no governo Geisel entusiastas do modelo de substituição de importações em insumos básicos e bens de capital, porém havia mais um motivo para aquela escolha: a única forma de o governo autoritário conquistar legitimidade era através do crescimento econômico acelerado, e por isso nunca se cogitou imprimir à política econômica qualquer rumo que colocasse sob risco aquele objetivo. Já a motivação de Lopes Portillo foi a de aproveitar a onda favorável ao aumento dos investimentos vinda da descoberta de novas reservas de petróleo no Golfo do México, para acelerar o crescimento do país. Brasil e México não foram os únicos países emergentes a se aproveitarem da abundância de empréstimos bancários externos a taxas de juros baixas, nem sequer esse foi um erro cometido apenas por esses países. Os bancos internacionais também usaram a oportunidade gerada pelo desenvolvimento do mercado de eurodólares para fazer empréstimos de forma desenfreada,[5] o que alimentou ainda mais a tentação dos países em usar aquela forma de financiar os investimentos. O erro por parte dos bancos pode ser resumido na frase histórica de Walt Wriston, presidente do Citibank, que questionado se não se preocupava com o excesso de empréstimos às nações afirmou textualmente que "países não quebram".[6]

A explicação consensual para a existência de uma oferta extremamente abundante de empréstimos bancários a taxas de juros baixas no Brasil era que isso se devia apenas e tão somente à "reciclagem dos petrodólares": os superávits no balanço de pagamentos dos produtores de petróleo, que eram depositados nos bancos e emprestados aos países consumidores daquela fonte de energia. Acreditava-se que por muitos anos a prática alimentaria a oferta de empréstimos através de bancos internacionais.[7] Não nego que os depósitos dos produtores de petróleo fossem uma fonte de funding para os empréstimos dos bancos aos países, mas essa não era a causa do florescimento do mercado de eurodólares, e muito menos consegue explicar por que as taxas de juros internacionais eram tão baixas. Minha resposta à questão formulada no início deste parágrafo é que a abundância de empréstimos e as baixas taxas de juros eram consequência de um problema monetário internacional que já vinha se acumulando bem antes do início da crise do petróleo, e que decorria do descumprimento pelos Estados Unidos do papel que lhes cabia no regime de Bretton Woods. Essa, e não a crise do petróleo, é a razão para o nascimento e o crescimento do mercado de eurodólares que elevaram a oferta de empréstimos a taxas de juros baixas.

Em seguida, vamos nos debruçar melhor sobre como isso ocorreu, mas vale a pena resumir o argumento logo na introdução do capítulo. O ano de 1973 não marca apenas a ocorrência do primeiro "choque do petróleo", mas também o final do regime de Bretton Woods, criado em 1946, no qual os Estados

Unidos deveriam manter o controle de sua oferta monetária, que era a âncora nominal daquele regime, garantindo tanto a constância do preço do ouro em 35 dólares por onça Troy como a conversibilidade do dólar em ouro àquele preço entre as autoridades monetárias. Isso assegurava a taxa cambial fixa de todas as moedas em relação ao dólar. Com isso, a expansão monetária e as taxas de juros baixas nos Estados Unidos geravam um aumento da oferta mundial de moeda e mantinham baixas as taxas internacionais de juros. Mas é importante ter em mente que, mesmo após o colapso do regime de Bretton Woods, as taxas de câmbio na Europa ainda permaneceram fixas em relação ao dólar por alguns anos, e por isso ainda continuamos assistindo a uma expansão monetária mundial alimentada pela continuação da forte expansão monetária dos Estados Unidos. Havia várias falhas no regime criado pelo esforço conjunto de Harry Dexter White e John Maynard Keynes, e por um caminho ou por outro ele seria substituído por outro regime, mas entre todas as possíveis causas predominou aquela atitude dos Estados Unidos. Quando, por fim, em 1979 o aumento da inflação nos Estados Unidos (e no mundo) obrigou o Federal Reserve (Fed) a tomar a decisão de elevar a taxa de juros, a dívida externa brasileira, que era totalmente expressa em dólares, tornou-se insustentável. Veremos adiante que o pagamento de juros sobre a dívida externa brasileira, que era de 10% das exportações em 1970, saltou para 40% em 1980 e para 60% em 1982, e com a cessação dos empréstimos por bancos internacionais, em 1983, as reservas brasileiras eram negativas no conceito de caixa.

Na próxima seção é analisado como o II PND levou a um forte aumento dos investimentos, bem acima da poupança total doméstica, o que teria que se materializar em déficits elevados nas contas-correntes. Isso provocou um aumento da dívida externa, que cobriu a totalidade do passivo externo líquido do país. Em seguida, serão analisadas as razões para o agravamento do problema monetário internacional que levou à extinção do regime de Bretton Woods. O capítulo se encerra mostrando a situação na qual o Brasil estava quando as taxas de juros se elevaram.

Os investimentos, o déficit nas contas-correntes e o aumento da dívida externa

Em 1974, o governo Geisel lançou o II PND. Entre 1975 e 1980, o país cresceu à taxa média de 7,5% ao ano, mas não mais devido à contribuição predominante da PTF, como entre 1968 e 1973, e sim com a contribuição do estoque de capital físico e um pouco menor do capital humano. No gráfico 2 estão as taxas de investimento medidas tanto na moeda doméstica do Brasil a preços constantes de 2010, quanto em PPP. Esta última foi a medida utilizada por Ferreira e Veloso[8] no cálculo do estoque de capital e nas estimativas das fontes de crescimento.

Gráfico 1: Taxas de investimento em proporção ao PIB (em PPP)

FONTE: Ferreira e Veloso (2013) e IBGE.

Dependendo da fórmula utilizada na decomposição, o aumento do estoque de capital explica entre 60% e 76% do crescimento da produtividade média da mão de obra no período, com uma contribuição muito mais baixa da PTF, e ainda menor do capital humano (tabela 1).

Tabela 1: Contribuições para o crescimento

	y (variação do produto)	k (variação do estoque de capital)	h (variação do estoque de capital humano por trabalhador)	A (variação na PTF)
1968-73	7,1	2,0 (28%)	0,1 (1%)	5,0 (70%)
1973-80	3,4	2,5 (76%)	0,2 (5%)	0,7 (19%)
	y	**k/y**	**h**	**A**
1968-73	7,1	−1,4 (-19%)	0,1 (2%)	8,3 (117)
1973-80	3,4	2,0 (60%)	0,3 (8%)	1,1 (32%)

FONTE: Ferreira e Veloso (2013). Os números entre parênteses abaixo das taxas são a porcentagem do crescimento da produtividade atribuída àquela fonte.

Foram investimentos realizados por empresas estatais e privadas, as últimas beneficiadas por subsídios.[9] Foram, também, estimulados por várias formas de proteção contra importações, como tarifas e depósitos prévios sobre as importações; por uma rigorosa aplicação da Lei do Similar Nacional; e por tratamentos especiais dados às áreas de energia (hidrelétrica, petróleo e nuclear), siderurgia, petroquímica, bens de capital, infraestrutura e transportes.[10]

O que motivou o II PND? No texto do documento, o governo argumentava que aquela era a sua reação à elevação dos preços do petróleo que, devido à inelasticidade de sua demanda ao preço, levou a um aumento significativo do valor das importações e acentuou o déficit nas contas-correntes. A terapia clássica para reduzir os déficits em contas-correntes consiste em uma diminuição da absorção em relação ao PIB combinada com um realinhamento cambial, que poderia levar a um ajuste mais lento ou mais rápido dependendo da existência maior ou menor de recursos para financiar os déficits durante o período do ajuste. A disposição a emprestar por parte dos bancos internacionais permitiria realizar um ajuste mais gradual, o que reduziria seus custos, mas o governo não aceitava o caminho do corte da absorção, nem mesmo gradual, porque na melhor das hipóteses levaria à queda do crescimento. Preferia um outro caminho, que consistia no aumento dos investimentos destinados à produção doméstica de bens substitutos de importações que, no devido tempo, assim era esperado, gerariam o espaço para acomodar os maiores gastos na importação de petróleo. Com isso acreditava-se que a crise do petróleo apresentava ao país a oportunidade de fazer o ajuste sem custos, mantendo as taxas de crescimento elevadas.

Vale, neste ponto, a mesma crítica feita no capítulo 3 ao modelo de promoção de exportações. Assim como naquele caso, o governo olhava apenas para o aumento da produção de insumos básicos e de bens de capital e para quanto pouparia de dólares ao deixar de importá-los, sem dar importância ao custo de recursos domésticos para produzir tais dólares. Em ambos os casos não havia qualquer preocupação com a eficiência na alocação de recursos escassos. Se financiasse os investimentos em substituição de importações com dívida externa, por outro lado, estaria ao mesmo tempo obtendo os recursos para realizar os investimentos e para financiar o déficit nas contas-correntes, e a esse respeito o governo tinha previsões extremamente otimistas. Admitia que a mudança nos preços do petróleo não seria transitória, argumentando que, por serem proprietários de uma fonte de energia que poderia se esgotar,[11] os produtores explorariam a vantagem de possuir tal fonte de energia, acelerando com isso o crescimento e o consumo de suas populações, mas que esse processo seria lento, e por um longo período ainda teria elevados superávits nas contas-correntes que alimentariam os bancos com recursos que eles teriam forçosamente que emprestar aos países consumidores de petróleo. Em nenhum momento foi levado em consideração da maneira devida que o aumento da oferta mundial de empréstimos a juros baixos era devido à forte expansão monetária mundial e o consequente aumento do mercado de eurodólares, e que esse quadro poderia ter uma alteração abrupta.

O aumento dos preços do petróleo era apenas um dos desafios enfrentados pelo país. Mais importante do que ele seria a busca pelo aumento da produtividade de forma a acelerar o crescimento, corrigindo os defeitos dos subsídios às exportações que foram usados como instrumento entre 1968 e 1973, visando maior abertura econômica. O II PND deu um enorme passo atrás quando optou pelo retorno à substituição de importações com o uso intensivo de empresas estatais. Da mesma forma como na Europa Ocidental, os corações e as mentes no Brasil foram seduzidos pela crença de que o capitalismo de Estado era uma forma eficiente de organizar a produção, e a consequência foi o crescimento intenso das empresas estatais.[12]

O efeito combinado do aumento das importações de petróleo com o excesso dos investimentos em relação à poupança doméstica acentuou os déficits em contas-correntes que atingiram níveis extremamente elevados (gráfico 3). Como a curto prazo a demanda de petróleo é muito inelástica com relação ao preço, as duas elevações do preço internacional, em 1973 e em 1979, expandiram o valor em dólares das importações e explicam parte do aumento do déficit, mas estão distantes de explicar a sua totalidade.[13] Mais importante do que a estimativa precisa da contribuição de cada um desses dois fatores na elevação do déficit em contas-correntes, contudo, é o fato de que foram integralmente financiados com empréstimos externos. Nesse período, a conta de capitais no Brasil ainda era muito fechada. Havia investimentos estrangeiros diretos, mas os investimentos em carteira eram praticamente nulos, fazendo com que a única forma de financiar os déficits nas contas-correntes fosse com o aumento da dívida externa na forma de empréstimos bancários. A consequência foi o crescimento da dívida externa, que saiu de 15% do PIB em 1973 para perto de 55% do PIB em 1982, quase igual à totalidade do passivo externo, que no pico atingiu mais de 50% do PIB (gráfico 4).

Gráfico 2: Saldos nas contas-correntes em proporção ao PIB — Dados anuais

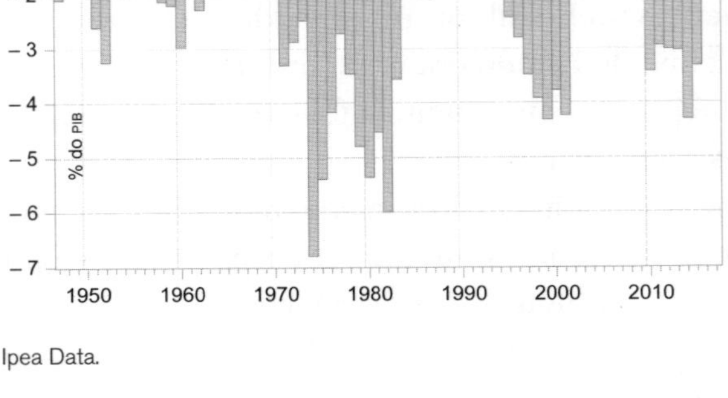

FONTE: Ipea Data.

Gráfico 4: Passivo externo líquido e dívida externa total — pública mais privada

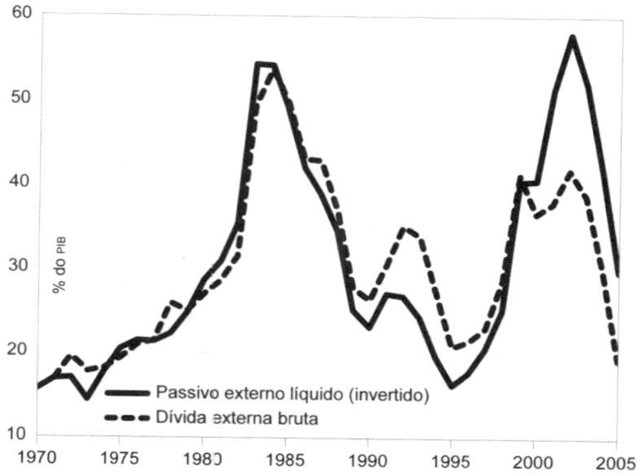

FONTE: Milesi-Ferreti (2006) e Banco Central do Brasil.

O Banco Central do Brasil não tem estimativas do passivo externo brasileiro nesse período, mas existe a estimativa realizada por Philip Lane e Gian Maria Milesi-Ferretti,[14] que será utilizada também na estimativa do modelo explicativo do comportamento do câmbio real, exposto no próximo capítulo. O passivo externo líquido do Brasil superou a marca de 50% do PIB em 1983, em comparação a um nível bem mais baixo, em torno de 15%, entre 1970 e 1972, e era totalmente constituído de dívida externa e exposto ao risco de câmbio, isto é, uma depreciação cambial elevaria na mesma proporção a dívida medida na moeda corrente do país; como os empréstimos externos eram realizados a taxas de juros flutuantes, a elevação da taxa de juros levaria ao aumento do pagamento de juros sobre a dívida em proporção às exportações.

O problema monetário internacional

O regime de Bretton Woods

Na reunião do FMI realizada em setembro de 1967 no Rio de Janeiro, foram criados os Direitos Especiais de Saque (DES), que eram ativos de reserva em moeda estrangeira baseados em uma cesta de moedas. Naquele momento já era claro que algo não caminhava bem com o regime de Bretton Woods.

Pelo compromisso assumido no acordo,[15] os Estados Unidos deveriam fixar o preço do ouro em 35 dólares por onça Troy, enquanto os demais países fixariam suas taxas de câmbio em relação ao dólar. Contrariamente ao que ocorria durante o padrão-ouro, contudo, o ouro era utilizado apenas para quitar obrigações entre autoridades monetárias e como um padrão para a fixação das taxas de câmbio. Não havia conversibilidade do dólar em ouro para os residentes do país. Embora fosse fixo em relação ao dólar, o câmbio de cada país poderia ser unilateralmente alterado diante de um "desequilíbrio fundamental" no balanço de pagamentos. Esse era o mecanismo de ajuste mais importante para restabelecer o equilíbrio no balanço de pagamentos, recompor o estoque de reservas e evitar quedas maiores do produto e do emprego.

Os europeus fixavam as paridades de suas moedas com relação ao dólar com uma margem de –1% a +1% em torno da paridade central, porém na prática se recusavam a usar o ajuste da taxa cambial, mantendo essa paridade indefinidamente fixa. Para a Europa, o dólar adquiriu a categoria de numerário do sistema e passou a ser a moeda de intervenção utilizada para defender a paridade cambial, o que levou à sua utilização como uma moeda reserva. Com o câmbio fixo, a Europa perdeu a sua autonomia monetária: o crescimento de sua oferta monetária ficava subordinado à taxa cambial fixa e ao crescimento da oferta de moeda dos Estados Unidos, que adquiriu o papel de âncora nominal. Dessa forma, não havia como falar em inflações para cada país de maneira isolada, mas apenas em uma inflação mundial.

Para tornar esses pontos mais claros, uso a formulação exposta por Maurice Obstfeld, que representa um mundo hipotético constituído por dois países, os Estados Unidos e a Europa, com suas ofertas de moeda representadas, respectivamente, pelas equações[16]

$$(1) \quad M = P_G G + H$$
$$(2) \quad M^* = \varepsilon P_G G^* + H^* + \varepsilon F$$

nas quais M e M^* são as ofertas de moeda nos Estados Unidos e na Europa, G e G^* representam os respectivos estoques de ouro, P_G é o preço do ouro medido em dólar por onça Troy, ε é a taxa cambial em unidades da moeda europeia em relação ao dólar, H e H^* representam os estoques de títulos públicos liquidamente adquiridos pelas autoridades monetárias dos Estados Unidos e da Europa (os respectivos créditos internos líquidos), e F representa o estoque de reservas europeias aplicadas em ativos líquidos em dólares rendendo juros. Os Estados Unidos mantinham um estoque de ouro que só era conversível entre autoridades monetárias e usavam as operações de mercado aberto para alterar o crédito interno líquido (H) e determinar o curso de sua oferta de moeda. A Europa poderia escolher manter suas reservas totais [$\varepsilon P_G G^* + \varepsilon F$] em ouro ou em títulos do Tesouro dos Estados Unidos, e, embora pudesse alterar o crédito interno líquido, não conseguiria afetar o seu estoque de moeda devido à taxa cambial fixa. Contraindo H^*, a Europa elevaria o seu estoque de reservas, mas a margem para expandir a oferta de moeda com compras de mercado aberto era muito limitada, dado que teria que defender a sua posição de reservas internacionais, evitando disparar um ataque especulativo contra as suas reservas.

Em uma economia sem fricções, com mercados completos e competitivos, com ajustamentos de preços instantâneos e informações completas, com o cumprimento total e sem custos de contratos, o câmbio poderia permanecer fixo sem que houvesse a necessidade de reservas internacionais. A completa mobilidade de capitais e a flexibilidade de preços garantiriam o pleno emprego e o equilíbrio no balanço de pagamentos. Em um mundo com essas características não haveria necessidade de mecanismos de ajustamento.

Usando a aproximação monetária, Obstfeld demonstrou como seria o funcionamento da economia mundial. O equilíbrio nos Estados Unidos seria obtido igualando a demanda de moeda, $(M / P) = L(y,i)$, à oferta de moeda dada por (1), e o equilíbrio na Europa seria dado igualando sua demanda de moeda, $(M^* / P^*) = L^*(y^*,i^*)$, à sua oferta de moeda, dada por (2). A total flexibilidade de preços e salários garantiria a constância das duas rendas reais, y e y^*, e do câmbio real, dado por $Q = \varepsilon P^* / P$, produzindo taxas de inflação atual e esperadas iguais nos dois países, $(1 / P)(dP / dt) = (1 / P^*)(dP^* / dt) = \pi$, e a plena mobilidade de capitais igualaria as taxas de juros, obtendo-se $i = i^* = r + \pi$, em que r é a taxa real de juros e π é a taxa de inflação esperada, que são iguais nos dois países, como será mostrado adiante. Os dois equilíbrios, para os Estados Unidos e para a Europa, são dados, respectivamente, por:

$$(3) \quad P_G G + H = PL(y; r + \pi)$$

$$(4) \quad \varepsilon P_G G^* + H^* + \varepsilon F = P^* L^*(y^*, r + \pi)$$

Se todas as reservas da Europa estiverem em dólares e nunca forem trocadas por ouro, o lado esquerdo de (3) é independente da política monetária europeia, e os Estados Unidos determinam de forma autônoma sua oferta de moeda através de operações de mercado aberto, determinando seu próprio nível de preços. Como vale de modo contínuo a paridade de poder de compra, e no regime de câmbio fixo a oferta de moeda europeia se ajusta passivamente, a taxa de inflação na Europa será igual à taxa de inflação nos Estados Unidos. Consequentemente, as variáveis do lado direito de (4) são independentes da política monetária europeia. A Europa não consegue determinar de modo autônomo o nível de sua oferta de moeda, mas apenas a composição de sua base monetária entre ativos em dólares e ouro. Nessas hipóteses, a Europa poderia, livremente e sem custos, obter no mercado financeiro internacional a liquidez que desejasse, e com isso evitaria contrair o consumo e os investimentos caso as flutuações de sua economia produzissem déficits no balanço de pagamentos. Dessa forma, poderia operar com um nível arbitrariamente baixo de reservas, e nem mesmo se o nível de suas reservas em dólares fosse elevado de forma relativa ao estoque de ouro nos Estados Unidos ocorreria um problema, porque a Europa não teria estímulos econômicos para converter dólares em ouro.

No entanto, se a Europa reduzisse seus ativos em dólares para elevar seu estoque de ouro ($-dF = dG^*$), trocando-os por ouro nos Estados Unidos, conduziria a uma contração monetária no país americano, o que reduziria a oferta mundial de moeda, provocando uma queda do nível mundial de preços, que com a oferta de moeda endógena na Europa acomodaria o seu estoque monetário em um nível mais baixo, provocando uma contração múltipla do estoque mundial de reservas em dólares. Contudo, em um mundo sem fricções e com perfeita mobilidade internacional de capitais não haveria incentivos para que a Europa trocasse suas reservas por ouro.

Os defeitos do regime

Na prática não era assim que o regime de Bretton Woods funcionava. Ele foi implantado em 1946 e durou 27 anos, desaparecendo completamente em 1973, quando se iniciou a flutuação do dólar norte-americano. Se, em vez de considerar seu início no momento da assinatura dos *Articles of the Agreement* do FMI, em 1946, tomarmos como referência a adesão dos países da Europa à plena conversibilidade das transações em contas-correntes, em 1958, e o seu final com a decisão de 1971 do presidente Nixon de cessar a conversibilidade do dólar em ouro para as autoridades monetárias dos demais países, ele durou apenas treze anos. As evidências apresentadas por Bordo[17] mostram que, apesar da curta duração, o período foi de grande crescimento econômico e de ampliação do comércio mundial, com grande estabilidade de preços. Por que um regime com essas características durou tão pouco?

As mudanças de paridade cambial eram vistas pelos executores da política econômica como aberrações, e em geral ocorriam em uma atmosfera de crise.[18] Além da resistência "emocional" à desvalorização, havia também restrições econômicas objetivas. O acordo do FMI demandava a conversibilidade nas contas-correntes, mas a precária situação dos países, ao final da Segunda Guerra Mundial, impedia que isso ocorresse de forma imediata. Para permitir o desenvolvimento das trocas comerciais, criou-se um sistema de pagamentos entre os países europeus (*European Payment Union*, ou EPU), que foi o sistema dominante de quitação de transações em contas-correntes até o final dos anos 1950.[19] Durante a vigência desse sistema, os bancos centrais evitavam incorrer em riscos de câmbio, mantendo as taxas cambiais rigidamente fixas. Em um mundo caracterizado pela baixa mobilidade internacional de capitais e pela rigidez de preços e salários, principalmente na direção descendente, são necessários mecanismos de ajuste para permitir o funcionamento suave das economias. Diante da rigidez de salários, as alterações da paridade cambial auxiliariam na convergência para o equilíbrio com custos menores, permitindo a acumulação de reservas sem provocar a queda acentuada da renda e do emprego. A capacidade de reajustar a taxa cambial e as linhas oficiais de crédito criadas dentro do acordo de Bretton Woods deveriam ter sido suficientes para permitir os ajustamentos suaves. Mas as taxas cambiais de fato se tornaram rígidas, sem que tivesse sido eliminada a capacidade legal de reajustá-las. Havia a noção de que a credibilidade de uma moeda mais estável podia ser "emprestada" aos demais países através de taxas cambiais rigidamente fixas, o que contribuiu para que os bancos centrais evitassem utilizar as mudanças da paridade cambial. Porém, a existência simultânea de paridades de fato fixas, mas legalmente reajustáveis, introduzia uma inconsistência, dado que gerava movimentos especulativos de capitais. Com o término da EPU, que provocou a conversibilidade nas contas-correntes, e o início da liberalização na conta de capitais, os países nem sequer poderiam pensar em reajustes nas taxas cambiais, porque produziriam fortes movimentos especulativos.

A expansão monetária nos Estados Unidos, cujas razões serão expostas na próxima seção, provocava o crescimento da absorção acima do PIB, gerando déficits nas contas-correntes, mas para reduzi-los os Estados Unidos não poderiam desvalorizar sua moeda. Como tinham que sustentar o preço do ouro em 35 dólares por onça Troy, uma desvalorização do dólar só poderia ocorrer se as economias europeias apreciassem as suas moedas. Por isso os Estados Unidos eram favoráveis a que ocorressem apreciações nas moedas dos demais países, mas resistiam a apoiar as depreciações das moedas dos países mais importantes. Por sua vez, os demais países do G10 resistiam a ajudar os Estados Unidos a ajustar as suas contas-correntes apreciando suas taxas cambiais em relação ao dólar. Nesse clima de instabilidade, a vantagem inicial dos países europeus em reter reservas em dólares, que rendia juros, passou a ser comparada com os benefícios de manter as reservas em ouro, diante da ameaça de terem que revalorizar as suas moedas em relação ao dólar, que crescia devido aos déficits nas contas-correntes dos Estados Unidos, o que criava uma assimetria no sistema. O desejo dos europeus era de alguma forma "impor disciplina" aos Estados Unidos, o que poderia ser feito convertendo em ouro suas reservas em dólares, o que — acreditavam os responsáveis pela política econômica dos países europeus — pressionaria os Estados Unidos a contraírem a sua política monetária, retirando a pressão para a valorização das moedas europeias. As autoridades europeias acreditavam que "era somente o temor de os Estados Unidos de perderem suas reservas em ouro que atuava como uma restrição sobre as políticas econômicas americanas. Por isso alguns bancos centrais europeus não acumulavam dólares na presença de um superávit no balanço de pagamentos: em vez disso, convertiam em ouro junto ao Tesouro dos Estados Unidos o estoque de dólares que excedesse suas necessidades imediatas de capital de giro".[20] A expectativa é que isso obrigasse os Estados Unidos a contraírem a expansão monetária.

Havia ainda uma segunda razão para a conversão em ouro dos ativos em dólares. Com a implantação da plena conversibilidade nas contas-correntes, em 1958, surgiu o "dilema de

Triffin".[21] O crescimento do estoque de ativos em dólares em mãos de autoridades europeias era desejável porque supria a liquidez necessária em um mundo em rápido crescimento, mas a elevação do estoque de ativos em dólares relativamente ao estoque de ouro em poder dos Estados Unidos dava aos especuladores uma "aposta em uma única direção". Sempre seria possível aos Estados Unidos colocar um piso inferior ao preço do ouro, mas não poderiam impedir uma corrida coletiva que produzisse uma elevação contínua desse preço e uma tentativa coletiva daquelas autoridades de converter dólares em ouro. O dilema de Triffin era a reapresentação, dentro do regime de Bretton Woods, da tríade de problemas que existiu durante a vigência do padrão-ouro: os problemas do *ajustamento*, da *liquidez* e da *confiança*. Durante o padrão-ouro, o "ajustamento funcionava automaticamente através do mecanismo do *price--specie flow*, ajudado pelos movimentos de capitais de curto prazo",[22] e durante o regime de Breton Woods ele requeria a capacidade de alterar a taxa cambial. Naquela época, a *liquidez* era proporcionada pela existência de um estoque de ativos líquidos em poder dos países e de linhas de crédito amplas o bastante oferecidas pelo FMI.[23] O problema da *confiança* envolvia a composição da carteira de ativos que compunham as reservas dos países europeus e que poderiam ser o ouro ou ativos em dólares. Com o crescimento do estoque de ativos em dólares nas mãos das autoridades europeias, em relação ao estoque de ouro nos Estados Unidos, havia a ameaça de que a conversibilidade entre autoridades monetárias poderia ser eliminada. Nenhum problema existiu enquanto persistiu a confiança de que nem a conversibilidade do dólar em ouro seria eliminada, nem a paridade desvalorizada do dólar ao ouro, mas com o crescimento desses riscos uma corrida contra o dólar poderia ser precipitada.[24]

O papel dos Estados Unidos

A esta altura da exposição, já é evidente que na base do colapso de Bretton Wood estava um comportamento dos Estados Unidos que era incompatível com a sua posição-chave naquele regime. Em resumo, os Estados Unidos conduziriam a sua política monetária pelos mesmos critérios que qualquer economia fechada às transações comerciais e aos movimentos internacionais de capitais. Ao fixar a sua oferta de moeda, contudo, não determinavam apenas o seu nível de preços, mas também o nível mundial. Como foi exposto na seção anterior, há uma sequência de causas e efeitos, que se inicia com as variações da oferta de moeda dos Estados Unidos, que causariam variações no seu nível doméstico de preços e no seu nível de renda. Com o câmbio fixo, as variações dos preços dos bens internacionais nos Estados Unidos causariam variações nesses valores na Europa, constituindo-se em um canal de transmissão dos efeitos da política monetária norte-americana para os demais países. Como a Europa persistia no regime de câmbio fixo, sua oferta de moeda se acomodava de maneira passiva às variações dos preços nos Estados Unidos, permitindo o ajustamento de seu próprio nível de preços, fechando-se a cadeia de causalidade.

Na realidade, os Estados Unidos nunca deixaram de dar um peso muito maior aos seus objetivos domésticos do que à sua função naquele regime internacional. Entre 1965 e 1973, o país esteve envolvido na Guerra do Vietnã, que, como todas as guerras, foi financiada com uma expansão dos gastos do governo com reflexos na expansão monetária. Carmen Reinhart e Kenneth Rogoff[25] apontam que desde o final da Segunda Guerra Mundial os Estados Unidos experimentaram o fenômeno da dominância fiscal, com o Federal Reserve "facilitando o financiamento fiscal, ainda que em nome do emprego". Em fevereiro de 1970, indicado por Richard Nixon, Arthur Burns se tornou o presidente do Federal Reserve e logo optou por taxas de juros baixas. Burns cedeu politicamente às pretensões de Nixon, que queria se reeleger e precisava manter baixa a taxa de desemprego. A evidência empírica no contraste nos comportamentos entre Burns, de um lado, e Paul Volker e Alan Greenspan, de outro, aparece claramente nas diferenças entre os coeficientes de resposta à inflação e ao hiato do desemprego nas curvas de reação do Federal Reserve estimadas por Richard Clarida, Jordi Gali e Mark Gertler e por John Judd e Glenn Rudebusch.[26] Contrariamente a Volker, que dava um peso muito alto à inflação na determinação da taxa de juros, Burns dava um peso baixo, preferindo reagir mais ao hiato do desemprego. Analisando o período que abrange o final dos anos 1960 e o total dos anos 1970, Athanasios Orphanides e John Williams[27] são críticos em relação às reações do Federal Reserve na gestão de Burns e concluem que, "se a política monetária tivesse reagido menos agressivamente ao hiato percebido do desemprego, as expectativas de inflação teriam permanecido ancoradas e a estagflação dos anos 1970 teria sido evitada". Foi também em 1970 que foi feito o *Accord* entre o Tesouro e o Federal Reserve, com este último se comprometendo a manter as taxas de juros baixas. O Tesouro vendia títulos públicos para financiar os déficits, vindos quer dos gastos na Guerra do Vietnã, quer de outros gastos, o que deprimia os preços dos títulos, e, a menos que o Federal Reserve o impedisse, esse movimento elevaria a taxa de juros. No entanto, para manter baixas as taxas de juros, o Federal Reserve tinha que monetizar os títulos vendidos pelo Tesouro, levando a uma excessiva expansão monetária.

No gráfico 5, as taxas anuais de inflação medidas pelo CPI são superpostas às taxas de juros dos *fed funds* e das *treasury bills* de três meses; as barras verticais sólidas marcam os picos dos ciclos datados pelo NBER; e as barras verticais pontilhadas determinam os vales desses ciclos. Dezembro de 1969 marca o final de um ciclo de expansão, iniciando-se uma recessão que desagradava a Nixon, o que levou Burns a reduzir a taxa de juros, comprometendo-se pelo *Accord* a mantê-la muito baixa. O vale da recessão foi atingido em novembro de 1970, e com a manutenção dos juros baixos o ciclo se reverteu, com um novo pico ocorrendo em novembro de 1973.

Gráfico 5: Inflação, juros e marcação dos ciclos econômicos

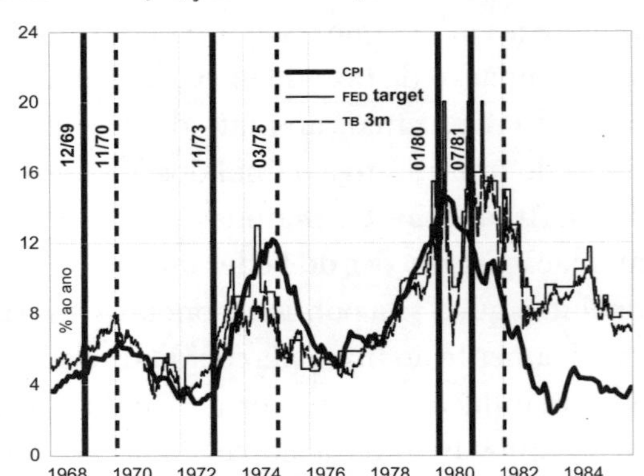

FONTE: Federal Reserve. As barras verticais marcam os picos, e as pontilhadas, os vales dos ciclos datados pelo NBER.

Como foi exposto anteriormente, a política monetária executada pelo Federal Reserve tomava em consideração os objetivos domésticos dos Estados Unidos, e com o dólar se tornando uma moeda de reserva passou a ser utilizado em todos os países. Uma parte do estoque de moeda ficava dentro dos Estados Unidos e outra nos demais países. Dessa forma, através da inflação os Estados Unidos coletavam senhoriagem em outros países, o que os irritava ainda mais, e começaram a surgir questionamentos à sua liderança, cuja intensidade cresceu na medida em que na Europa os países se fortaleciam. Já em 1965, a França questionava o papel do dólar como meio de pagamento internacional, a ponto de Giscard D'Estaing, ministro da Economia de Charles De Gaulle, reclamar do "privilégio exorbitante" dos Estados Unidos. A reação da França não ficou apenas na retórica, afirmando que não estaria mais obrigada a aceitar a moeda norte-americana, passando a trocar seus dólares excedentes por ouro.

No início dos anos 1970, os Estados Unidos precisavam recuperar a competitividade de sua economia, mas não podiam desvalorizar o dólar, e buscaram convencer os demais países a valorizar suas moedas de forma coordenada; assim, o dólar seria desvalorizado sem que o preço oficial do ouro em dólar variasse, mas os países consultados, em especial Alemanha e Japão, não aceitaram. Por outro lado, os Estados Unidos brecaram todas as propostas de reforma monetária que restringisse o papel do dólar no sistema monetário internacional. Era o desenvolvimento de um conflito de interesses cuja tendência era de contínuo agravamento. Longe de cumprir o importante papel de garantir o crescimento mundial com estabilidade, que foi a sua característica marcante nos anos seguintes ao término da Segunda Guerra Mundial, o acordo de Bretton Woods entrava em claro declínio.

Naquele período, Paul Volker trabalhava no Tesouro dos Estados Unidos, na qualidade de Undersecretary for Monetary Affairs [subsecretário de Assuntos Monetários]. Estava plenamente consciente do papel atribuído aos Estados Unidos naquele regime e sabia que a política monetária do seu país seria insustentável, como também seria impossível manter o preço do ouro constante. Na magnífica biografia de Volker escrita por William L. Silber,[28] é relatado que o Undersecretary tinha pleno conhecimento de que apenas o Congresso poderia alterar o preço do ouro, mas, temendo que o país estaria se encaminhando, como de fato estava, para uma inevitável crise, consultou Michael Bradfield, que era advogado do Tesouro dos Estados Unidos, sobre se o chefe do Executivo teria o poder de suspender a conversibilidade do dólar em ouro, obtendo uma resposta positiva. O poder de fazê-lo estava nas mãos de Nixon, que buscava a reeleição e não admitia que a política monetária fosse executada visando os objetivos do regime de Bretton Woods, no que contava com a total cooperação de Burns. Em 15 de agosto de 1971, Nixon tomou a decisão que começou a determinar o final daquele regime internacional: o fechamento da *gold window*, isto é, o fim da conversibilidade do dólar em ouro entre as autoridades monetárias. A atitude dos Estados Unidos para com os demais países é eloquentemente expressa pela reação de John Connally, então secretário do Tesouro, às queixas dos europeus, declarando que: "O dólar é nossa moeda, mas é problema seu".

Para completar, Nixon instituiu controles internos de preços e salários e fixou uma tarifa externa sobre todas as importações, que seriam mantidas até que os países chegassem a um novo acordo sobre o regime internacional, o que só iria ocorrer mais adiante, em 1973. O objetivo político doméstico de Nixon foi plenamente atendido, com a economia dos Estados Unidos entrando em um novo ciclo de expansão, cujo pico ocorreu em novembro de 1973 (gráfico 5). A decisão unilateral de fechar a *gold window*, em 1971, foi ratificada em 1973 pelas principais potências capitalistas, e o regime de Bretton Woods estava extinto. Desde então o sistema financeiro internacional passou a conviver com taxas de câmbio flutuantes, porém sempre conservando a hegemonia do dólar.

Com o advento da flutuação cambial, era esperado que os países adquirissem autonomia monetária, mas na Europa eles ainda intervinham fortemente nos respectivos mercados de câmbio, mantendo as taxas cambiais bastante estáveis em relação ao dólar. Da mesma forma como no regime de Bretton Woods, a âncora nominal continuou sendo a oferta monetária dos Estados Unidos, e não fazia sentido falar em inflações para cada país de maneira isolada. O que existia era uma expansão da oferta mundial de moeda, atrelada à dos Estados Unidos, e um nível mundial de preços.

Já ao final de sua presidência no Federal Reserve, Burns convidou Paul Volker para assumir a presidência do New York Fed, que passou a ter um papel importante na formulação da política monetária. Como pode ser visto no gráfico 5, esse é um período de elevação contínua da taxa de juros, porém insuficiente para controlar a inflação, cujas taxas anuais continuaram a crescer com a predominância de taxas reais de juros negativas. Em março de 1978, o presidente Carter nomeou William Miller para a presidência do Federal Reserve, que nunca conseguiu entender a necessidade de apertar a política monetária, que se manteve expansionista. Durante a gestão de Miller, Volker continuou na presidência do New York Fed. Tanto nesse cargo como na qualidade de Undersecretary for Monetary Affairs do Tesouro, Volker tinha plena consciência de que as estabilidades doméstica e internacional caminham juntas, e naquele momento em que o ouro e o regime de câmbio fixo se mostravam coisa do passado ele acreditava que o papel do dólar no comércio internacional dependia ainda mais do que antes da estabilidade de preços.[29] Em grande parte, ele é o responsável pelo ciclo de elevação da taxa de juros anterior a 1979 (gráfico 5), o que, no entanto, não impediu a continuidade da escalada inflacionária. Quando o problema se agravou,

Carter por fim reconheceu que a escolha de Miller para o Fed havia sido um erro. Demitiu o secretário do Tesouro, Michael Blumenthal, "promovendo" Miller a essa posição e abrindo a vaga na presidência do Fed, que foi ocupada por Paul Volker.

Pouco a pouco Volker vinha se desiludindo com a capacidade de o controle dos agregados monetários levar à estabilidade de preços, e desde 1975 havia tomado conhecimento da hipótese de expectativas racionais formulada por Robert Lucas, que o induziu a tomar uma atitude radical. Foi crescendo a sua convicção de que era preciso um movimento muito mais forte e decisivo para quebrar a espinha dorsal da inflação, e isso implicava fixar taxas reais de juros claramente positivas e acima das estimativas da taxa real neutra de juros. Quando ficou patente que o comportamento das expectativas de inflação era a consequência da elevação insuficiente da taxa de juros, Paul Volker fez o que se espera, naquelas circunstâncias, de um banqueiro central responsável: elevou fortemente a taxa de juros, que começou a reverter a tendência inflacionária. Porém, o efeito colateral foi o colapso do modelo de financiamento dos déficits em contas-correntes com empréstimos bancários a taxas de juros baixas por parte dos países que acumularam dívidas externas.

O erro de diagnóstico do Brasil

Depois da história conhecida é fácil saber por que os países devedores foram vítimas da crise da dívida dos anos 1980. No Brasil, as autoridades econômicas da época ou ignoravam o problema monetário internacional, cuja intensidade crescia, ou o julgaram irrelevante. O resultado é que ao desprezar os efeitos de mudanças na política monetária dos Estados Unidos deixaram de considerar que a oferta de crédito bancário no mercado de eurodólares poderia estancar subitamente, expondo o país a uma crise. Em uma conferência internacional promovida na Fundação Getulio Vargas (FGV) em 1975, com a presença do então ministro da Fazenda, Mario Henrique Simonsen, Harry Johnson e Alexandre Swoboda[30] usaram os mesmos argumentos expostos neste capítulo, enfatizando que a origem do problema estava na excessiva expansão monetária dos Estados Unidos. Naquela conferência, o mesmo diagnóstico foi exposto por Langoni,[31] que um pouco mais tarde seria presidente do Banco Central do Brasil e enfrentaria os primeiros choques da crise da dívida externa. Swoboda foi ainda mais claro na sua exposição ao negar a explicação frequentemente usada naquele momento, no Brasil, de que a inflação enfrentada pelo país não seria um fenômeno monetário, e sim a consequência da elevação dos preços do petróleo.[32] Para ele havia duas realidades independentes — a elevação dos preços do petróleo devido à formação do cartel da Opep e o problema monetário internacional —, que já haviam levado ao colapso do regime de Bretton Woods, mas que continuavam provocando uma inflação mundial.

As decisões do governo Geisel sobre a substituição de importações de bens de capital e de insumos básicos foram tomadas mesmo diante da conhecida crítica de Albert Hirschman[33] da impossibilidade de sucesso da substituição de importações para esses produtos e diante das advertências sobre o risco de elevar de forma imprudente a dívida externa. Hirschman não estava sozinho na sua observação. Como vimos no capítulo 3, o critério de Michael Bruno para medir o custo de recursos domésticos para gerar dólares através da substituição de importações já era amplamente conhecido naqueles anos, mas não foi nem sequer cogitado. Quanto à solidez das análises sobre as causas das baixas taxas de juros no mercado de eurodólares feitas por Harry Johnson e Alexandre Swoboda, lembro que esses dois economistas faziam parte de um seleto grupo que debatia com profundidade os problemas relativos ao regime monetário internacional, com extensa produção acadêmica no campo e respeitados por *policy-makers* ao redor do mundo. Parece-me que foi essa a razão fundamental pela qual a FGV os convidou para aquela conferência, com o cuidado de colocar como discutidores de seus trabalhos homens experientes e com influência em qualquer governo, como eram Otávio Bulhões e Eugênio Gudin, incluindo um trabalho escrito por Langoni, que obteve o doutorado em Chicago e que lá fora exposto a toda a discussão que se desenvolvia sobre o assunto.[34] Havia uma preocupação com o que vinha se passando na economia mundial, e o Brasil tinha obrigação de se informar sobre os rumos que o país deveria tomar.

Simonsen era um economista competente e muito bem informado, e era improvável que desconhecesse a crítica de Hirschman e as análises de Johnson, Swoboda e Langoni. A seu favor está o fato de que a discussão naquela conferência da FGV ocorreu em 1975 e, como mostram os dados do gráfico 5, o ano de 1974 marca o vale de uma recessão, que foi precedido por uma queda significativa da taxa dos *fed funds* que colocou a economia em forte recuperação, com o aumento da inflação se iniciando apenas em 1977 e se acelerando continuamente até 1979. Embora nesses anos o mundo não estivesse mais preso ao regime de Bretton Woods, na Europa os países continuavam a prender suas moedas em paridades fixas em relação ao dólar, com suas moedas passivas e suas taxas de juros seguindo as dos Estados Unidos. Era, dessa forma, a fase áurea do uso dos empréstimos externos baratos em eurodólares para o Brasil, com muitos políticos e empresários beneficiados, e era difícil naquelas condições que alguém assumisse uma posição crítica ao modelo em execução. Afinal, o crescimento vinha sendo favorecido, legitimando o governo autoritário que era apoiado pelos empresários. Para quem toma decisões de política econômica com horizontes curtos, isto é, usando taxas de desconto muito altas para avaliar os custos de eventos que somente ocorrerão no futuro distante, a continuidade dos investimentos com base em financiamentos internacionais seria uma opção correta, mas para quem olhasse os efeitos dessa decisão sobre os anos à frente seria uma decisão fundamentalmente errada. Infelizmente cometíamos naquele episódio um tipo de erro do qual o Brasil nunca se livrou. Em 1978, já com a inflação em crescimento e com Volker na presidência do New York Fed, iniciou-se o ciclo de elevação da taxa de juros, mas, antes que ocorresse a forte elevação de 1979, os bancos internacionais já não mais emprestavam aos países com taxas de juros fixas, e sim ligadas à Libor ou à *prime rate* nos Estados Unidos. Começaram a exigir condições mais duras nos empréstimos. Não duvido que Simonsen teve a melhor das intenções ao aceitar desenvolver um programa que atendia o objetivo do governo militar, maximizando as taxas de crescimento, mas certamente não levou em consideração os sinais que eram emitidos pela economia internacional, e nem o risco ao qual estava expondo a economia brasileira com a execução daquele programa. Os objetivos do governo foram atendidos, o Brasil cresceu a 7,5% ao ano, mas a sua contrapartida acabou sendo a crise da dívida externa, que contribuiu para colocar o país na armadilha do baixo crescimento da qual não nos livramos até hoje.

O II PND não errou apenas ao retroceder para o modelo de substituição de importações, concentrando-as no setor de bens de capital e de insumos intermediários. Errou, também, na ênfase dada às empresas estatais. Por fim, errou ao usar empréstimos externos para financiar investimentos. Foi a política monetária dos Estados Unidos, e não a crise do petróleo, que provocou o desenvolvimento do mercado de eurodólares que levou os bancos a emprestarem aos países a juros baixos. O abandono do câmbio fixo e a adoção da flutuação cambial após 1973 levariam a políticas monetárias independentes em cada país, mas nos primeiros anos após o colapso de Bretton Woods os Estados Unidos mantiveram uma forte expansão monetária, o que adiou a crise dos países devedores até o início dos anos 1980.

O desencadeamento da crise

Como foi visto no gráfico 4, praticamente toda a acumulação do passivo externo brasileiro desde o início do II PND ocorreu na forma de dívida externa, que era expressa em dólares e com juros ligados à Libor, taxa que segue de perto as das *treasuries* de três meses. Ainda que fosse uma dívida de longo prazo, sem amortizações de principal nos anos imediatamente subsequentes à elevação da taxa de juros, o país estava exposto ao risco relativo ao pagamento dos juros sobre a dívida, contra o qual não havia nenhuma forma possível de hedge. Em 1970, o pagamento de juros sobre a dívida externa se situava em 10% das exportações; em 1975, já havia se elevado para 20%, e daí em diante escalou de maneira acentuada, atingindo quase 60% das exportações quando ocorreu a suspensão dos pagamentos pelo Brasil (gráfico 6). Para agravar o problema, o não cumprimento do serviço da dívida acelerava o seu vencimento, o que levava o país ao default. Lembremos que naqueles anos não havia empréstimos em *bonds* [títulos da dívida pública], e sim empréstimos bancários sindicalizados que ficavam nos ativos dos bancos até o seu vencimento. O desenlace foi o default externo, ocasião na qual o Brasil não tinha recursos para pagar os compromissos da dívida nem as importações. Em meio aos atrasos na quitação de importações — inclusive as essenciais —, as reservas no conceito de liquidez internacionais caíram a 4 bilhões de dólares, e as reservas no conceito de caixa se tornaram negativas (gráfico 7).

Gráfico 6: Razão entre o pagamento de juros e as exportações

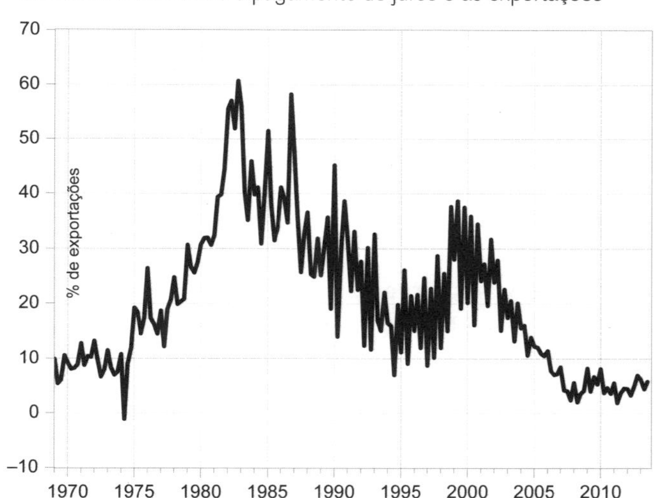

FONTE: Banco Central do Brasil.

Gráfico 7: Reservas internacionais em dois conceitos

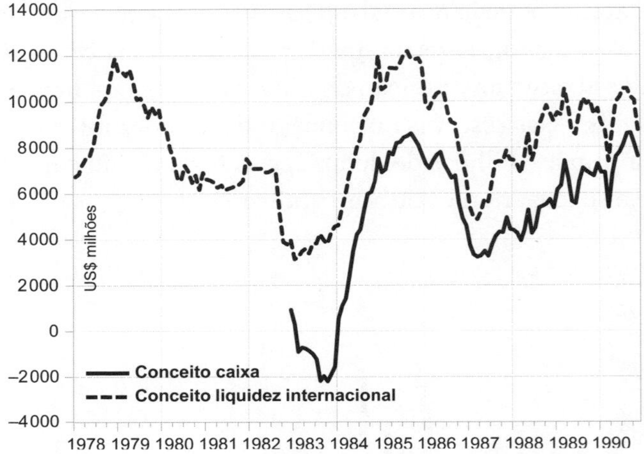

FONTE: Banco Central do Brasil.

Sem reservas internacionais, quaisquer pagamentos — de juros sobre a dívida ou de importações — só poderiam ocorrer pari passu com a entrada de receitas que ficaram restritas às provenientes das importações, dado que obviamente desapareceram todas as formas de financiamento. Ao discutir ataques especulativos sobre as reservas os alunos dos cursos de economia ouvem de seus professores análises sobre "paradas bruscas" de fluxos de capitais, que são sempre extremamente custosas. Talvez porque os professores de hoje em dia fossem muito jovens naquela época, ou mesmo porque se satisfazem com versões no mínimo imperfeitas sobre o que de fato ocorreu, a parada brusca da crise dos anos oitenta não é mencionada como um exemplo. Para que tenhamos a capacidade de entender os problemas brasileiros temos que conhecer em profundidade as lições de nossa própria história. Assistimos naquele momento ao uso de um dos mais dramáticos instrumentos conhecidos pela economia brasileira, que era o da centralização cambial, através da Resolução 851 do Banco Central, cujo mecanismo será exposto no próximo capítulo. O que vimos naquela época foi uma versão extrema de parada brusca combinada com reservas internacionais nulas, ou mesmo negativas.

O dramático é que o II PND se iniciou com uma tentativa de evitar um ajustamento baseado no controle da absorção e do realinhamento cambial, buscando com isso manter a taxa de crescimento do PIB elevada. Optou por um modelo de substituição de importações, usando empréstimos bancários externos para financiar os investimentos, que, por sua vez, serviriam também para financiar os déficits nas contas-correntes provenientes do aumento das importações de petróleo e do alargamento do hiato entre os investimentos e as poupanças totais domésticas. A aposta de que os países produtores de petróleo continuariam depositando seus superávits nos bancos internacionais dava a ilusão de que poderíamos ter um longo período de ajustamento, e os bancos até certo momento tinham a mesma percepção. Mas havia um importante erro de diagnóstico. O que assistíamos era um período de juros baixos gerado pela recusa dos Estados Unidos em cumprir o seu papel no regime de Bretton Woods. Não há como defender aquele regime. Há muito tempo já havia argumentos defendendo a flutuação cambial que levava à autonomia monetária entre os países, mas as discussões no Brasil sobre esse tema e as implicações sobre o país de uma alteração como essa nunca foram lúcidas o bastante para alertar contra a continuidade do regime de câmbio fixo. Quase ninguém prestava atenção ao surgimento do problema monetário internacional.

No próximo capítulo, exploro as consequências da crise, mas como preâmbulo vale a pena deixar claro qual foi uma parte do seu custo. O início da recessão foi datado pelo Comitê de Datação dos Ciclos Econômicos (Codace) da FGV no primeiro trimestre de 1981 — antes, portanto, de o México ter suspendido os pagamentos em 1982, mas já sob efeito da contínua restrição nos empréstimos externos por parte dos bancos internacionais. O final da recessão foi datado no primeiro trimestre de 1983, com uma queda acumulada do PIB per capita de 8,5% e uma duração de nove trimestres. No auge da recessão, no entanto, entre nove e doze meses após o seu início, o PIB per capita dos brasileiros estava mais de 12% abaixo de seu nível antes do começo daquele ciclo. No entanto, como veremos a seguir, o tamanho da recessão medido pela distância do pico ao vale é uma forma imprecisa de avaliar o seu custo. Nossa exposição mostrará que essa crise dá início à década perdida e à superinflação dos anos 1980, que atrasaram o crescimento brasileiro ainda mais.

5
A crise da dívida externa e a superinflação dos anos 1980

CONTROVÉRSIAS EM TORNO DA EXECUÇÃO da política monetária sempre existiram e continuarão a existir, mas no Brasil elas se amenizaram após a implantação do regime de metas de inflação. Não foi um percurso suave. Em 1979, sob o efeito da elevação do preço internacional do petróleo e de suas consequências sobre a inflação, e sem que houvesse a devida compreensão por parte da equipe econômica dos papéis desempenhados pela indexação e pela passividade monetária na explicação da inércia inflacionária, tivemos uma tentativa de reduzir a inflação através da prefixação da correção monetária, que, além de não contribuir em nada para a solução do problema, gerou distorções e aumentou os riscos no mercado de ativos, com consequências graves para o financiamento da dívida pública.

Já nos primeiros anos dos governos democraticamente eleitos, o diagnóstico simplista de que a única causa da inflação seria apenas e tão somente a indexação conduziu a várias tentativas de encerrá-la, combinando um congelamento de preços com a eliminação da indexação em contratos existentes (de trabalho, de aluguel, entre outros) e em novos contratos, e para minimizar os efeitos tanto do rompimento dos contratos em andamento quanto sobre as distribuições inesperadas de renda e riqueza eram usadas "tablitas de conversão", deixando um enorme passivo para as instituições financeiras cuja absorção demorou anos. Só acordamos desse pesadelo com o Plano Real, em 1994, quando finalmente foi entendido que para controlar a inflação era necessária a criação de uma âncora nominal.

Essa estratégia entrou em vigor após uma fase de transição, durante a qual todos os contratos foram respeitados, porém seus valores foram reescritos com base em uma unidade monetária auxiliar — a URV —, que vigorou até que fosse transformada na nova moeda com poder liberatório — o real.[1] Com o Banco Central dispondo de uma âncora nominal e gradualmente adquirindo independência no uso dos instrumentos de política monetária, a âncora nominal foi construindo a sua credibilidade. Além disso, através da troca intensa de informações com outros bancos centrais, foi acumulando informações sobre as experiências ao redor do mundo, que foram utilizadas para minimizar possíveis erros de avaliação e de execução.

Essas são algumas das razões pelas quais há poucas dúvidas de que os efeitos relativamente pequenos da crise internacional de 2008-9 sobre a economia brasileira são, em larga medida, uma consequência da boa execução da política monetária. Na reação àquela crise, embora com algum retardo, o Banco Central agiu de forma correta ao reduzir sensivelmente a taxa de juros e o recolhimento compulsório dos bancos, estimulando a economia, e não teve dúvidas em utilizar uma pequena parte das reservas internacionais, que chegavam a 200 bilhões de dólares,[2] para fornecer financiamentos às exportações quando os bancos internacionais suprimiram essas linhas.[3] Para atenuar a intensidade do ciclo econômico em situações de crise aguda, a política monetária precisa da ajuda da política fiscal, e nesse episódio ela foi auxiliada tanto pela redução seletiva de impostos como pelo aumento temporário dos gastos públicos, o que não reduz a importância fundamental vinda da boa condução da política monetária.

No entanto, quando a partir do início dos anos 1980 ocorreu a crise da dívida externa, o Banco Central ainda era subordinado ao CMN, não tinha liberdade no uso dos instrumentos e carregava o peso de uma dívida externa de 50% do PIB integralmente expressa em dólares, de magnitude idêntica à totalidade do passivo externo líquido do país. Diante da total ausência de reservas e da cessação dos financiamentos externos, o Banco Central foi empurrado ao extremo de usar pela única vez na nossa história econômica a centralização cambial, consubstanciado na Resolução 851.[4] Em todos os pagamentos ao exterior foi estabelecida uma separação entre o fechamento do câmbio junto ao sistema bancário, no Brasil, e a liquidação final da operação, com o Banco Central enviando a moeda estrangeira à outra parte envolvida na transação, no exterior. A primeira parte da operação continuaria a ser executada como antes, porém a segunda parte só seria executada diante da disponibilidade de dólares pelo Banco Central. Como não havia reservas, a remessa somente poderia ser realizada pari passu com o fluxo de entrada de dólares, que diante da completa cessação dos financiamentos teria que ser proveniente das receitas das exportações ou de quaisquer outros recebimentos de dólares pelos residentes no país, ambos com forte encolhimento. O bloqueio dos pagamentos imposto pela Resolução 851 não se referia aos serviços da dívida externa — principal e juros —, porque eles já haviam cessado quando, a exemplo do México, o Brasil suspendeu os seus pagamentos. Ela atingiu todos os demais pagamentos, incluindo as importações, independentemente do seu grau de essencialidade.[5] Ao contrário do ocorrido na reação à crise de 2008-9, quando foi possível utilizar a política monetária para minimizar a intensidade da recessão, ela foi forçada a acentuar a contração da atividade econômica, ocorrendo o mesmo com a política fiscal. Essa é uma das razões por que a recessão iniciada em 1981 foi, quando medida pelo comportamento do PIB per capita, a mais profunda desde que o Codace realiza a datação dos ciclos econômicos.

Quando o governo Geisel optou pelo II PND, financiando os investimentos públicos e privados com empréstimos externos, expôs ao risco também os bancos brasileiros, inclusive o Banco do Brasil e os bancos estaduais. Nessa fase, todos esses bancos compareceram na qualidade de participantes em empréstimos realizados através da Resolução 63 do Banco Central ou mesmo em empréstimos sindicalizados a empresas estatais e a governos estaduais, que eram liderados por bancos internacionais. Obtinham os recursos através de linhas de financiamento de curto prazo no mercado interbancário, no exterior. Ou seja, tomavam recursos a prazos curtos e emprestavam a prazos longos, porém tais empréstimos não eram securitizados, devendo permanecer no ativo do banco até o seu vencimento, e, como não havia mercado secundário no qual pudessem vender parte desse ativo, se ocorresse o default do devedor o banco incorria em um prejuízo igual ao valor integral do empréstimo. Os bancos eram, também, participantes nos financiamentos ao comércio internacional, obtendo os recursos nas linhas do mercado interbancário, que desapareceram com o desencadeamento da crise. Nesse caso, contudo, havia a garantia dos recebíveis das transações comerciais financiadas, reduzindo a intensidade do risco incorrido na operação. O default do Brasil não expôs ao risco apenas os bancos internacionais, mas também os bancos brasileiros.

Se o país não reestruturasse a dívida vencida, não restabelecesse as linhas de financiamento às exportações, não obtivesse recursos novos do FMI e dos bancos credores que produzissem um nível minimamente razoável de reservas internacionais e não tomasse as medidas domésticas estimuladoras das receitas das exportações, não teria tido condições de revogar a Resolução 851 que centralizava o câmbio, e a recessão teria se alongado e se aprofundado. Para que a economia readquirisse as condições de funcionamento, não havia nada mais urgente do que o restabelecimento da normalidade dos pagamentos internacionais. Da mesma forma, se não fossem restabelecidas as linhas de financiamento dos bancos brasileiros pelos bancos internacionais, não seria possível impedir a ocorrência de uma crise bancária doméstica de natureza sistêmica. Assim, uma parte importante da solução do problema consistia em uma renegociação da dívida externa com os bancos credores, porém para que isso ocorresse era necessário colocar em execução um programa de ajustamento negociado com o FMI, que não apenas forneceria uma parte dos "recursos novos" necessários como desempenharia o papel de monitorar o cumprimento das metas monetárias e fiscais, ao que estariam condicionados tanto os futuros desembolsos do FMI quanto o fechamento do acordo com os bancos internacionais.

As duas seções seguintes deste capítulo são dedicadas a uma breve exposição de qual era, à época, o nosso conhecimento sobre a operação e a eficácia dos instrumentos fiscal e monetário que teriam que ser usados. Mostro, primeiro, que havia uma assimetria de informação que foi em grande parte responsável pelo desgaste brasileiro devido ao não cumprimento das condicionalidades expressas nas sucessivas "cartas de intenção" e, segundo, como ocorreu a negociação com o FMI e com os bancos internacionais. A descrição das várias componentes da negociação é feita em detalhes por Ceres Aires Cerqueira,[6] e por isso vou expor apenas os pontos que são essenciais para o entendimento correto dos desafios que tinham que ser enfrentados.

Nas quatro seções finais do capítulo, são detalhadas as dificuldades na execução das medidas de ajuste, que envolviam: a) uma componente fiscal, com metas explícitas para o chamado "déficit operacional" — o resultado primário do governo central acrescido da componente de juros reais sobre a dívida pública b) uma componente monetária, com metas explícitas para a expansão da base monetária; e c) um realinhamento cambial. O ponto de partida é a estimação do realinhamento cambial que era necessário. Embora não se escapasse de uma forte depreciação do câmbio nominal, o realinhamento necessário se referia ao câmbio real — o preço relativo entre os bens *tradables* e *non-tradables* —, sem o qual não haveria os estímulos às exportações, que eram necessárias para elevar as receitas em dólares. Com base em um modelo de equilíbrio geral, no qual o câmbio real de equilíbrio é uma função do passivo externo líquido do país medido em relação ao PIB e das relações de troca, são apresentadas estimativas que mostram que a depreciação de 100% que de fato ocorreu no câmbio real entre 1981 e 1985 se deve principalmente ao crescimento do passivo externo líquido do país — que, como vimos no capítulo anterior, era igual à dívida externa —, e em menor intensidade a mudanças nas relações de troca, que haviam caído no período anterior à crise.

Em um prazo mais curto não havia como reduzir aquele passivo, e dessa forma não havia como escapar de uma depreciação do câmbio real de equilíbrio, que seria determinada de forma endógena. Por ser um movimento endógeno, foi uma depreciação que teria ocorrido de qualquer modo: ou predominantemente através da desvalorização do câmbio nominal; ou através da queda dos preços dos bens *non-tradables*, sobretudo dos salários, o que significa que nesse caso o país estaria pagando o custo de um aprofundamento recessivo ainda maior do que o que de fato ocorreu. Tal realinhamento foi ajudado pela maxidesvalorização do câmbio nominal ocorrida em 1979, mas a principal contribuição veio da maxidesvalorização do primeiro trimestre de 1983. Com isso, o realinhamento do câmbio real foi mais rápido e menos custoso. Esse foi o seu resultado positivo. Porém, acarretou custos importantes sobre a execução da política monetária. Diante de uma oferta monetária passiva, uma maxidesvalorização produz um salto na inflação, mas isso não era tudo. Para manter as exportações competitivas, era necessário, além disso, evitar que a inflação resultante nos bens *non-tradables* voltasse a apreciar o câmbio real, desfazendo uma parte do realinhamento ocorrido, o que significa que após a maxidesvalorização o governo teria que continuar a reajustar o câmbio nominal com minidesvalorizações, seguindo aproximadamente uma regra de paridade de poder de compra.

Como foi exposto no capítulo 2, nessas condições os choques que alteram a inflação, como uma maxidesvalorização ou como quaisquer outros choques, têm efeitos inflacionários que não se dissipam. Exponho um modelo que mostra que naquelas circunstâncias o cumprimento das metas monetárias impostas pelo FMI só seria possível com taxas reais de juros estratosféricas, que pela sua magnitude eram impossíveis de serem atingidas mesmo que não levássemos em consideração que a economia, naquele ponto, já enfrentava uma recessão profunda. Porém, não faço uso do adjetivo "estratosférico" como um artifício retórico, e apresento um modelo junto com as respectivas estimativas de quais teriam que ser as taxas de juros efetivamente praticadas para que o país cumprisse as metas monetárias impostas pelo FMI.

Em adição, mostro que após o realinhamento cambial não havia como escapar de um forte crescimento da inflação, que de fato ocorreu e que marcou o início da longa fase da "superinflação brasileira". Naquelas circunstâncias havia somente uma conduta racional por parte do governo, que era aceitar a inflação elevada e, para evitar os custos de uma recessão ainda mais profunda, deixar de cumprir as metas de base monetária impostas pelo FMI, aceitando o ajustamento passivo da oferta monetária. Mas esse não era o único problema. Para a obtenção dos recursos (do FMI e o "dinheiro novo" dos bancos) era também necessário cumprir metas fiscais, cujo critério de desempenho era um limite máximo imposto ao déficit operacional, que é definido como a soma do resultado primário e da componente de juros reais sobre a dívida pública. Nessa parte do capítulo mostro que as metas — fiscal e monetária — impostas pelo FMI ao Brasil eram totalmente incompatíveis entre si. Se o Banco Central elevasse a taxa de juros para tentar cumprir as metas monetárias, condenaria o país ao descumprimento da meta fiscal. Uma das duas metas teria que ser descumprida, com o FMI cinicamente atribuindo a falha ao governo brasileiro, mas pelas razões expostas em seguida concedendo-lhe o devido *waiver*.

Uma assimetria de informações

Hoje em dia sabemos que na presença de rigidez de preços e na ausência de uma âncora nominal os choques inflacionários não se dissipam. Mas estávamos em 1984, e nada disso era claro. Como disse na introdução deste livro, a teoria econômica é um organismo em contínua evolução, e que contrariamente à física não tem respostas imutáveis para os fenômenos que explica. Naqueles anos, a teoria e as respectivas evidências empíricas ainda não haviam chegado ao estágio atual. Entre a equipe econômica do governo e o FMI havia uma assimetria de informações. O FMI estava mais adiantado do que a equipe econômica do governo, e já tinha conhecimento de um trabalho que só seria publicado em 1986, produzido por dois economistas de seu staff, Charles Adams e Daniel Gros,[7] aprofundando de forma mais clara a pista dada pelo artigo de Dornbusch,[8] que foi exposta no capítulo 2, mostrando que quando o governo opera com metas para o câmbio real, reajustando o câmbio nominal em uma regra de paridade de poder de compra, perde totalmente o controle da inflação, cuja trajetória passa a se comportar como um *random walk*. A esse respeito já sabíamos algumas coisas, mas não o suficiente. Havíamos aprendido com Robert Mundell que em um mundo com plena mobilidade de capitais não é possível existirem ao mesmo tempo taxa cambial fixa, controle dos agregados monetários e livre mobilidade de capitais, porque tal combinação é uma "trindade impossível", da qual já falamos no capítulo 3.

O Brasil não tinha um câmbio nominal fixo, mas as minidesvalorizações em uma regra de paridade de poder de compra fixavam o câmbio real, o que também leva à impossibilidade de ter, ao mesmo tempo, livre movimentação de capitais, câmbio (real) fixo e controle monetário.[9] Embora a crise tenha eliminado a mobilidade de capitais, o que na aparência nos permitiria controlar a taxa de juros ou os agregados monetários, por um outro caminho ocorria algo muito semelhante: com a inflação apresentando enorme rigidez na direção descendente, era impossível realizar o controle dos agregados monetários com uma taxa de juros que fosse minimamente aceitável. Eu, pessoalmente, tinha a intuição de que esse era o caso, e ela foi formalmente exposta em um artigo em coautoria com Ruben Almonacid publicado em 1975, no qual fica claro que diante da rigidez de preços um tratamento de choque, definido como uma queda significativa da taxa de expansão da base monetária, geraria uma recessão enorme.[10] Mais adiante vou expor toda essa argumentação usando uma modelagem atual, ao lado das estimativas da taxa de juros necessárias. Do lado do FMI, no entanto, os resultados de Adams e Gros já eram conhecidos e demonstravam que as metas impostas ao Brasil não poderiam ser atingidas.[11] Apesar disso o FMI insistia no *template* que usou com todos os países com os quais negociou naquele período, mas estava disposto a transigir concedendo o devido *waiver* ao Brasil, com o qual evitava um agravamento da crise econômica que, em última instância, tornaria ainda mais difícil minimizar a crise bancária sistêmica, o que também fazia parte de suas preocupações. Cumpria a sua obrigação de evitar uma crise bancária sistêmica internacional, mas sabia que impunha aos países devedores uma missão impossível.

Em busca de um acordo com o FMI e com os bancos credores

Entre setembro de 1983 e março de 1985, na qualidade de presidente do Banco Central, fui um dos membros do governo brasileiro envolvido nas negociações com o FMI e com os bancos credores. O nosso relacionamento com o FMI era bem mais complicado do que aparentava. É amplamente reconhecido que havia duas crises simultâneas: a dos países devedores e a do sistema bancário. Em um trabalho comissionado pelo NBER e coordenado por Jeffrey Sachs,[12] publicado com o título *Developing Country Debt and the World Economy*, e do qual participaram vários economistas que são os autores dos artigos apresentados nos sucessivos capítulos, são analisados vários aspectos desse problema, e é sabido que tanto os países como os bancos cometeram importantes erros de julgamento. Usando os exemplos do Brasil no II PND e do México no programa de Lopes Portillo, sabemos que esses dois países buscaram o crescimento econômico financiando investimentos públicos e privados através do endividamento externo, o que não era sustentável porque foram investimentos com baixa produtividade e que não geravam as receitas de exportações que poderiam ajudar a servir a dívida externa. Quanto aos bancos, há, no capítulo introdutório de Sachs e em vários dos artigos ali reunidos, uma crítica pesada ao crescimento exagerado dos empréstimos externos, que foi facilitado pelo florescimento do mercado de eurodólares. O que eu não entendo, contudo, é por que, em nenhum dos capítulos daquele livro nem na grande maioria das análises realizadas à época ou mesmo depois, é feita qualquer referência ao problema monetário internacional que se acumulava, no qual ressaltam os enormes desvios dos Estados Unidos no exercício do papel que lhe era atribuído no regime de Bretton Woods.

No capítulo anterior comentei de forma exaustiva todas as ações de política econômica dos Estados Unidos que, rompendo com a obrigação assumida pelo país no acordo de Bretton Woods, elevaram a oferta mundial de moeda incentivando o mercado de eurodólares e estimularam os bancos a emprestarem aos países a taxa de juros baixas. É de George Orwell a afirmação de que "a história é sempre escrita pelos vencedores", e nesse caso os vencedores foram os Estados Unidos.

Afinal, conseguiram o que queriam, que era a liberdade de operar sua política monetária voltada exclusivamente aos objetivos domésticos, sem dar ao mundo qualquer margem de crítica. Países que detêm o poder econômico têm a liberdade de buscar livremente seus objetivos nacionais — uma espécie do "*me first*" [primeiro eu] popularizado por Donald Trump —, importando-se pouco com as consequências sobre os demais países. Embora nada disso absolva os países emergentes da irresponsabilidade de financiar déficits insustentáveis nas contas-correntes através de empréstimos bancários, nem absolva os bancos internacionais do erro de emprestar exageradamente aos países, em nenhum dos artigos incluídos no livro editado por Sachs é feita qualquer referência aos pontos discutidos no capítulo anterior, quando é estabelecida uma clara ligação entre a expansão das ofertas monetárias dos Estados Unidos e mundial, que é o que de fato explica o aumento da oferta de crédito a taxas de juros baixas, nem que isso era devido à submissão do Federal Reserve de Arthur Burns aos objetivos políticos de Richard Nixon. Devido à sua influência (e à defesa do seu *self-interest*) naquela crise, os Estados Unidos deviam aos países que foram atingidos por ela uma compensação na forma de um *debt relief*, que só veio dez anos depois com o Plano Brady. Porém, isso ocorreu apenas uma vez que o risco dos bancos internacionais foi devidamente eliminado, o que nos dá a indicação de qual era a ordem de prioridade na óptica dos responsáveis pela política econômica nos Estados Unidos.

Nos anos que antecederam a crise da dívida externa, não havia mercado de bônus extenso e líquido o suficiente, de forma que os empréstimos externos eram feitos pelos bancos através de operações sindicalizadas. Na tentativa de diluir seus riscos individualmente os bancos organizavam um grupo — um sindicato de bancos —, captando recursos a prazos mais curtos e emprestando aos países a prazos mais longos, com a parte de cada banco no sindicato sendo mantida no ativo do seu respectivo balanço até o vencimento da operação.[13] Não havia mercado secundário para tais ativos, de forma que não era possível se livrar do risco vendendo-o a uma outra instituição ainda que com prejuízo, nem sequer havia como "marcar a mercado"[14] o valor dos empréstimos. A regulação bancária de então obrigava que os bancos não considerassem como receita os juros em atraso acima de noventa dias, o que era totalmente correto, dado que dessa forma não poderiam distribuir aos seus acionistas os lucros fictícios derivados do *accrual* de juros em atraso. Mas se os atrasos excedessem um dado limite imposto pela regulação, teriam que ser lançados em créditos em liquidação, com o *write-off* atingindo a totalidade da posição do banco no sindicato, ou seja, o total das parcelas vencidas e vincendas. Considerando a sua alavancagem, caso os bancos internacionais fossem obrigados a realizar o *write-off* total das operações, vários deles estariam quebrados.[15] Os reguladores e supervisores ao redor do mundo tiveram que ser extremamente cautelosos e tolerantes, admitindo que os atrasos não fossem baixados em crédito em liquidação, mas essa era uma situação artificial, que teria que ser regularizada depois que todos os países devedores se ajustassem e o problema bancário desaparecesse. Porém, todo esse esquema só poderia ser colocado em prática se houvesse uma ação coordenada, com o envolvimento dos países, desenvolvendo programas de ajuste que obedeciam às condicionalidades do FMI impostas aos países, e com os reguladores impondo a conduta aos bancos. É evidente que naquelas condições não havia como pensar em um *debt relief*. Ainda que com a queda da pressão sobre a economia mundial como um todo o conjunto dos bancos e cada um dos países devedores estivessem em situação melhor se ocorresse uma redução da dívida, para que ela fosse realizada sem que os bancos quebrassem, estes teriam inicialmente que se capitalizar. De uma forma ou de outra se sabia, naqueles primeiros anos, que caminharíamos para uma redução da dívida, mas havia um longo caminho a ser percorrido antes que chegássemos a esse ponto.

A melhor forma de descrever o que tínhamos diante de nós no momento que o acordo com o FMI foi fechado, em 1983, e logo em seguida dando início à negociação com os bancos na chamada fase II,[16] era o começo de um jogo que deveria ser (mas que nem sempre foi) cooperativo, e que teve a duração de anos, com a participação dos países, dos bancos credores e de organismos internacionais, principalmente o FMI. Os países devedores teriam que colocar em marcha as políticas macroeconômicas — monetária e fiscal —, ao lado do realinhamento do câmbio, de forma a ajustarem suas economias, o que tomava tempo. O FMI desempenharia a função de induzir o ajuste, provendo parte dos recursos e impondo condicionalidades a um programa de ajustamento de cuja aprovação dependia a autorização para a continuidade do acordo que teria que ser negociado com a totalidade dos bancos, parte do qual teria que envolver uma quantidade de "dinheiro novo", além de um mecanismo no qual os bancos credores garantiriam as linhas de *trade finance* e de empréstimos interbancários aos bancos brasileiros. Como auxiliares nessa função, financiando investimentos que eram importantes para amainar o custo do programa sobre o crescimento econômico, trabalhavam outros organismos internacionais, como o Bird e o BID. Aos reguladores caberia supervisionar os bancos, e estes buscariam elevar a sua capitalização, o que requeria tempo. Mas os bancos teriam que continuar fornecendo recursos aos países, sem o que seus programas de ajuste não seriam possíveis. Por trás dos reguladores estavam os governos, que participariam das negociações no Clube de Paris.

Ao final de 1984, havíamos concluído a primeira fase desse programa, e encaminhamos a negociação com o FMI e com os bancos credores de um programa plurianual que poderia ou não ter sido aceito pelo novo governo. Quiseram as circunstâncias que isso não ocorresse, e após muitas idas e vindas o novo governo optou por um caminho heterodoxo que não atingiu apenas o tratamento da inflação, mas também a negociação da dívida com os bancos e com o FMI. Ao final do capítulo, dou a minha interpretação do que levou o governo a essa "nova rota" na administração da crise e na política econômica de um modo geral. Mas adianto que no campo da inflação o governo se tornou prisioneiro da crença de que ela seria apenas e tão somente um fenômeno inercial, totalmente mecânico, que poderia ser dominado com medidas mecânicas que eliminassem a inércia, sem o estabelecimento de uma âncora nominal; e no campo da negociação internacional, ele supunha que tinha forças suficientes para impor aos credores um caminho que era inexequível naquelas circunstâncias e naquele momento.

O período que se estende de 1985 até o Plano Real foi uma fase na qual a economia brasileira viveu um período de obscurantismo monetário sem precedentes, e que, espero, jamais retorne.

A magnitude do realinhamento cambial

Um ajuste extremamente importante teria que ser o aumento das receitas em dólares vindas das exportações líquidas, o que demandava, entre outras coisas,[17] um realinhamento do câmbio real. Por câmbio real entendemos o preço relativo entre bens *tradables* e *non-tradables*, e por isso a fórmula adequada para o seu cálculo é dada por $Q = E / IPC$, na qual $E = \sum_{i=1}^{N} E_i \theta_i$ é a média ponderada das taxas cambiais nominais E_i, com relação a cada um dos nossos N parceiros de comércio; e na qual θ_i está designando as participações de cada um dos países no comércio com o Brasil. O "deflator" usado para chegar à medida mais correta do câmbio real, IPC, é um índice doméstico de preços aos consumidores, porque este é o que na sua composição tem a maior proporção de bens *non-tradables*.[18] Um índice de câmbio real com base nessa cesta de moedas só existe para o Brasil a partir de janeiro de 1988. Para o período anterior (e também posterior) existe um câmbio real expresso em relação ao dólar.

As evidências sobre a PPP nos indicam que, ainda que seja difícil determinar com precisão a diferença entre o comportamento de variáveis que tenham uma raiz unitária e o de variáveis nas quais a reversão à média é muito lenta, na resenha da literatura a respeito feita por Ken Froot e Kenneth Rogoff[19] há uma certa predominância dos resultados que negam que o câmbio real seria um *random walk*, ou seja, que ele de fato tenderia a reverter à sua média, mas no caso brasileiro as evidências indicam o contrário, isto é, que não se pode rejeitar a presença de uma raiz unitária. Na tabela a seguir estão os testes de Dickey-Fuller aumentado e de Philips-Perron, para as duas medidas de câmbio real. Este resultado é importante para a estimação do modelo que se segue, e as dúvidas decorrentes de estarem muito próximos da linha que separa a aceitação da rejeição são minimizadas quando o modelo é estimado com uma amostra maior, baseada em dados mensais, o que será realizado no capítulo 7.

Tabela 1: Testes de raízes unitárias em duas medidas do câmbio real

	Com relação ao dólar		Com relação à cesta de moedas	
Valores críticos	**Dickey--Fuller aumentado**	**Philips-Perron**	**Dickey-Fuller aumentado**	**Philips-Perron**
Estatística t	−2,414 p = 14,4%	−1,964 p = 30,1%	−2,844 p = 6,5%	−2,593 p = 10,5%
Nível de 1%	−3,601	−3,601	−3,689	−3,662
Nível de 5%	−2,935	−2,935	−2,972	−2,960
Nível de 10%	−2,606	−2,606	−2,625	−2,619

Elaboração do autor.

Veremos adiante que entre 1981 e 1985 o câmbio real de equilíbrio medido em relação ao dólar teve uma depreciação de 100%. Para explicar por que era necessária uma depreciação tão grande, é preciso um pouco de econometria. Há dois tipos de modelos que levam à proposição de que o câmbio real de equilíbrio, além de outras variáveis, se altera em função do passivo externo líquido do país expresso em proporção ao PIB, e há também um apreciável número de evidências empíricas de que esse efeito é muito importante. O primeiro é o modelo desenvolvido por Hamid Faruqee,[20] inspirado em Michael Mussa,[21] e que serve de base a várias estimativas do câmbio real de equilíbrio entre países realizadas pelo FMI. Ele leva a uma relação de longo prazo (que na realidade é uma relação de cointegração) entre o câmbio real, a posição do passivo externo líquido, além de outras variáveis que afetam o fluxo das contas-correntes, como as diferenças de produtividade (produto por trabalhador) nos setores de bens *tradables* e *non--tradables* relativamente aos parceiros de comércio (o efeito Balassa-Samuelson); uma medida das relações de troca; e o nível do consumo do governo. O segundo tipo são os modelos microfundamentados inspirados no Redux de Obstfeld e Rogoff[22] desenvolvidos por Lane e Milesi-Ferretti[23] e por Aguirre e Calderón,[24] e que o utilizaram com sucesso para a explicação do comportamento do câmbio real de equilíbrio em vários países em diversos períodos. Em todos esses casos existe uma "forma reduzida" explicativa do câmbio real de equilíbrio dada por

$$(1) \quad \log Q_t = b_0 + b_1 \log\left(\frac{F_t}{Y_t}\right) + b_2 \log\left[\frac{(y_t / y_t^*)}{A_t / A_t^*}\right] + b_3 \log\left(\frac{p_t^x}{p_t^m}\right) + b_4 \log\left(\frac{G_t}{G_t^*}\right) + u_t$$

na qual Q_t é o câmbio real de equilíbrio, F_t é o passivo externo líquido, Y_t é o PIB, $(y/y^*)_t$ é o quociente entre a produtividade do trabalho no setor de bens *tradables* no país e no exterior, (A/A^*) é o quociente entre a produtividade do trabalho no setor de bens *non-tradables*, $(p^x/p^m)_t$ são as relações de troca e $(G/G^*)_t$ representa os quocientes entre os gastos do governo no país e no resto do mundo, com $b_1, b_2 > 0$ e $b_3, b_4 < 0$. A intuição por trás dos sinais dos coeficientes parte da noção de que o câmbio real é um preço relativo entre bens *tradables* e *non-tradables*, e que: a) como o governo consome uma proporção maior de bens *non-tradables* (serviços), o aumento de seus gastos eleva os preços dos *non-tradables* relativamente aos dos *tradables*, valorizando o câmbio real; b) a elevação da produtividade de bens *non-tradables* amplia sua oferta relativamente à de bens *tradables*, desvalorizando o câmbio real; c) um ganho de relações de troca eleva as exportações relativamente às importações, permitindo que se obtenha o mesmo saldo nas contas-correntes com um câmbio real mais valorizado; e d) uma queda no passivo externo líquido permite que o país eleve o déficit nas contas-correntes através de um câmbio real mais valorizado. Na análise que se segue são apresentadas evidências empíricas desse modelo para o Brasil com base em dados anuais. São utilizadas duas medidas de câmbio real: uma é a série mais curta estimada pelo Banco

Central do Brasil para uma cesta de moedas, e a outra é uma série mais longa do câmbio real medida em relação ao dólar norte-americano, que no contexto da época era muito relevante para definir a magnitude do ajuste necessário.[25] Ambas usam como deflator doméstico os preços aos consumidores.

Mas antes de apresentar os resultados temos que esclarecer como foram obtidas as estimativas do passivo externo líquido. O Banco Central do Brasil só passou a estimar a *posição internacional de investimentos* (o passivo externo líquido) a partir de 2001, o que nos deixaria com uma amostra muito curta que não cobre o período no qual estamos interessados, mas podemos recuar essa série para trás usando as estimativas de Lane e Milesi-Ferreti.[26] Para obter seus resultados, eles partem da definição do passivo externo líquido dada por:

$$(2) \quad F = FDI + EQ + DEBT + R$$

na qual FDI, EQ e $DEBT$ são os estoques líquidos (ingressos de não residentes menos as variações das posições de brasileiros no exterior) de investimentos diretos, em ações e na dívida, respectivamente, com R designando o estoque de reservas. A identidade do balanço de pagamentos afirma que a soma da conta-corrente, dos fluxos financeiros líquidos e das variações nas reservas é igual a zero, e então:

$$(3) \quad CC = \Delta(FDI) + \Delta(EQ) + \Delta(DEBT) + \Delta R + \Delta K - EO$$

em que EO são os erros e as omissões. Supondo que os erros e as omissões refletem as mudanças em instrumentos da dívida retidos no exterior por residentes e desprezando a valoração dos ativos, pode-se estimar aproximadamente as variações no passivo externo líquido pela soma do saldo nas contas-correntes livre das transferências líquidas na conta de capital, ΔK. Desprezando a contribuição das variações ΔK, que são pequenas, produzimos uma nova estimativa do passivo externo partindo do valor inicial publicado por Lane e Milesi-Ferretti, simplesmente acumulando os saldos nas contas-correntes.

O modelo nos informa que existe uma relação de cointegração entre as variáveis presentes em (1), e como sabemos se duas variáveis cointegram necessariamente há entre elas pelo menos uma relação de causalidade no sentido de Granger. Na tabela 2 resumimos os resultados dos testes de cointegração, lembrando que, embora não seja rejeitada apenas pela "estatística traço", os resultados com uma amostra maior, baseados em dados mensais e apresentados no capítulo 7, atuam na direção de não rejeitarmos a cointegração.[27] Ao acumular um passivo externo de 50% do PIB, o Brasil estava condenado a realizar um forte realinhamento cambial. Na tabela 3 estão as estimativas. Os modelos foram estimados por mínimos quadrados simples usando as duas medidas de câmbio real, com uma série mais curta para a cesta de moedas, e é importante esclarecer que, apesar de várias tentativas de introduzir variáveis representativas de diferenciais de produtividade e do consumo do governo, não obtive resultados significativos e nem sua introdução alterou as estimativas dos parâmetros das variáveis incluídas. A mesma dificuldade nesse campo ocorreu com as estimativas do modelo com base em dados mensais, analisado no capítulo 7.[28] Em todos os casos o passivo externo líquido em proporção ao PIB tem um coeficiente que difere de maneira significativa de zero, com uma elasticidade de curto prazo que varia de 0,26 a 0,27, e uma elasticidade de longo prazo que é em torno do dobro da de curto prazo. O câmbio real responde também às relações de troca, mas essa resposta é menos intensa. Embora as relações de troca tenham efeitos sobre o câmbio real de equilíbrio, a explicação dominante do câmbio real vem das variações do passivo externo. No gráfico 6 são comparados os valores observados em cada uma das medidas de câmbio real com as respectivas projeções dinâmicas, ressaltando a forte aderência entre os valores observados e as projeções dinâmicas no movimento de depreciação ocorrido entre 1981 e 1985. É importante ter em mente que o teste de causalidade de Granger mostra que é o passivo externo que causa o câmbio real, e não o contrário.

Tabela 2: Resumo dos testes de cointegração

Log(câmbio-real_IPC) log(-1)*[passivo_externo/PIB] log(relações_de_troca)					
Tendência nos dados	**Nenhuma**	**Nenhuma**	**Linear**	**Linear**	**Quadrática**
Tipo de teste	Sem intercepto Sem tendência	Intercepto Sem tendência	Intercepto Sem tendência	Intercepto Tendência	Intercepto Tendência
Traço	1	1	3	0	3
Max. eigenv.	0	0	0	0	0
Log(câmbio-real_cesta) log(-1)*[passivo_externo/pib] log(relações_de_troca)					
Tendência nos dados	**Nenhuma**	**Nenhuma**	**Linear**	**Linear**	**Quadrática**
Tipo de teste	Sem intercepto Sem tendência	Intercepto Sem tendência	Intercepto Sem tendência	Intercepto Tendência	Intercepto Tendência
Traço	0	1	1	0	0
Max. eigenv.	0	0	0	0	0

Elaboração do autor.

Tabela 3: Estimativas dos modelos de câmbio real de equilíbrio

	Log(câmbio real IPC)	Log(câmbio real Cesta)
Constante	1,788	2,902 (2,619)
Log[(-1)*[passivo_externo/ PIB]	0,270 (7,270)	0,255 (3,509)
Log[relações_de_troca]	−0,234 (2,246)	−0,326 (1,883)
Log(câmbio_real)(-1))	0,630 (10,702)	0,494 (3,908)
R^2	0,918	0,689
S.E.	0,087	0,111
F	168,153	19,180

Elaboração do autor.

A grande variação do câmbio real de equilíbrio e a sua dependência com relação ao estoque do passivo externo medido em proporção ao PIB nos levam a refletir sobre o significado de estimativas de sub ou supervalorização cambial derivadas da aplicação da hipótese da paridade de poder de compra (PPC). Ela admite que a longo prazo o câmbio real seja aproximadamente constante, e que as variações do câmbio nominal reflitam apenas os diferenciais de inflação. Isso pode ocorrer a longo prazo,[29] mas a comparação mostrada no gráfico 1 e os resultados das estimativas das tabelas 2 e 3 indicam que essa é uma intepretação pobre do que de fato ocorre. Como no capítulo 7 retornaremos a esse tema apresentando os resultados desse modelo estimado com base em dados mensais e com o câmbio real na cesta de moedas, a comparação apresentada no gráfico 1 se refere apenas ao câmbio real medido em relação ao dólar norte-americano. As curvas mais grossas representam os valores observados (a linha cheia) e as projeções dinâmicas (a pontilhada), com a linha pontilhada mais fina representando o passivo externo com o sinal invertido medido em proporção ao PIB. Três coisas ficam evidentes: a) as projeções dinâmicas captam muito bem os movimentos do câmbio real ao longo de todo o período; b) tais movimentos estão claramente associados ao passivo externo líquido medido em proporção ao PIB; c) com a elevação do passivo externo (igual ao crescimento da dívida) ocorrido naqueles anos, o câmbio real de equilíbrio se depreciou em torno de 100%.[30]

Gráfico 1: Câmbio real (valores observados e projeções dinâmicas) e passivo externo

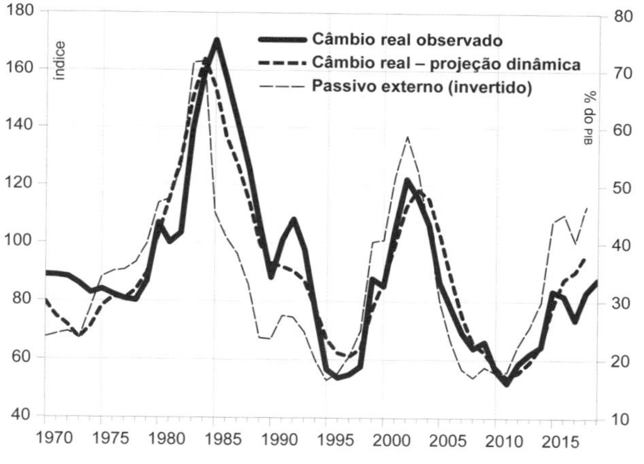

Elaboração do autor.

Esses resultados revelam que, diante do problema enfrentado pelo país, o realinhamento cambial não seria pequeno, e após a depreciação as minidesvalorizações em uma regra de PPP teriam que ser mantidas para induzir a elevação dos superávits comerciais. Revelam, também, que tal realinhamento decorria do erro cometido na acumulação de uma dívida externa que chegou a 50% do PIB. Quais eram as consequências?

Teríamos que enfrentar um choque (a maxidesvalorização), cujo efeito inflacionário não se dissiparia. Para aferir qual é a importância desse efeito quero retornar aos resultados do modelo VEC explicativo dos movimentos da inflação e da oferta monetária apresentado no capítulo 2, no qual há uma causalidade unilateral da inflação para a moeda (isto é, há total passividade monetária) e ao mesmo tempo há inércia na inflação. A partir daqueles resultados foi estimada a curva de resposta da inflação a um impulso ocorrido nela mesma. Como na ausência de uma inflação inercial os efeitos inflacionários de tal choque se dissipam, a respectiva curva de resposta ao impulso deveria declinar continuamente, convergindo para zero. Mas, diante da existência de uma inflação inercial (uma raiz unitária na taxa de inflação), a curva de resposta a esse impulso cai até um certo ponto, estabilizando-se em um efeito positivo que nunca mais declina. A curva está no gráfico 2. Tivemos duas maxidesvalorizações: em 1979, que levou as taxas mensais de inflação ao patamar de 100% ao ano; e em 1983, que elevou a inflação pouco acima de 200% ao ano (gráfico 3). Após a segunda maxidesvalorização o país teve que operar com metas para o câmbio real, reajustando o câmbio nominal em uma regra de PPP. Esse procedimento foi em grande parte responsável pelos superávits comerciais que se seguiram, mas foi o responsável também pelas enormes inflações.

Gráfico 2: Resposta da inflação a um choque na própria inflação

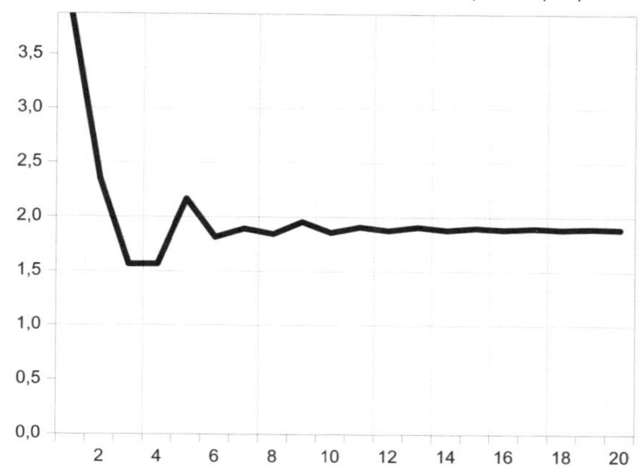

Elaboração do autor.

Gráfico 3: Taxas anuais de inflação — IPC e IPA

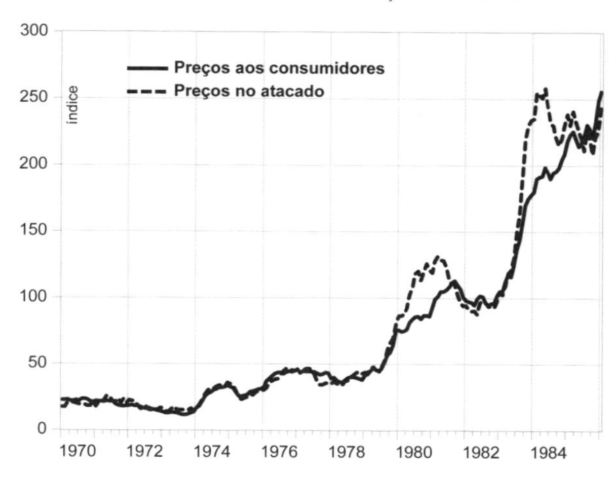

Elaboração do autor.

Antes de prosseguir, é importante nos assegurarmos de que no plano teórico estamos com o diagnóstico correto sobre as consequências desse comportamento do câmbio sobre a inflação. A análise de Adams e Gros já seria suficiente para dar a resposta, mas ela é reforçada tanto por Saul Lizondo,[31] que mostra que nesse caso a depreciação é inflacionária, quanto pela extensão da análise realizada por Guillermo Calvo, Carmen Reinhart e Carlos Végh,[32] que ampliaram os mecanismos de transmissão com a introdução de escolha intertemporal no consumo, analisando quer o caso de plena mobilidade, quer o de total imobilidade de capitais. No caso no qual há mobilidade de capitais, seus resultados mostram que, "quer mirando um câmbio real mais depreciado, quer tentando impedir que um choque externo conduza à apreciação do câmbio real, em ambos os casos se chega a mais inflação". Já na ausência de mobilidade internacional de capitais, eles mostraram que um câmbio real mais depreciado do que o seu equilíbrio de estado estacionário pode ser obtido sem inflação, porém às custas de uma elevação da taxa real de juros relativamente ao seu nível inicial. As simulações numéricas por eles realizadas mostram que a elevação da taxa real de juros pode ser substancial, e esse é o ponto que desenvolvemos em seguida.

Os dilemas da política monetária

No momento no qual ocorreu a crise da dívida, a inflação brasileira já tinha a característica de um *random walk*. Naqueles anos, era suposto que o Banco Central deveria controlar a expansão dos agregados monetários, cuja condição necessária é a liberdade de fixar a taxa de juros em nível tal que as operações de mercado aberto neutralizem movimentos expansionistas das várias contas do ativo do seu balanço consolidado, como foi visto no capítulo 2. Esse era um procedimento teoricamente possível, mas, como será demonstrado em seguida, o rompimento daquele grau de inércia exigiria taxas de juros extremamente elevadas.

Qual seria o critério para fixar a taxa básica de juros? Se estivéssemos no regime de metas de inflação, não teríamos problemas em responder a essa pergunta se dispuséssemos de estimativas da taxa neutra de juros, do hiato do produto e de uma ideia aproximada do peso dado pelo Banco Central na sua função de perdas aos desvios da inflação em relação à meta e aos desvios do PIB atual em relação ao potencial. Porém nada disso existia naqueles anos, quando os indivíduos e as empresas formavam suas expectativas tendo conhecimento da inércia, e o Banco Central não conseguia evitar que a moeda fosse totalmente passiva. Admitindo que esses fossem os fatos estilizados observados, o mais razoável seria supor que as expectativas sobre os valores futuros da inflação teriam que ser formadas por alguma heurística, na forma como anos mais tarde nos foi ensinada por Amos Tversky e Daniel Kahneman,[33] isto é, extrapolando para o futuro o comportamento passado das variáveis, buscando evitar que se incorresse em algum viés. Vou aproximá-la usando uma sugestão de John Muth,[34] que capta a essência das informações coletadas pelos indivíduos naquelas condições. Estes observam que a taxa de inflação é a soma de duas componentes independentes entre si, uma permanente, $\bar{\pi}_t$, e outra transitória, η_t, levando a $\pi_t = \bar{\pi}_t + \eta_t$, e que, devido à indexação generalizada de preços, salários e câmbio, a componente permanente é dada por $\pi_t = \bar{\pi}_{t-1} + \varepsilon_t$, na qual ε_t é um choque aleatório.[35] Os indivíduos e as empresas sabem que a inflação tem essas duas componentes, mas têm apenas informações sobre π_t, com as quais têm que fazer suas projeções sobre a taxa de inflação esperada, π_t^e. Uma forma de fazê-lo é construir uma média móvel dos valores passado de π, na forma $\pi_t^e = \sum_{j=1}^{\infty} v_j \pi_{t-j}$, escolhendo os valores de v_j, de forma a minimizar a variância do erro de projeção, o que nas condições estabelecidas por Tversky e Kahneman implica evitar a existência de um viés. A variância do erro é dada por $V = E\left(\pi_t - \pi_t^t\right)^2$. A solução ótima encontrada por Muth para esse problema, no sentido de que a inflação esperada é a que minimiza o erro quadrático médio da projeção, é dada por:

$$(4) \quad \pi_t^e = \sum_{j=1}^{\infty} (1-\gamma)\gamma^{j-1}\pi_{t-j}$$

que é uma média móvel de pesos exponencialmente declinantes das inflações passadas. Essa será a primeira equação do modelo. Para completá-lo, preciso de mais duas equações: uma curva de Philips, que é dada por:

$$(5) \quad \pi_t = \pi_t^e + \beta(y_t - y_t^p) + u_t$$

com $\beta > 0$, na qual $(y_t - y_t^p)$ é o hiato do PIB, com y_t e y_t^p designando o PIB atual e o PIB potencial, respectivamente; e a curva IS, dada por:

$$(6) \quad (y_t - y_t^p) = br_t + v_t$$

com $b < 0$, e na qual $r_t = R_t - R_t^N$ é a diferença entre a taxa real de juros de mercado, R_t, e a taxa real neutra, R_t^N.

Usando as três equações acima, chega-se a:[36]

$$(7) \quad \pi_t = \pi_{t-1} + \beta b(r_t - \gamma r_{t-1}) + [(u_t + \beta v_t) - \gamma(u_{t-1} + \beta v_{t-1})]$$

O primeiro resultado obtido é que, se o Banco Central fixar a taxa real de juros em nível igual à taxa neutra ($r_t = R_t - R_t^N = 0 = R_{t-1} - R_{t-1}^N = r_{t-1}$), a trajetória da inflação dada por (7) degenera em um *random walk*.[37] Porém, isso pode ser evitado caso o Banco Central fixe a taxa real de juros usando uma curva de reação dada por:

$$(8) \quad R_t - R_t^N = r_t = \kappa \pi_t^e$$

na qual, com $\kappa > 0$, o Banco Central mantém a taxa real de juros de mercado sempre acima da taxa real neutra, elevando sua distância em relação à neutra com um aumento em π_t^e. Substituindo (8) em (7), obtém-se:[38]

$$(9) \quad \pi_t = [1 + \beta b \kappa (1 - \gamma)]\pi_{t-1} - [(u_t + \beta v_t) - \gamma(u_{t-1} + \beta v_{t-1})]$$

Dispondo de (4) e (9), podemos agora analisar várias situações concretas. Suponhamos, em primeiro lugar, que a inércia na inflação corrente seja muito forte e que seja percebida de forma correta pelos indivíduos, que estimam a taxa de inflação esperada, usando $\gamma = 0{,}9$ na equação (4), e que sua estimativa reproduza exatamente a "verdadeira inércia" presente nas taxas correntes de inflação, o que significa que o Banco Central utilizou na sua função de reação um valor de κ que faz com que $[1 + \beta b \kappa (1 - \gamma)] = 0{,}9$. O dilema que se apresenta ao Banco Central é reduzir a inflação de forma gradual ou através de um tratamento de choque, e vamos supor que optemos pelo segundo, elevando a taxa de juros o suficiente para trazer a inflação instantaneamente para zero. Era isso que o FMI exigia quando diante de uma inflação de três dígitos impunha uma drástica redução na taxa de expansão da base monetária. Em modelos com dados trimestrais semelhantes ao especificado pelas equações (5) e (6), as estimativas dos coeficientes giram em torno de $\beta = 10$ e $b = -0{,}1$.

Para que a inflação caia instantaneamente para zero, o Banco Central teria que escolher o valor de κ que fizesse $[1 + \beta b \kappa (1 - \gamma)] = 0$,[39] que com aqueles valores para os parâmetros será obtido com $\kappa = 10$. Ou seja, de acordo com a expressão (8), o Banco Central teria que fixar a taxa real de juros acima da taxa real neutra em uma magnitude que é *dez vezes superior à taxa de inflação esperada*, e à qual teríamos ainda que somar a taxa real neutra de juros. Seria uma decisão absurda, que tem que ser totalmente excluída da lista de opções.

Consideremos, agora, uma estratégia gradualista. Suponhamos que o Banco Central ficasse satisfeito com um valor de κ que apenas reduzisse a inércia, produzindo $[1 + \beta b \kappa (1 - \gamma)] = 0{,}5$. Vou, também, admitir que a credibilidade do Banco Central fosse tão alta que ao anunciar sua decisão conseguisse convencer todos os indivíduos e todas as empresas de que de fato essa é a inércia que sobrou na inflação, o que os levaria instantaneamente a projetar as inflações futuras usando o valor de $\gamma = 0{,}5$. Nesse caso, o valor de κ cairia um, que levaria a uma taxa real de juros igual à taxa de inflação esperada, à qual teríamos que somar a taxa real neutra.

O custo de qualquer uma dessas alternativas em termos de queda do PIB é tão elevado que deixa apenas a opção de baixar ainda mais a ambição a respeito da inércia efetiva.

A conclusão neste ponto é que, dado o uso generalizado da indexação, o custo de reduzir a inflação utilizando apenas a política monetária é enorme. Realisticamente, o melhor caminho seria o de aceitar a estratégia de fazer $R_t \cong R_t^N$, reconhecendo que a solução exigiria uma completa mudança do regime econômico, com uma reforma monetária que eliminasse por completo os efeitos da indexação. Naquele momento não havia um diagnóstico sobre como remover a inércia, e, portanto, não havia alternativa.

Aceitar esse caminho implicava manter a oferta monetária totalmente passiva, o que significa que o estoque nominal de base monetária e de M1 teria que crescer aproximadamente à taxa de inflação, que em 1979 havia saltado para 100% ao ano, e com a segunda maxidesvalorização, no primeiro trimestre de 1983, saltou para 200% ao ano. Nenhum banqueiro central no mundo praticaria tais taxas.

A incompatibilidade entre as metas fiscal e monetária

Mas o problema não se esgotava neste ponto. Se ainda assim encarnássemos o espírito de Paul Volker de 1979, usando a política monetária de forma agressiva, estaríamos impedindo o cumprimento da meta de déficit operacional. Passar da meta de resultado nominal para a de resultado operacional foi um grande avanço nas discussões com o FMI. Resolvia o problema que vinha da crença (que, curiosamente, ainda hoje sobrevive para muitos) de que o controle da inflação exigiria a redução do *déficit nominal*. Porém, criava outro problema: reduzia a liberdade de fixar a taxa de juros.

Inegavelmente, a escolha do déficit operacional foi um avanço. Tomemos uma situação hipotética, na qual a arrecadação nominal e os gastos nominais primários (exceto juros) sejam constantes em relação ao PIB, levando a um déficit primário constante em relação ao PIB, e que a relação dívida/PIB e a taxa real de juros também se mantenham constantes. Nesse momento ocorre um choque exógeno que eleva as taxas de inflação (uma depreciação cambial elevada, por exemplo), que se deslocam para um novo patamar, no qual permanecem constantes para sempre. A taxa nominal de juros é igual à soma da taxa real e da taxa de inflação esperada, que mudou de forma permanente de patamar. Porém, o resultado primário e o resultado operacional permaneceram nos mesmos níveis anteriores. Ou seja, não ocorreu nenhuma alteração na política fiscal (os gastos primários e as receitas ficaram inalterados em relação ao PIB, o mesmo ocorrendo com o pagamento de juros reais sobre a dívida), mas o déficit nominal se elevou devido ao aumento exógeno da inflação. Cresceu a inflação e cresceu o déficit nominal, mas fica claro que seria um erro atribuir o aumento da inflação ao aumento do déficit nominal. Na realidade, a ordem de causalidade nesse exemplo é exatamente a inversa: o déficit nominal se elevou devido ao choque inflacionário exógeno. Essa é precisamente a razão que levou Franco Modigliani[40] a propor que o uso do déficit nominal para aferir a política fiscal seria um erro nos Estados Unidos, e em seu lugar propor a utilização do resultado operacional.

Quando o FMI entendeu esse problema, passou a usar o déficit operacional, que medido em relação ao PIB é dado por:

$$(10) \quad d_t^0 = d_t + R_t b_{t-1}$$

em que d_t é o resultado primário, que pode ser um déficit ou um superávit. No acordo com o FMI, o problema do ministro da Fazenda era cumprir a meta do resultado operacional, mas, se para cumprir a meta de inflação (e de base monetária) o Banco Central tomasse a decisão de elevar R_t, obrigaria o ministro da Fazenda a cortar os gastos e/ou aumentar os impostos. Ou seja, sempre que ocorresse uma elevação na componente de juros reais deveria ocorrer uma variação de igual magnitude e de sinal contrário no resultado primário, isto é, $-\Delta d_t = \Delta(Rb_{t-1})$. Havia um conflito entre as metas de base monetária e/ou de inflação, e de resultado operacional.

Fiquemos por algum tempo com a hipótese de que estaríamos em um país com a inflação (corrente igual à esperada) em torno de 50% ao ano, com o Banco Central fixando a taxa de juros em nível idêntico ao da correção monetária. Se o Banco Central optasse por reduzir a inércia efetiva para $[1+\beta b\kappa(1-\gamma)] = 0,5$, com uma taxa real neutra de juros de 2% ao ano, teria que elevar a taxa real de juros de mercado em uma magnitude tal que obrigaria a um corte impossível do resultado primário.

Em toda esta discussão, não estou considerando a existência de um *trade off* entre a velocidade de baixa da inflação e o aprofundamento do hiato negativo do PIB. Se hoje um banqueiro central se encontrasse diante de uma situação igual à existente naquele momento, com a renda per capita 12% abaixo de onde se encontrava no início do ciclo, certamente concluiria que não era possível cumprir todas as metas impostas pelo FMI.

O que foi deixado para os próximos governos

Em janeiro de 1984 foi assinado o acordo com os bancos credores e estava concluída a fase II. Com o desembolso dos recursos vindos da conclusão da negociação com os bancos, em maio de 1984 a Resolução 851 do Banco Central foi revogada, e as operações de câmbio retornaram ao normal. Desde janeiro de 1984, já havia ocorrido a normalização das linhas de financiamento ao comércio, ajudando o crescimento das exportações e acentuando a velocidade de recuperação da economia, e em junho de 1984 as reservas no conceito de caixa chegaram a 6 bilhões de dólares. Essas foram as razões predominantes para uma relativa estabilidade da economia, o que foi um legado positivo. Havia ainda muito a caminhar, mas a fase mais aguda da crise fora deixada para trás.

Em março de 1985 assumiu um novo governo, que foi beneficiado por um acordo preliminar com os bancos, que poderia ter evoluído favoravelmente se esse fosse o seu desejo. Durante o ano de 1984, havíamos progredido na negociação de um acordo plurianual com o FMI e os bancos, buscando uma melhora nos termos da renegociação anterior. Contudo, estávamos no final do governo militar, e para dar "sinal verde" para a celebração do acordo o diretor-gerente do FMI, Jaques De Larosiere, exigiu que ocorresse a aceitação dos seus termos por parte do presidente eleito. Consultado, Tancredo Neves autorizou que seu futuro ministro da Fazenda, Francisco Dornelles, comunicasse o "de acordo" a De Larosiere. Felizmente, naquele momento o diretor-gerente do FMI teve a iluminação de não prosseguir, finalizando os entendimentos. Seu argumento era simples: já que o novo governo aceita os termos do acordo, seria ele que deveria assiná-lo, e não o governo que se encerrava. Quis o destino que Tancredo Neves morresse antes da posse, assumindo o vice-presidente, José Sarney, que tinha outras ideias — infelizmente muito piores.

Quero embasar meus comentários finais a respeito desse período na interpretação da relação entre políticos e economistas exposta por Alan Blinder, um influente diretor do Federal Reserve, na introdução de seu livro *Advice and Dissent* [Conselho e discordância], publicado em 2018. Ele argumenta que a sociedade acredita que os economistas sejam muito influentes na formulação de políticas públicas, uma vez que participam ativamente das discussões, com artigos nos jornais de grande circulação e como assessores de governos e partidos políticos. Mas afirma que isso é um mito, e que a melhor forma de resumir qual é a verdadeira ligação é utilizando a "teoria do poste de iluminação", que pode ser resumida em uma frase atribuída a Andrew Lang, em 1910: "Os políticos usam as ideias dos economistas como os bêbados usam os postes de iluminação — para se apoiarem, e não para iluminar". Em geral políticos têm ideias preconcebidas e as transmitem aos economistas, não para que estes as critiquem ou as elaborem, mas para que exerçam a função de "validadores" das suas propostas. Nem o presidente José Sarney, que fracassou na sua tentativa de eliminar a inflação no Brasil, nem Fernando Henrique Cardoso, que ainda enquanto ministro da Fazenda foi mais bem-sucedido na tarefa, conheciam economia. Ambos tiveram que se apoiar em economistas, mas Sarney escolheu um grupo de "validadores", enquanto Cardoso preferiu economistas capazes de "iluminar" o caminho a ser percorrido, conseguindo controlar a inflação e em seguida se elegendo presidente da República.

No apagar das luzes dos anos 1980, chegávamos ao final de um regime macroeconômico malsucedido, cujos erros se iniciaram ainda no governo militar, prosseguindo com o Plano Cruzado e a sequência repetitiva de planos heterodoxos. Havia um enorme caminho a percorrer e novos desafios a serem superados para voltar a crescer.

6
O eterno problema fiscal

NA ÉPOCA DOS "PLANOS HETERODOXOS", com uma ou outra exceção, os economistas não davam atenção aos efeitos inflacionários dos déficits públicos ou negavam a sua importância.[1] O fato, no entanto, é que nunca deixamos de ter um forte desequilíbrio fiscal, com repercussões na inflação. No extenso período que antecedeu o Plano Real, em 1994, as despesas superavam as receitas, mas o Tesouro tinha livre acesso ao Banco Central para financiar os déficits com expansão monetária. Em vez de aumentarem a dívida pública, os déficits eram financiados com a senhoriagem — uma receita devida em parte ao "imposto inflacionário"[2] —, que para ser coletada impunha o aumento da inflação. A partir de 1999, com a adoção do regime de metas de inflação, que por fim criou uma âncora nominal, aquele "imposto" desapareceu, e os déficits só poderiam ser financiados com a dívida pública, cujo tamanho era grande demais para um país emergente,[3] obrigando o governo a assumir um compromisso com metas de superávits primários. Entre 1999 e 2014, tais metas foram atingidas, porém sempre através do aumento de receitas tributárias, e não do controle dos gastos. Desde a Constituição de 1988, que garantiu inúmeros benefícios sem se preocupar com as fontes dos recursos, os gastos primários em termos reais passaram a crescer a uma taxa média em torno de 6% ao ano, que era muito superior ao crescimento do PIB potencial, o que condenava o país a aumentar continuamente as receitas tributárias em relação ao PIB, com reflexos negativos sobre o crescimento econômico. Foram criados impostos, como a Cofins e a CSLL, e por algum tempo o governo contou com as receitas do imposto sobre movimentação financeira e de sua sucessora, a CPMF, além de uma forte elevação das receitas da previdência, proveniente da combinação da crescente formalização no mercado de trabalho com a aceleração do crescimento econômico permitido pelo boom de preços internacionais de commodities. Os ganhos de receita de alguns pontos de porcentagem do PIB foram fundamentais para garantir que as metas de superávits primários fossem atingidas, mas essa não poderia ser uma solução permanente. O problema se agravou quando a partir de 2014 o governo abandonou o compromisso com as metas para os superávits primários, levando à elevação da relação dívida/PIB. Era necessária uma nova orientação, que foi adotada em 2016, quando foi proposta uma emenda constitucional, aprovada pelo Congresso, que congela por dez anos o valor real dos gastos primários. Contudo, a emenda não era uma regra fiscal autoaplicável, e sim um compromisso político, que para ser cumprido requeria a aprovação de reformas destinadas a alterar o comportamento dos gastos primários.

Começo indagando quais poderiam ser as razões para congelar os gastos primários em termos reais. Será que faria sentido econômico impor um controle sobre os gastos em vez de persistir no modelo anterior de garantir a geração de superávits primários através do aumento de impostos? Sabemos que o país não pode conviver com um crescimento de gastos muito acima da expansão do PIB e se não fizesse reformas que eliminassem esse comportamento teria que continuar aumentando impostos, que têm custos econômicos e de bem-estar.[4] Mas quais seriam as consequências de um controle de gastos? Com base em extensa pesquisa empírica que cobria vinte países da OCDE e documentava perto de duzentos programas multianuais de austeridade desde o final de 1970 até 2014, Alberto Alesina, Carlo Favero e Francesco Giavazzi[5] distinguem os programas de austeridade executados através da elevação de impostos dos programas de austeridade executados por meio de cortes de gastos. Suas conclusões são que os programas de austeridade baseados em aumentos de impostos são profundamente recessivos no curto e no médio prazos, mas os programas de austeridade baseados no corte de gastos têm o efeito oposto: seus custos medidos em termos de perdas do PIB têm sido muito baixos, e quando é considerada a média de todos os países incluídos no estudo, eles estão próximos de zero. Uma segunda diferença é a constatação de que os programas baseados no aumento de impostos resultam no crescimento da relação dívida/PIB, enquanto programas baseados no corte de gastos resultam em reduções significativas.

Há duas razões para esses resultados. Primeiro, por serem mais recessivos, os programas baseados em aumentos de impostos atuam sobre o denominador da relação dívida/PIB. Segundo, os programas que reduzem de forma permanente os gastos obrigatórios têm um efeito mais duradouro sobre os déficits do que os programas baseados no aumento de receita, e por isso atuam favoravelmente sobre o numerador da relação dívida/PIB. Os resultados descritos na introdução de *Austerity: When It Works and When It Doesn't* são apresentados em detalhes no capítulo 7 daquele livro, e é impressionante a soma de evidências empíricas em favor dos programas de austeridade baseados no corte de gastos.

Contudo, da mesma forma como no Brasil, há no mundo economistas que propõem caminhos diferentes dos recomendados por Alesina, Favero e Giavazzi. Há os que propõem que os governos deveriam permitir o crescimento dos déficits e da dívida sob a pressuposição de que os programas de austeridade, quaisquer que sejam, mesmo os baseados nos cortes de gastos, seriam contraproducentes, resultando em desaceleração do crescimento e em elevação da relação dívida/PIB. Sempre tive uma reação negativa à atitude dos que criam uma narrativa atraente e saem em busca de um ou outro fato isolado que confirme o seu diagnóstico, e pelo relato dos três autores a respeito do teor dos debates na Europa fica claro que essa característica não se restringe apenas a alguns economistas brasileiros. Alesina, Favero e Giavazzi colocaram à prova a proposição de que programas de austeridade são sempre recessivos, e com base nos casos envolvendo países da OCDE a rejeitaram quando a austeridade é baseada nos cortes de gastos. O Brasil tem importantes diferenças econômicas e políticas com os países da OCDE, mas o conjunto de evidências por eles apresentada é muito convincente e aponta o caminho a ser percorrido.

A próxima seção deste capítulo é dedicada ao período que vai do final da Segunda Guerra Mundial até o Plano Real. Ao criar um Banco Central sem independência no uso dos instrumentos e capturado por interesses que se beneficiavam da expansão do crédito e do financiamento inflacionário dos déficits públicos, o Paeg manteve as condições para a continuidade da criação endógena da senhoriagem que financiava os déficits públicos à custa da inflação. Essa prática era, no campo fiscal, a contrapartida da passividade monetária que combinada com a indexação foi responsável pela inflação inercial.

Na seção seguinte é analisado como esse erro foi corrigido com o Plano Real. Ao Banco Central foi dado o mandato de controlar a inflação munido de instrumentos para cujo manejo adquiriu plena liberdade. Com a eliminação da senhoriagem, a dinâmica da dívida pública passou a emitir sinais mais claros da intensidade da expansão fiscal, e, como a dívida já era elevada e a taxa real de juros excedia a taxa de crescimento econômico, o governo foi obrigado a se comprometer com metas para os superávits primários. Entre 1998 e 2014, o Banco Central cumpriu o mandato de controlar a inflação, e o governo atingiu as metas dos superávits primários. Porém, embora ocorressem avanços no arcabouço institucional e nos instrumentos de controle, os gastos continuaram crescendo em proporção ao PIB, baseados em dispositivos expressos na legislação que obrigavam ao aumento da arrecadação através de alíquotas mais altas e da criação de novos impostos.

Em seguida é analisado como ocorreu o abandono de todos esses compromissos, recolocando a relação dívida/PIB em uma trajetória de crescimento e fazendo ressurgir o fantasma da dominância fiscal. Depois da descrição de como cresceu a irresponsabilidade no campo fiscal e de como ocorreu o enfraquecimento de instituições importantes, entre as quais se inclui a Lei de Responsabilidade Fiscal, dedico-me a uma tentativa de explicar por que tudo isso ocorreu, o que é feito na última seção. Daron Acemoglu, James A. Robinson e Simon Johnson[6] nos ensinaram que as instituições econômicas e políticas não são independentes entre si, e se quisermos entender por que ocorreu a deterioração das instituições econômicas temos que analisar, também, o que ocorreu com as instituições políticas.[7] O Plano Real realizou reformas que se tornaram possíveis porque um conjunto de partidos políticos com maioria no Congresso formou uma coalizão em torno do programa de governo do presidente Fernando Henrique Cardoso. Mas acordos desse tipo podem ser frágeis, e este se enfraqueceu com a Emenda Constitucional que aprovou a reeleição do presidente, reduzindo o apoio político ao governo e às reformas. Um novo abalo institucional ocorreu quando em 2006 o Supremo Tribunal Federal (STF) derrubou a "cláusula de barreira", que levou ao crescimento do número de partidos e tornou impossível a continuidade do presidencialismo de coalizão, que foi substituído pelo presidencialismo de cooptação, através do qual, mesmo após a proibição do financiamento empresarial de campanha, o poder político favorecia de maneira desproporcional o poder econômico, do qual obtinha apoio.

No seu primeiro mandato, Lula ainda manteve as regras econômicas herdadas do período de FHC. Porém, no segundo período, assistimos a uma deterioração da qualidade de seu governo, principalmente devido ao final do bônus da rápida retomada da elevação dos preços internacionais das commodities após a crise de 2008-9, em combinação com uma política fiscal contracíclica que havia colhido um crescimento do PIB de 7,5% em 2010. Em vez de as políticas públicas buscarem o bem comum, foram capturadas por interesses econômicos e partidários, com reflexos fiscais. A partir de 2012, acelerou-se o crescimento dos gastos primários em termos reais, e o governo aumentou significativamente as renúncias tributárias, passando a gerar déficits primários, com forte elevação da relação dívida/PIB. A emenda constitucional que congelou os gastos reais foi uma tentativa de inverter essa tendência, mas até aqui a única reforma voltada a corrigir esse comportamento foi a da previdência. Embora existam estudos para embasar outras reformas, como é o caso de uma reforma administrativa que premie o mérito e que reduza o crescimento automático da folha de pagamentos do setor público, e embora fosse conhecido que era preciso impor disciplina aos estados, tais estudos nunca chegaram à forma de projetos capazes de serem submetidos ao Congresso. Para progredirmos nas reformas econômicas, teremos que aprimorar as instituições políticas com um sistema eleitoral de fato representativo e que realize uma reforma que reduza o número de partidos, permitindo coalizões.

Fragilidade monetária e dominância fiscal

Antes do Plano Real as inflações eram elevadas, e, embora fosse com frequência apontado que sua causa era fiscal, havia em relação a esse diagnóstico uma atitude de negação e um aparente paradoxo: a dívida pública não crescia. Na verdade, não havia paradoxo: em vez de serem financiados pela dívida pública, os déficits públicos eram financiados através da senhoriagem, que medida em proporção ao PIB era grande o bastante para impedir o crescimento acelerado da relação dívida/PIB, e, como inexistia uma âncora, dado que a moeda se ajustava passivamente à inflação, a criação da senhoriagem era endógena.[8]

Para se chegar a essa conclusão, partimos da necessidade de financiamento do setor público — o déficit nominal —, que pode ser atendida pelo aumento da dívida pública B_t ou pelo aumento da base monetária M_t^B

$$(1) \quad G_t - T_t + iB_{t-1} = (M_t^B - M_{t-1}^B) + (B_t - B_{t-1})$$

em que $G_t - T_t + iB_t$ é o déficit nominal, G_t são os gastos primários, T_t é a arrecadação tributária, e i é a taxa nominal de juros , suposta constante. Dividindo membro a membro pelo produto nominal, $Y_t = p_t y_t$, em que p_t é o nível de preços e y_t é o produto real, e definindo a taxa real de juros como a diferença entre as taxas nominal de juros e a de inflação, $(1+r) = (1+i)/(1+\pi)$, com π designando a taxa de inflação, chega-se a:

$$(2) \quad b_t = -(s_t + \sigma_t) + \frac{1+r}{1+g} b_{t-1}$$

em que b_t e b_{t-1} são os estoques da dívida nominal divididos pelo PIB nominal em t e $t-1$, respectivamente, e em que $s_t = (T_t - G_t)/p_t y_t$ e $\sigma_t = (M_t^B - M_{t-1}^B)/p_t y_t$ são, respectivamente, o resultado primário e a senhoriagem divididos pelo PIB nominal. Se em (2) tivermos $s_t + \sigma_t = 0$, e se a taxa real de juros for igual à taxa de crescimento econômico, $(r = g)$, a relação dívida/PIB permanecerá constante, $(b_t = b_{t-1})$. Porém, quando a taxa real de juros é maior do que a de crescimento econômico, $r > g$, e a senhoriagem é nula em todos os períodos $(\sigma_t = 0)$, para que a relação dívida/PIB se estabilize é necessário um superávit primário dado por $s_t = [(r-g)/(1+g)]b_{t-1}$, mas mesmo na ausência de superávits primários a relação dívida/PIB poderia permanecer constante desde que ocorresse uma senhoriagem dada por $\sigma_t = [(r-g)/(1+g)]b_{t-1}$. O lado direito das duas equações apresentadas na frase anterior é igual, o que significa que o superávit primário que estabiliza a relação dívida/PIB na presença de uma senhoriagem nula é igual à senhoriagem que estabiliza a relação dívida/PIB na presença de um resultado primário nulo. Do ponto de vista da estabilidade da dívida, mas não da inflação, os efeitos dos superávits e das senhoriagens são iguais.

O exercício anterior foi feito considerando apenas um intervalo de tempo, porém precisamos analisar o que ocorre em períodos sucessivos. Como a política fiscal tem efeitos contracíclicos, por vezes os governos estimulam a demanda através de uma sequência de déficits primários, elevando a relação dívida/PIB, e para que esta retorne ao nível anterior é necessário que, em seguida, ocorra uma sequência de superávits primários cujo valor presente se iguale ao valor presente da sequência de déficits primários. Ou seja, para evitar o crescimento descontrolado da relação dívida/PIB, os governos têm que obedecer a uma restrição orçamentária intertemporal, mas, como do ponto de vista da estabilidade da dívida é indiferente utilizar s_t ou σ_t, para que a restrição orçamentária intertemporal olhando para a frente (a partir do tempo t) seja atendida é necessário que:

$$(3) \quad b_t = -\sum_{j=t+1}^{\infty}\left(\frac{1+r}{1+g}\right)^{j}(s_j+\sigma_j)b_j$$

em que $(1+r)/(1+g)$ é a taxa de desconto no cômputo do valor presente das duas variáveis entre parênteses no segundo membro da equação.

Embora pelo ângulo da sustentabilidade da dívida a restrição orçamentária intertemporal (3) possa ser atendida pelos resultados primários ou pela senhoriagem, o mesmo não ocorre com respeito à inflação. Tomemos um país com uma autoridade monetária que tem como objetivo controlar a inflação e uma autoridade fiscal que, obedecidos os limites da autorização dada pelo Congresso ao poder Executivo, determina a magnitude dos gastos, das receitas e do resultado primário. A restrição orçamentária intertemporal (3) será sempre atendida, quer porque a autoridade monetária se negue a expandir a base monetária e a entregar receitas de senhoriagem, obrigando à geração dos superávits primários; quer porque, mesmo após ter resistido por algum tempo, a autoridade monetária tenha que ceder, passando a gerar senhoriagens e elevando a inflação.[9] O primeiro desses dois casos caracteriza um regime de dominância monetária, que ocorre quando a autoridade monetária impõe disciplina à autoridade fiscal, que é forçada a obedecer à restrição orçamentária intertemporal, obtendo superávits primários. O segundo caracteriza um regime de dominância fiscal, no qual a autoridade fiscal impõe o comportamento à autoridade monetária, que é obrigada a gerar a senhoriagem necessária.

Antes do Plano Real, o Brasil viveu um período de dominância fiscal, mas essa proposição tem que ser colocada à prova. Para isso é preciso demonstrar que a obediência à restrição orçamentária intertemporal não era devida aos resultados primários, e sim à senhoriagem. Há dois testes possíveis para colocar à prova a hipótese de que a restrição orçamentária intertemporal está sendo atendida, e para um entendimento mais fácil vou sacrificar o rigor técnico da demonstração em favor da intuição, utilizando o caso particular no qual há apenas um intervalo de tempo.[10] Para tanto, a equação (3) pode ser reescrita na forma:

$$(4) \quad b_t - b_{t-1} = (s_t + \sigma) + \frac{r-g}{1+g} b_{t-1} + u_t$$

à qual adicionei a variável aleatória u_t, com média zero, variância constante e autocovariâncias nulas. Se entre a soma dos superávits primários e da senhoriagem, no primeiro termo do segundo membro de (4), e a relação dívida/PIB, no segundo, existir uma relação linear cujo resíduo é estacionário, ou seja, se essas duas variáveis cointegrarem, a primeira diferença da relação dívida/PIB será "estacionária", ou seja, não poderá ter uma raiz unitária. O teste que apliquei[11] para o Brasil consistiu em colocar à prova a existência de uma raiz unitária na primeira diferença da relação dívida/PIB, que foi rejeitada. Porém, para completar a prova, era preciso demonstrar que esse resultado se deve à geração endógena da senhoriagem, cuja magnitude tem que ser grande o suficiente para levar ao atendimento da restrição orçamentária intertemporal. No capítulo 2 mostrei que não se pode rejeitar que as taxas de expansão monetária são causadas pelas de inflação, e, como a moeda é criada endogenamente, o mesmo ocorre com a base monetária, sobre a qual é coletada a senhoriagem. Tendo demonstrado que a senhoriagem era endógena, restava mostrar que a sua intensidade era suficiente para que (3) fosse atendida. Com base em dados anuais, foram computadas as senhoriagens pela emissão de base monetária expressas em proporção ao PIB (gráfico 1). Do final da Segunda Guerra Mundial até antes do Paeg, as senhoriagens cresceram, atingindo uma média (sobre a tendência estimada por um filtro HP, no gráfico) de 4% do PIB por volta de 1964, declinando após o Paeg até uma média bem mais baixa, de 2% do PIB, em torno de 1975, voltando a crescer em seguida até retornar aos mesmos 4% do PIB, em média, em 1990. Com o Plano Real, entramos em um regime de dominância monetária, e as senhoriagens desabaram, passando a gravitar em torno de zero. Quaisquer exercícios de dinâmica de dívida com números aproximados aos ocorridos no Brasil naquele período mostram que mesmo diante de déficits primários as senhoriagens eram suficientes para evitar o crescimento da relação dívida/PIB.

Gráfico 1: Senhoriagem em proporção ao PIB (dados anuais)

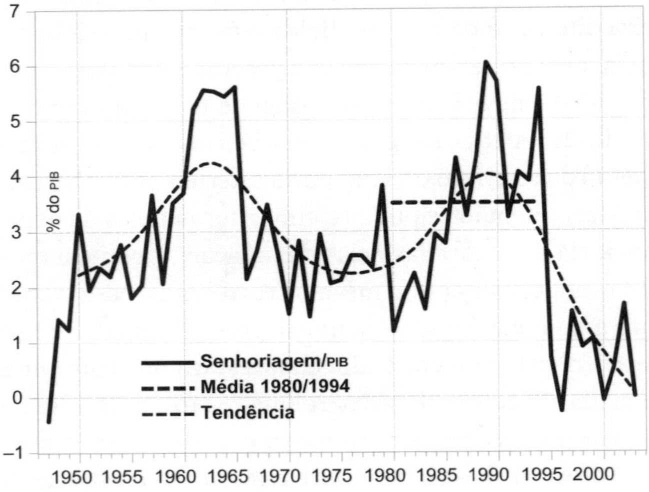

Elaboração do autor.

Um segundo teste com os mesmos resultados foi realizado por João Victor Issler e Luiz Renato Régis de Oliveira Lima,[12] usando uma amostra que vai dos anos 1950 até o período imediatamente anterior ao Plano Real, no qual colocaram à prova diretamente a cointegração entre a relação dívida/PIB e os resultados primários de maneira isolada. Eles rejeitam a hipótese de que a dívida/PIB e os resultados primários cointegram, mas não a rejeitam quando colocam à prova a cointegração entre b_t e $(s_t + \sigma_t)$. Issler e Lima concluem que a restrição orçamentária intertemporal só é atendida quando é tomada explicitamente em consideração a contribuição da senhoriagem. Sem essa contribuição, a relação dívida/PIB teria um crescimento explosivo. Outro resultado obtido por eles vem da diferença nos perfis das curvas de resposta a impulsos:

há uma resposta significativa das receitas, mas não das despesas, o que significa que, quando o governo utilizou a política fiscal para atuar sobre a dinâmica da dívida, o fez através do aumento de impostos, e não do controle de gastos.[13]

A partir do Paeg foram usadas todas as formas possíveis de aumentar a colocação de títulos públicos, o que aumentava a parcela do déficit financiada por dívida, e mesmo assim a senhoriagem permaneceu elevada. Embora já existissem títulos públicos livres do risco inflacionário — as ORTN —, havia dificuldades práticas. O financiamento do déficit deveria ser uma tarefa do Tesouro, mas até 1986 — quando por fim foi criada a Secretaria do Tesouro e começou a transição para um novo relacionamento institucional, no qual o Tesouro passou a administrar a dívida pública e o Banco Central assumiu a política monetária, executando-a através de operações compromissadas realizadas com títulos públicos de sua carteira própria[14] — essa tarefa era executada integralmente pelo Banco Central, confundindo o financiamento do déficit e a administração da dívida pública com as operações de mercado aberto. Como o mercado para títulos de dívida pública era estreito e a inflação era alta e variável, os riscos eram elevados, o que reduzia a demanda de tomadores finais por títulos de prazos mais longos, sendo necessário utilizar os intermediários financeiros, como as distribuidoras de valores, que carregavam tais títulos nos ativos de seus balanços, financiando-se com depósitos de clientes remunerados à taxa de juros do overnight, que era fixada dia a dia, e não na sistemática atual da Selic. Como não havia clareza sobre como eram fixadas as taxas do overnight, e como com alguma frequência eram alterados os procedimentos para determinar o cálculo da correção monetária,[15] havia uma forte variação nos preços dos títulos, o que, somado à alta alavancagem permitida a essas instituições que auxiliavam na intermediação, elevava os riscos e as taxas de juros, fechando-se um círculo vicioso, que para ser rompido exigia cada vez mais a presença dos intermediários que carregavam os títulos nos ativos de seus balanços, financiando-se com depósitos de overnight. A repressão financeira foi uma das formas usadas para contornar esse problema,[16] o que evitou um encurtamento ainda maior dos vencimentos dos títulos, porém seus efeitos eram limitados. Um pouco mais tarde, grande parte desses problemas foi resolvida quando foi inventado um título público que tinha uma *duration* zero — as Letras do Banco Central, depois transformados em Letras Financeiras do Tesouro —, que eram títulos indexados à taxa de juros básica do Banco Central. O novo instrumento teve o benefício de facilitar o financiamento dos déficits com dívida, de reduzir grandes perdas ou ganhos vindos de variações na taxa básica de juros, e minimizou a ocorrência de crises sistêmicas. Mas deixou como legado a sensação de que haveria uma queda na potência da política monetária.[17]

O aprimoramento institucional que se iniciou com a criação da Secretaria do Tesouro e com o fechamento da conta de movimento no Banco do Brasil permitiu evoluir para a completa separação entre as funções do Tesouro e do Banco Central, que mais tarde, com a implantação do regime de metas de inflação, adquiriu independência no uso dos instrumentos, obtendo sucesso no controle da inflação já iniciado anteriormente, na fase da "âncora cambial". A partir desse ponto não era mais possível financiar os déficits com a expansão monetária, e a senhoriagem praticamente desapareceu.

Mas será que a partir desse ponto estaríamos livres por completo da dominância fiscal? A resposta é não. Na Teoria Fiscal do Nível de Preços,[18] os déficits primários são integralmente financiados com dívida pública, porém, mesmo assim, pode haver inflação, desde que a dívida pública seja percebida como riqueza pelos indivíduos. O "efeito riqueza" vindo do aumento do estoque da dívida pode expandir a demanda agregada abrindo um hiato positivo entre o PIB atual e o PIB potencial, elevando a inflação mesmo que o Banco Central se recuse a emitir moeda. Qual seria o fundamento para a existência desse "efeito riqueza"? Na teoria do ciclo de vida de Modigliani e Brumberg, as decisões dos indivíduos de consumir não são tomadas usando apenas a informação sobre a sua renda corrente disponível, como no modelo keynesiano simples da "propensão a consumir", mas também sobre todas as rendas esperadas durante o período no qual o indivíduo continuar trabalhando até a sua aposentadoria, e do estoque de ativos acumulado até aquele momento.[19] A renda corrente disponível pode permanecer constante e ainda assim o consumo se elevar, desde que haja um aumento no valor presente do fluxo esperado de rendas ou um aumento do valor de mercado do estoque de riqueza acumulado até aquele momento.[20] Na hipótese da equivalência ricardiana, de Robert Barro,[21] os títulos públicos não são percebidos como riqueza desde que o governo obedeça à sua restrição orçamentária intertemporal.[22] Michael Woodford formulou seu modelo de dominância fiscal para uma sociedade habitada por indivíduos não ricardianos, na qual os títulos públicos são percebidos como riqueza, e nesse caso não há como duvidar que, ao elevar o estoque de títulos públicos (provocando um efeito riqueza), os déficits públicos aumentem a demanda agregada e possam ter um efeito inflacionário.[23] Nesse caso, a equação (3) pode ser reescrita na forma:

$$(5) \quad \left(\frac{B_t}{p_t y_t}\right) = \sum_{j=t}^{\infty} \left[\frac{(1+r)}{(1+\rho)}\right]^j s_j$$

que agora deixa de ser interpretada como uma restrição orçamentária intertemporal, transformando-se em uma equação de comportamento. A igualdade entre os dois membros de (5) será sempre atendida, porém não porque após uma sequência de déficits primários o governo produz uma sequência de superávits com igual valor presente, e sim porque o nível de preços, no denominador do primeiro membro de (5), se ajusta para igualar os dois membros da equação. Como foi exposto anteriormente, para que isso ocorra é preciso que o aumento da dívida pública gere um "efeito riqueza" que expanda o consumo.

Não tenho nenhuma razão lógica para rejeitar a hipótese de Woodford, mesmo porque, apesar da elegância teórica da hipótese da equivalência ricardiana de Barro, ela nunca me atraiu pelo seu fraco poder explicativo do comportamento dos indivíduos.[24] Porém, no período anterior ao Plano Real, nunca encontrei evidências convincentes sobre a sua validade da teoria fiscal do nível de preços no Brasil, comparando-se de modo desfavorável com a hipótese de dominância fiscal exposta por Sargent e Wallace. Por isso, neste ponto restrinjo-me a enunciá-la, retomando o argumento um pouco mais adiante.

Evolução institucional e na coordenação fiscal-monetária

Na primeira fase do Plano Real, ainda no regime de câmbio fixo, o governo optou por uma âncora cambial reforçada por uma segunda âncora — as taxas de juros elevadas[25] —, que diante da mobilidade de capitais e da tirania da "trindade impossível", explicada anteriormente, impunha a implantação de controles sobre os ingressos de capitais. Nessa fase era crucial que fosse mantida a credibilidade no sucesso do programa, e as taxas reais de juros foram mantidas bem mais altas do que no período da flutuação cambial e das metas de inflação, mas já era claro que, ainda que ocorresse uma queda em $(r-g)$, a estabilidade de preços era incompatível com déficits primários ou mesmo com superávits primários, caso estes fossem inferiores aos que estabilizam a relação dívida/PIB, que, como vimos, são dados por $s=[(r-g)/(1+g)]b$. Para conter os gastos logo no lançamento do Plano Real, foi criado o Fundo Social de Emergência, e, para dar transparência aos dados sobre dívida pública, o seu valor foi corrigido com a incorporação dos passivos fiscais ocultos, que eram muitos.[26] Iniciaram-se gestões para que os estados e os municípios assinassem acordos de reestruturação de suas dívidas com o governo federal, o que as incorporou na dívida pública do governo geral; e o governo passou a enfrentar os problemas de solvência criados pelos bancos estaduais, a maioria dos quais foi liquidada ou privatizada.[27]

Como será visto no capítulo 7, durante a âncora cambial, o câmbio real se manteve abaixo do seu valor de equilíbrio, caracterizando uma sobrevalorização. Há inúmeras evidências empíricas mostrando que, na grande maioria dos casos em que há déficits insustentáveis nas contas-correntes em países industrializados[28] ou quando ocorrem apreciações cambiais fortes em países emergentes,[29] o desenlace é uma desvalorização cambial. Era inevitável que, diante da grande apreciação ocorrida no câmbio real no período da âncora cambial, este tivesse que se depreciar, o que de fato ocorreu em janeiro de 1999 com o contágio da crise da Rússia. A partir daquele ponto, o real passou a flutuar e a taxa de juros não era mais utilizada para sustentar o câmbio fixo, e sim para atingir a meta de inflação, o que permitiu sua redução para níveis mais baixos (gráfico 2). No regime de metas de inflação o Banco Central não pode gerar senhoriagem, mas, como é apontado pela teoria fiscal do nível de preço, ainda assim a dominância fiscal pode existir. Por isso o regime de metas de inflação requer que, além da flutuação cambial, o governo se comprometa com metas para os superávits primários. Meta de inflação, câmbio flutuante e metas de superávits primários eram as características do "tripé" que passou a sustentar o novo regime de política econômica. A partir de 1999, tanto os governos regionais quanto as empresas estatais passaram a apresentar superávits fiscais primários um pouco inferiores a 1% do PIB, mas o grande esforço de elevação do superávit primário foi feito pelo governo federal, que de início o manteve flutuando em torno de 2% do PIB, para elevá-lo em 2003 para perto de 3% do PIB.

Gráfico 2: Taxas reais de câmbio e de juros

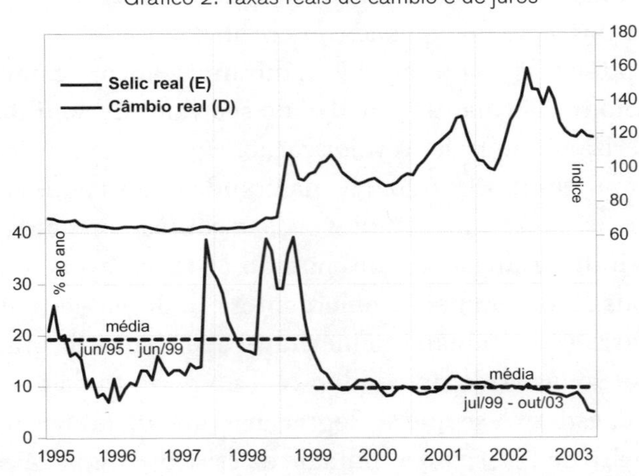

FONTE: Banco Central do Brasil.

Nesse período cresceu a coordenação entre o Tesouro e o Banco Central. No gráfico 3 está a composição da dívida pública. Entre 1994 e 1998, a participação da dívida denominada em dólares cresceu para defender o regime cambial, elevando--se de 10% para 20% em 1998.[30]

Gráfico 3: Composição da dívida pública federal

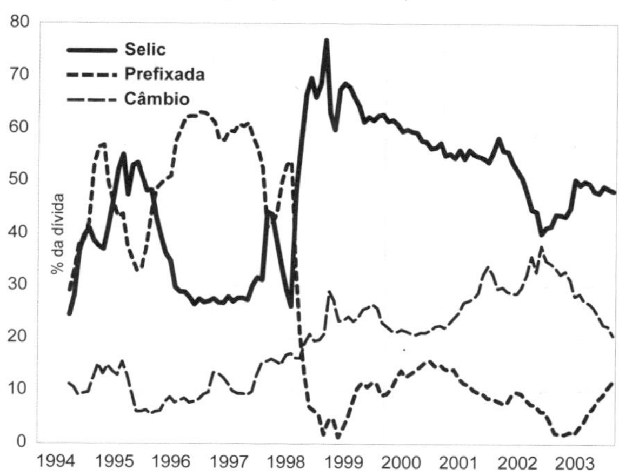

FONTE: Banco Central do Brasil.

A venda de títulos públicos ligados ao câmbio era uma consequência de ainda sermos vítimas do "pecado original" — a incapacidade de o país se financiar na própria moeda —, mas era também uma forma de reafirmar o compromisso com o regime de câmbio fixo, defendendo-o de ataques especulativos.[31]

A outra mudança importante ocorrida após a adesão ao câmbio flutuante foi a substituição em larga escala da dívida emitida a taxas prefixadas por títulos atrelados à Selic, as LFT. A volatilidade da taxa de juros durante o câmbio fixo produzia grandes oscilações nos preços dos títulos emitidos com taxas de juros prefixadas, e para reduzir os prêmios de risco e o custo da dívida o Tesouro optava por leilões com títulos cada vez mais curtos, com predominância em LFTS, cujo grande inconveniente é que seus aumentos influenciam diretamente o custo da dívida pública. A taxa real de juros relevante nos cálculos de dinâmica da dívida é a taxa de juros implícita da dívida pública, que se predominarem os títulos prefixados se altera pouco diante de uma elevação da Selic, ocorrendo o contrário quando predominam as LFTS. No entanto, a venda de títulos ao setor privado atrelados ao câmbio torna a dívida pública mais sensível à depreciação cambial.

O fato de a dívida ter uma proporção elevada atrelada ao dólar não seria capaz, sozinho, de disparar uma crise de confiança em sua sustentabilidade. Naquele tempo se admitia que o câmbio real seguia a trajetória indicada pela teoria da paridade de poder de compra, e a longo prazo tenderia a reverter à média.[32] Se isso fosse correto, as depreciações cambiais e os aumentos consequentes da dívida seriam apenas temporários. No entanto, como foi visto no capítulo 5 e será mostrado de forma mais detalhada no próximo capítulo, não há evidências de que no caso brasileiro o câmbio real se comporte de acordo com a teoria da paridade de poder de compra. Ao contrário, seu nível de equilíbrio se altera de forma permanente em função das mudanças no passivo externo e nas relações de troca. Como a proporção dolarizada da dívida pública era elevada, havia uma alta correlação positiva entre a relação dívida/PIB e o câmbio real, o que tornava a dinâmica da dívida sensível ao câmbio real. No gráfico 4, a relação dívida/PIB[33] é superposta ao câmbio real, sendo clara a correlação positiva.

Entre 2001 e 2002, uma sucessão de eventos provocou forte depreciação do câmbio real, elevando a relação dívida/PIB. Em 2001 tivemos a crise da Argentina, com um forte contágio no Brasil; e em 2002 tivemos a crise de confiança na transição do governo FHC para Lula. Ambos produziram contrações da demanda de ativos brasileiros. O Embi-Brasil (o *Emerging Market Bond Index* da JP Morgan), que diante do contágio da crise da

Argentina havia escalado para 1200 pontos, chegou a ficar abaixo de oitocentos pontos no segundo trimestre de 2002, mas voltou a crescer durante a troca de governos, quando chegou a superar os 2400 pontos.

Gráfico 4: Dívida líquida do setor público com relação ao PIB e ao câmbio real

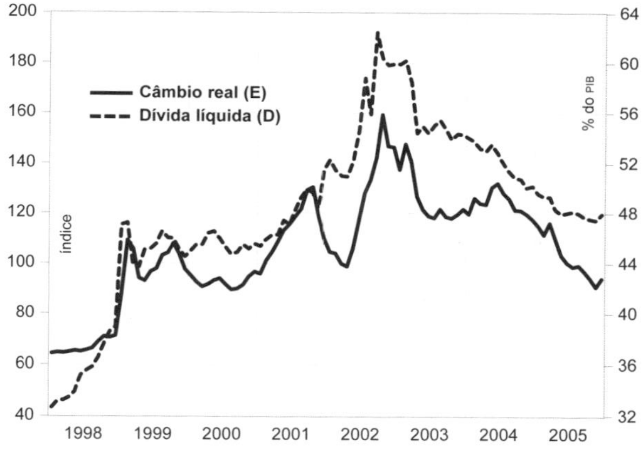

FONTE: Banco Central do Brasil.

Diante desse comportamento, Olivier Blanchard[34] levantou a hipótese de que estaríamos sofrendo uma nova forma de dominância fiscal. Em condições normais, a elevação da taxa básica (e da taxa real) de juros reduz a inflação, quer porque conduz à queda da demanda agregada, quer porque leva à valorização cambial devido aos ingressos de capitais. Porém, com um conjunto adequado de hipóteses sobre o grau de aversão ao risco de investidores estrangeiros e nacionais,[35] Blanchard demonstrou que o aumento da taxa de juros piora a dinâmica da dívida com o aumento dos riscos, contraindo a demanda de títulos brasileiros com dois efeitos: para os títulos soberanos transacionados no exterior cresce o prêmio de risco — o Embi —, e para os títulos transacionados domesticamente ele leva a uma redução dos ingressos e/ou a um aumento da saída de capitais, depreciando o real. Se suas hipóteses fossem corretas, a elevação da taxa de juros desencadearia uma consequência não prevista nos modelos anteriores de dominância fiscal, ou seja, devido à depreciação cambial (uma consequência do aumento do risco de insolvência), a elevação da taxa de juros aumentaria a inflação ao invés de reduzi-la.

Embora as evidências empíricas sobre os movimentos das variáveis não se ajustassem exatamente à análise de Blanchard, ela tinha um lado correto: ao reduzir a demanda de títulos públicos no exterior e no Brasil, a percepção de insolvência do governo levava ao mesmo tempo ao aumento do Embi e à depreciação cambial, que por sua vez elevava a inflação e a relação dívida/PIB. No gráfico 5 vê-se que a elevação do Embi (como vimos no capítulo 2, ela ocorre simultaneamente à depreciação cambial, que por isso é omitida do gráfico) provoca uma imediata elevação das taxas de juros de um ano, que respondem de modo muito rápido ao aumento da expectativa de inflação.

Gráfico 5: Selic, taxa de juros de um ano e Embi-Brasil

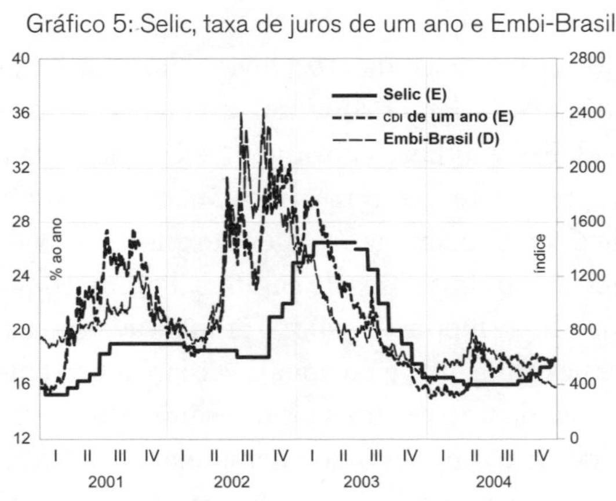

FONTE: Banco Central do Brasil.

No entanto, fica claro que a elevação da taxa Selic ocorre bem depois do aumento das expectativas de inflação, com uma reação defasada do Banco Central ao aumento da inflação, e não com um movimento que tenha provocado o aumento da percepção de risco de insolvência e a consequente depreciação cambial.[36] De qualquer forma, a análise de Blanchard tinha o mérito de revelar que na calibração dos superávits primários era necessário tomar em consideração que a dinâmica da dívida dependia, também, do câmbio real e de encontrar uma forma de tornar explícito o compromisso do governo com as metas dos superávits primários.

O que de fato ocorria com o encerramento de um governo que tivera pleno sucesso com o regime de política econômica fundamentado no "tripé" e com a entrada de um novo governo de esquerda com visões opostas era o temor de que a meta de superávit primário seria abandonada. Foi a percepção de que havia crescido o risco de um default que desencadeou uma contração da demanda por ativos brasileiros, que levou ao mesmo tempo à depreciação cambial e à elevação dos prêmios de risco. A única forma de estancar esses movimentos seria eliminando o risco, o que impunha que Lula assumisse de forma crível o compromisso com as metas fiscais.

Para tratar o problema, a equipe econômica do governo FHC — o ministro Pedro Malan e Armínio Fraga, então presidente do Banco Central — negociou um acordo de stand-by com o FMI, colocando à disposição do Brasil recursos que suavizariam os problemas da transição. Nesse acordo eram claramente estabelecidas condicionalidades, como a manutenção do regime de metas de inflação e a especificação de critérios corretos para dimensionamento das metas de superávits primários. Além disso, o ministro da Fazenda indicado pelo novo governo — Antônio Palocci — passou a repetir incansavelmente que a conduta do novo governo estava de acordo com o que foi negociado e que aderia aos mesmos princípios de política econômica do governo que se encerrava. Foi esse acordo — e o cumprimento por parte de Lula — que levou à queda do Embi e à valorização do real, além de ter induzido Lula a manter, no seu primeiro mandato, a mesma estrutura do "tripé" da política macroeconômica.

Nesse episódio, tivemos mais um exemplo de coordenação monetária/fiscal. Entre o segundo e o quarto trimestres de 2002, o real teve uma depreciação de 70%, elevando a taxa mensal anualizada de inflação acima de 40%, com um núcleo por médias aparadas em torno de 20%, quando a meta de inflação era de 6,5%. Para manter a credibilidade no regime de metas, o Banco Central levou a inflação a 6,5% até o final do ano e precisou escolher entre a manutenção da credibilidade ou evitar uma recessão profunda, voltando à meta de forma mais lenta. A "função de perdas" de qualquer banco central no regime de metas penaliza os desvios entre a inflação à meta, e ao mesmo tempo toma em consideração os custos em termos de perda do PIB. Era preciso encontrar uma trajetória de convergência da inflação para a meta que minimizasse os custos avaliados na sua função de perdas, e o Banco Central tomou a decisão de convergir mais lentamente, explicitando a nova trajetória com o estabelecimento de metas intermediárias.[37] O episódio teve o benefício de esclarecer que uma conduta fiscal submetida a metas é fundamental para permitir o controle da inflação com menores custos sociais.

Era preciso avançar mais nas instituições fiscais, e em 2000 foi aprovada a Lei de Responsabilidade Fiscal, estabelecendo que gastos públicos não podem ser realizados sem a demonstração das fontes, impondo limites aos gastos com pessoal e penalidades aos gestores federais e estaduais que descumprissem suas determinações. Entre outros dispositivos, ela estabelece que os gastos em pessoal não podem ultrapassar 60% da receita corrente líquida. Quando foi aprovada, muitos julgaram que não mais voltaríamos a enfrentar problemas com as finanças dos estados. Afinal, com a LRF chegávamos ao final de uma longa luta através da qual foram privatizadas válvulas de expansão, como o Proes, que permitiu sanear os bancos estatais, grande parte dos quais foi privatizada, e como a renegociação das dívidas dos estados, que passaram para a União, com os estados se comprometendo a pagá-las em prazos e taxas de juros pactuados entre as partes, oferecendo como garantia os recursos do fundo de participação de estados e municípios, que, em caso de inadimplência no serviço da dívida, seriam retidos pelo governo federal.[38] Em suma, era esperado que os estados tivessem sido enquadrados em um regime fiscal ricardiano, no qual eram forçados a obedecer a sua restrição orçamentária intertemporal. Mas havia à frente uma surpresa: uma Lei Complementar que só pode ser alterada por votações com quórum qualificado acabou tendo parte de seus dispositivos alterada por outra Lei Complementar, minando a capacidade de manter a disciplina fiscal, com reflexos particularmente profundos sobre as finanças dos estados.

O retrocesso

O ataque à Lei de Responsabilidade Fiscal, que é discutido mais para a frente, foi apenas um dos muitos episódios que levaram a uma deterioração sensível das instituições econômicas. Apesar de a economia mundial se recuperar de forma muito lenta da profunda recessão de 2008-9, no Brasil a recessão foi muito curta — apenas dois trimestres —, seguida de forte recuperação, com o PIB crescendo 7,5% em 2010. Para chegar a esse desempenho o governo usou (e abusou de) instrumentos "clássicos", como estímulos fiscais e monetários contracíclicos na forma de reduções de impostos, aumentos de gastos, redução de taxas de juros e aumento do crédito ao setor privado. Até esse ponto não diferíamos do que ocorreu na grande maioria dos países. No entanto, o governo também lançou mão de estímulos totalmente fora do padrão de uma administração fiscal responsável. Um deles foi a transferência de recursos para o BNDES e para a Caixa Econômica, realizada por fora do orçamento e com impacto direto sobre a dívida pública bruta.[39] Era parte da estratégia de criar "campeões nacionais", mas não através da canalização de financiamentos a empresas cuja eficiência produtiva fosse comprovada por seus resultados, e sim com a característica de um "capitalismo de compadrio", como se fosse um caminho para a aceleração do crescimento. Exemplos das consequências são a queda da eficiência nos investimentos em infraestrutura provocada pelos efeitos combinados da "modicidade tarifária" com um limite superior para as taxas de retorno nos leilões de concessões, que acabou encarecendo seus custos[40] e elevando a corrupção, e a mudança na Lei do Petróleo, que deu à Petrobras o privilégio de ser na prática o grande investidor das perfurações na área do pré-sal.[41] Entrávamos em um processo de decadência do regime econômico herdado do período FHC, que ainda havia se sustentado por quatro anos durante o primeiro mandato de Lula, mas que começou a desmoronar a partir da reação à crise internacional. O governo entrava em decadência, o que, no entanto, demorou para se manifestar em queda do crescimento econômico devido ao forte impulso gerado pelo crescimento dos preços internacionais de commodities.

Já no governo Rousseff, após um curto período no qual foi ensaiada uma volta à responsabilidade fiscal, os superávits se transformaram em déficits primários. Ainda durante a recessão mundial de 2008-9, o governo havia elevado as "renúncias fiscais" de uma média em torno de 1,5% do PIB no período 2000-5 para algo entre 2,5% e 3% no período 2008-9, mas uma elevação muito maior, em torno de 4,5% do PIB, ocorreu em 2014-5 (gráfico 6).

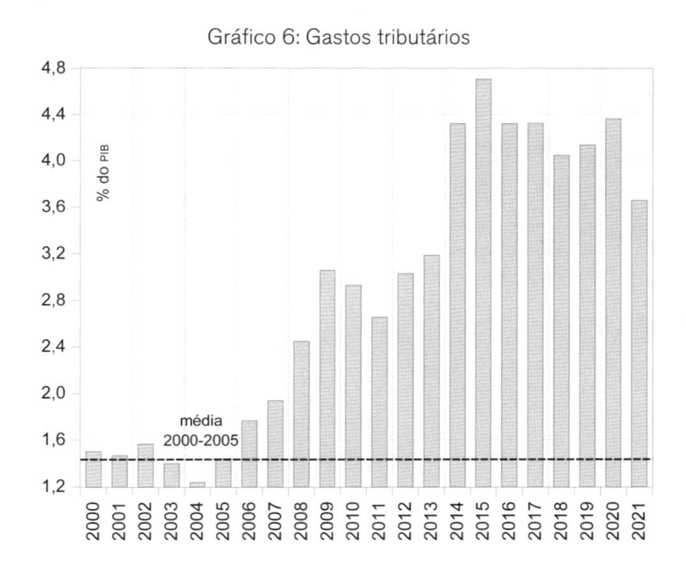

FONTE: Secretaria do Tesouro.

Os reflexos aparecem na arrecadação que começou a cair mesmo antes do início da recessão de 2014, levando à queda dos superávits primários (gráfico 7). A partir desse ponto, a receita tributária recorrente despencou ao lado de uma aceleração dos gastos primários, abrindo um déficit primário recorrente que levou o país à perda de sua classificação como "grau de investimento". Estavam lançadas as bases para que tivéssemos o retorno do temor da dominância fiscal, um episódio que vale a pena ser examinado em detalhes.

Gráfico 7: Despesas primárias e receitas recorrentes

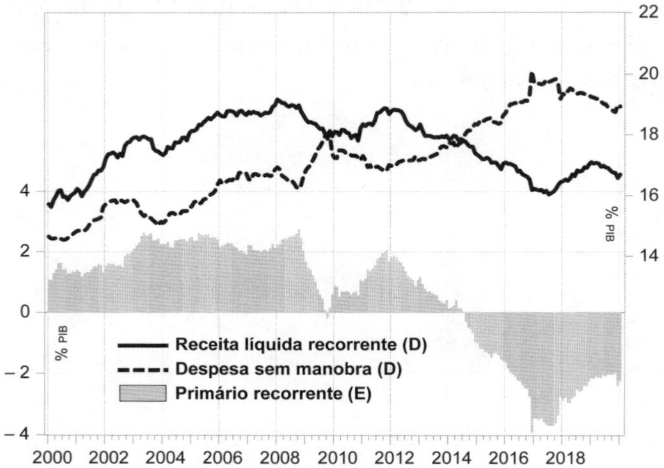

FONTE: Secretaria do Tesouro.

No início de 2015 ainda havia a ilusão de que o governo realizaria um ajuste, combinando cortes de gastos com a revogação de desonerações. Nos primeiros sete meses do ano ainda se acreditava no retorno a uma política fiscal sem o uso dos artifícios contábeis que ao final condenaram a presidente ao impeachment,[42] e a inclinação negativa das curvas de juros nos meses de junho e julho de 2015 atestava que essa era a expectativa no mercado financeiro (gráfico 8). Já em agosto de 2015 estava claro que o governo havia abandonado totalmente o compromisso com um superávit primário. A falta de compromisso com a solvência do governo foi percebida de maneira objetiva pelo mercado financeiro, e refletiu no comportamento da curva de juros. No gráfico 8, as curvas de juros de junho tinham uma inclinação negativa, começando a se mover para cima em agosto, prosseguindo nesse movimento em setembro e outubro e culminando em um novo salto em novembro. As taxas de juros de três anos, que em julho estavam em 13% ao ano, situavam-se em 16% em novembro. O prêmio de risco não apareceu apenas na inclinação da curva de juros, mas também nas cotações do CDS (*Credit Default Swap*) de dez anos, que saltaram de menos de 350 pontos para 550 pontos, acompanhado de forte depreciação cambial.

Gráfico 8: Inclinações das curvas de juros

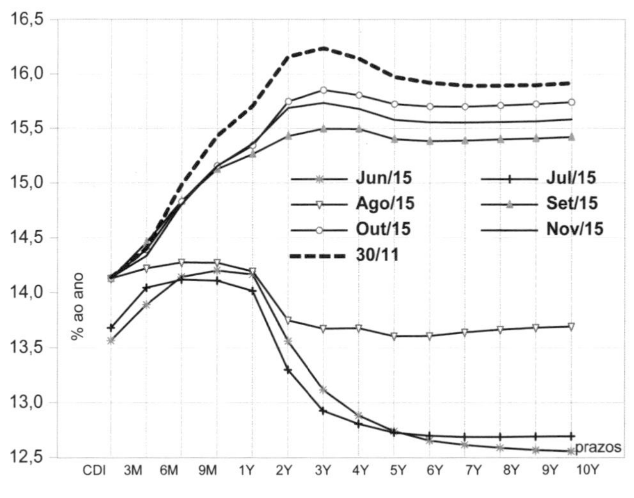

FONTE: Bloomberg.

A deterioração da qualidade da política econômica nesse período não se restringiu à política fiscal. A forte depreciação cambial ajudou a elevar a inflação, mas não foi a sua única causa. Infelizmente esse foi um péssimo momento vivido pelo Banco Central, que, em vez de direcionar a política monetária para atingir a meta de inflação, trabalhava com uma meta implícita em torno do limite superior do intervalo contendo a meta.[43] O resultado foi o crescimento da inflação, cujas expectativas tiveram que ser reancoradas na meta a partir de 2016, com um evidente custo no aprofundamento da recessão, cuja lenta recuperação só se iniciou em 2017. Em muito pouco tempo, tudo o que havíamos progredido desde o início do Plano Real foi jogado por terra, e ainda em 2015 o Brasil perdeu a sua classificação de "grau de investimento".

Uma movimentação importante nesse desmonte institucional foi um golpe duro na Lei de Responsabilidade Fiscal. Um de seus méritos foi criar uma barreira para os desvios dos estados na administração fiscal. Portas haviam sido fechadas quando bancos estaduais foram privatizados e a dívida dos estados foi assumida pelo governo federal.[44] Em vez de os estados buscarem a ajuda federal quando ocorressem desvios, como era antes o caso, a lei impunha que retornassem ao equilíbrio controlando seus gastos, mas a pressão dos estados sobre o governo federal fez com que a ordem de causalidade fosse invertida: diante de um desequilíbrio dos estados, muda-se a lei. Um estudo produzido pela Secretaria do Tesouro em 2018 relata o que ocorreu. Textualmente é exposto que: "Em 2013, o Poder Executivo Federal propôs o Projeto de Lei Complementar (PLP) nº 238 [...] e com a sua conversão na Lei Complementar nº 148/2014, a taxa que remunera esses contratos passou a ser IPCA mais juros de 4% a.a. ou taxa Selic, o que fosse menor. Entretanto, o escopo da LC 148/2014 fora ampliado no Congresso Nacional, o qual definiu que *além da mudança dos encargos dos contratos deveriam ser concedidos descontos sobre os saldos devedores proporcionais aos fluxos dos débitos e créditos desses contratos capitalizados pela Taxa Selic*". Não só o Tesouro teve uma perda financeira de 98 bilhões de reais, como estava comprometida a função da LRF de funcionar como um parâmetro impondo disciplina aos estados. Em vez de a prática de política fiscal se ajustar às leis, passamos a assistir às leis se adaptando para acomodar as práticas de política fiscal. Para piorar ainda mais o quadro, o governo federal convidava alguns estados a se endividarem, tomando empréstimos em bancos públicos com o seu aval, e vários deles descumpriram os limites de gastos em pessoal.[45] Tais estouros foram ocultados por artifícios contábeis sob o olhar complacente ou a cumplicidade dos Tribunais de Contas dos estados.

A dificuldade de aprovar reformas

Acemoglu, Johnson e Robinson nos ensinam que "a distribuição do poder político em uma sociedade é [...] determinado pelas instituições políticas e pela distribuição de recursos, [...] e as instituições econômicas que estimulam o crescimento econômico emergem quando as instituições políticas [...] criam restrições efetivas sobre os detentores do poder, e quando há poucos '*rents*' para serem capturados pelos detentores do poder".[46] Preocupada com as relações entre o crescimento econômico, a corrupção sistêmica e as instituições em suas duas pátrias, Cristina Pinotti[47] nos relata como ocorreu a piora das instituições políticas no Brasil (e na Itália) com reflexos negativos sobre o crescimento econômico. Desde a Constituição de 1988 havia ampla liberdade de criação de partidos, mas em 1995 havia sido aprovada no Congresso, para entrar em vigor em 2006, uma cláusula de desempenho restringindo o funcionamento de partidos que não alcançassem 5% dos votos. Por algum tempo tivemos um número menor de partidos, mas, em nome da defesa das minorias, em 2006 o STF considerou essa cláusula inconstitucional, e hoje existem 35 partidos registrados no TSE (Tribunal Superior Eleitoral), dos quais 25 têm representação parlamentar. Antes de 2006 era possível um presidente da república democraticamente eleito formar uma coalizão na qual um conjunto de partidos com maioria no Congresso dividia o poder, formando um governo com um programa previamente negociado.

Essa foi a característica do governo FHC, e não por coincidência foi naquele período que assistimos a reformas importantes que levaram ao aprimoramento das instituições econômicas. Um primeiro erro que abalou a estrutura que sustentava o poder político foi cometido pelo próprio FHC, quando se propôs a reformar a Constituição permitindo a sua reeleição. Um partido — o PSDB — tentou aumentar seu poder em relação aos outros participantes da coalizão, enfraquecendo-a, uma das razões pelas quais no seu segundo mandato se arrefeceu o ímpeto das reformas ocorrido no primeiro. Um segundo erro que também pode ser colocado no passivo de FHC foi a permissão para o financiamento empresarial de campanhas políticas sem que, pelo menos, fossem impedidas as doações de empresas com contratos com o governo. Esse é um problema que também existe em outros países, mas com salvaguardas que evitem a promiscuidade entre o poder político e os interesses privados que não coincidem com os interesses da sociedade como um todo. Em 2017, as doações empresariais foram proibidas, mantidas apenas as doações por pessoas físicas. No entanto, diante do número elevado de partidos competindo pelos recursos do fundo partidário e usando como poder de barganha seus votos em troca de apoio, porém não a um programa de governo anteriormente negociado, e sim a medidas que aumentassem seu poder, acentuando a relação promíscua entre o poder político e o econômico. O que tínhamos diante de nós eram medidas defendidas por interesses políticos e econômicos difusos, com pouco ou nenhum compromisso com o bem comum. É muito difícil aprovar reformas que busquem que os investimentos maximizem os retornos sociais quando o poder político foi capturado por interesses privados que influenciam as decisões, fortalecendo o apoio aos investimentos que maximizem os retornos privados.

Não posso me opor a que empresários busquem o lucro. Mas estou plenamente consciente de que nem sempre há uma coincidência entre retornos privados e sociais, o que estabelece uma grande diferença. Se as políticas públicas buscarem incentivar esforços que maximizem os retornos privados, os empresários seguirão os sinais emitidos pelo governo na busca do lucro, beneficiando a sociedade como um todo. Mas se os políticos forem capturados pelos interesses privados, são estes que comandarão as políticas públicas. Ganham os empresários e os políticos sem que ocorra qualquer benefício para o país.

Quando nos referimos à queda de eficiência nos investimentos em infraestrutura e na estratégia errada adotada pela Lei do Petróleo, a ideia era citar exemplos de políticas públicas que não levavam mais em consideração os interesses da sociedade com o objetivo de maximizar os retornos sociais desses investimentos, e sim os interesses particulares de grupos que direta ou indiretamente financiavam os partidos que dividiam o poder. Ao lado disso, continuamos enfrentando o problema do enorme desequilíbrio dos estados, cujo controle se tornou ainda mais difícil com o enfraquecimento da Lei de Responsabilidade Fiscal. A isso se soma o poder de corporações de funcionários públicos. Com a folha de funcionários ativos e inativos chegando acima de 4% do PIB e com um crescimento contínuo vindo da incorporação de benefícios que não estão ligados ao mérito, seria preciso aprovar uma reforma administrativa, mas, diante da massa de direitos adquiridos por esses funcionários e do seu poder de influência política, os gastos poderiam ser reduzidos apenas em prazos muito mais longos. A origem da deterioração fiscal está longe de ser algo inexplicável. Ao contrário, ela é a consequência de uma deterioração das instituições políticas.

A história não pode ser refeita, e teremos que arcar com os custos gerados pela deterioração institucional e pela sua reconstrução, se essa for a opção tomada pelo país.

7
Câmbio e crescimento: Realidade e mitos

HÁ INÚMEROS EXEMPLOS BEM-SUCEDIDOS do modelo de crescimento voltado para as exportações de manufaturas. O exemplo da China é o que causa o maior impacto,[1] mas esse caminho já havia sido trilhado com sucesso por Japão, Coreia do Sul, Taiwan e outros países do Sudeste Asiático. Como foi exposto no capítulo 3, entre 1968 e 1973 o Brasil tentou seguir o exemplo desses países, porém usando os subsídios às exportações de manufaturados, que, no entanto, acentuaram distorções em vez de corrigi-las. Foi mais uma oportunidade perdida. Se os subsídios às exportações tivessem sido abandonados e o câmbio realinhado, mantendo a orientação iniciada no Paeg de elevar o grau de abertura comercial, reduzindo tarifas e barreiras não tarifárias, talvez a tentativa de abrir a economia tivesse tido sucesso, mas ela logo foi abandonada quando, com o II PND, o governo optou por uma nova rodada de substituição de importações, aumentando o protecionismo. Infelizmente, nunca deixamos de buscar soluções "fáceis" para acelerar o crescimento, e a solução que hoje predomina entre os adeptos do nacional-desenvolvimentismo, ignorando a necessidade de realização de profundas reformas e de enfrentar o desafio de expor o setor industrial à competição internacional, é que deveríamos estimular o setor mantendo o real fortemente desvalorizado, usando o câmbio como um instrumento para promover o crescimento.

Embora existam evidências de que nos casos de aceleração do crescimento há em geral uma taxa cambial competitiva,[2] até recentemente a literatura sobre a teoria do desenvolvimento raras vezes se referia aos efeitos do câmbio real sobre o crescimento. Porém, a partir dos resultados empíricos de Rodrik,[3] de que não apenas um câmbio sobrevalorizado retarda o crescimento como um câmbio real subvalorizado está associado a um crescimento mais elevado, uma corrente de economistas passou a propor que para crescer mais os países emergentes deveriam manter taxas cambiais subvalorizadas.[4] Contudo, tanto no artigo original de Rodrik como na avaliação crítica e profunda de Eichengreen[5] sobre a volumosa produção empírica que se seguiu àquele trabalho, é apontado que o câmbio subvalorizado não seria um substituto para o aprimoramento das instituições e para as reformas realizadas com o objetivo de aumentar a eficiência e eliminar as falhas de mercado. Na visão de Eichengreen, o câmbio subvalorizado seria apenas um facilitador, e na visão de Rodrik seria uma solução de *second best*. O argumento de Rodrik é exposto de maneira resumida abaixo:

> Qual é precisamente o mecanismo através do qual um aumento nos preços relativos dos bens internacionais [...] aumenta o crescimento? Eu apresento duas classes de teorias [...]. Em uma delas os bens internacionais são "especiais" porque sofrem de

> forma desproporcional comparados aos bens domésticos devido à incapacidade de especificar contratos [...]. No outro, os bens internacionais são "especiais" porque sofrem de forma desproporcional de falhas de mercado (externalidades de informação e coordenação) que bloqueiam a transformação estrutural e a diversificação econômica. Em ambos os casos, um aumento no preço relativo dos bens internacionais atua como um mecanismo de *second best* que alivia parcialmente a distorção relevante, impulsiona a desejada mudança estrutural e acelera o crescimento.

Um dos objetivos deste capítulo é discutir se o Brasil se qualificaria para aplicar a solução de *second best* sugerida por Rodrik, mas logo de início lembro que é difícil que alguém se convença de que o setor exportador de manufaturas e de produtos agrícolas "sofre desproporcionalmente das falhas de mercado e da incapacidade de formular contratos" em relação ao setor produtor de bens domésticos. Por isso, após examinar os resultados de Rodrik e de uma extensa literatura empírica que se seguiu a ele, incluindo análises a partir de diagnósticos diferentes, mas com evidências empíricas igualmente importantes, apresento de forma esquemática a fotografia revelada pelas pesquisas que vêm sendo desenvolvidas no Centro de Estudos de Integração e Desenvolvimento (Cindes) por Sandra Polónia Rios e Pedro da Motta Veiga,[6] evidenciando o enorme grau de distorções de nossa indústria resultante do protecionismo excessivo. Há uma grande resistência à abertura da economia que redunda em produtividade mais baixa e menor crescimento, e, em vez de buscar soluções de *second best*, teremos que atacar de frente a redução dessas distorções e encarar o desafio da abertura da economia.

Mas esse é apenas um dos objetivos do capítulo. Para realizar uma discussão ordenada, teremos que iniciar falando sobre o câmbio, apontando interpretações erradas e destruindo alguns mitos. Começo essa reflexão deixando clara a distinção entre o câmbio real, que é um preço relativo entre bens internacionais (*tradables*) e domésticos (*non-tradables*),[7] e o câmbio nominal, que é um preço de um ativo financeiro. Em um mundo caracterizado pela rigidez de preços, que é muito mais intensa nos preços dos bens domésticos (no denominador do câmbio real) do que nos dos bens internacionais (no numerador), sendo que estes, ao contrário, respondem rapidamente ao câmbio nominal, há uma correlação positiva elevada entre o câmbio nominal e o câmbio real, que pode levar à ilusão de que, se forem conhecidas as forças que explicam as variações do câmbio nominal, serão também conhecidas as razões para as variações do câmbio real.

Nosso primeiro problema consiste em entender que cada um deles é influenciado por algumas forças diferentes. Se fosse feita uma tentativa de depreciar o câmbio real através de uma desvalorização do câmbio nominal, mantendo-o em torno de alguma meta,[8] o objetivo seria atingido por algum tempo, porém aos poucos haveria um repasse para os preços dos bens domésticos que faria com que o câmbio real retornasse ao seu equilíbrio, de um modo que será exposto mais adiante junto com as respectivas evidências empíricas. Ainda que disponham de instrumentos que lhes permitam promover movimentos no câmbio nominal, os países têm que reconhecer que o câmbio real é uma variável endógena, cuja trajetória escapa ao controle de uma autoridade monetária. Intervenções no mercado de câmbio combinadas com controles de capitais podem auxiliar na obtenção de metas para o câmbio nominal com efeitos temporários sobre o câmbio real, mas são ineficazes para a obtenção de alterações no câmbio real de equilíbrio.

Ao final pretendo juntar as duas partes desta análise. Há evidências de que o longo período durante o qual o real que se fortaleceu de maneira contínua, entre o início de 2002 e o final de 2011, encerrou-se e deu lugar a um período em que a moeda está mais fraca, que deverá permanecer por bastante tempo. A partir de 2011, a desaceleração do crescimento chinês vem levando a uma queda dos preços de commodities que se traduz na queda das relações de troca no Brasil, o que contribuiu para aumentar os déficits nas contas-correntes e o nosso passivo externo líquido. A combinação desses dois movimentos leva a um câmbio real de equilíbrio mais depreciado. Há, também, indicações de queda na intensidade dos ingressos de capitais, mudando a tendência do ocorrido no período que se encerra em torno de 2011. Diante disso e da soma de evidências mostrando que o setor exportador de manufaturados está longe de ter distorções menores e de ser menos afetado pelas falhas de mercado do que os demais setores da economia brasileira, não há razões para que se busque uma solução de *second best*, como é sugerido por Rodrik. Temos duas opções: mantemos nossa economia fechada com baixo crescimento de produtividade ou optamos pela abertura, e o melhor caminho, nesse caso, consiste em atacar diretamente as distorções que penalizam a indústria desestimulando suas exportações, aproveitando a oportunidade gerada por um período de câmbio real mais depreciado. Na minha interpretação, o caminho correto é o de um conjunto de reformas que incluem uma reforma tributária que elimine os defeitos da tributação sobre bens e serviços, unificando todos esses impostos em um único IVA verdadeiro; e que se realize a redução de tarifas e de barreiras não tarifárias.

O câmbio nominal e o câmbio real

Desde que Einstein explicou o fenômeno fotoelétrico, pelo que ganhou seu primeiro prêmio Nobel, sabemos que a luz não é uma onda, e sim uma partícula — o fóton. Contudo, embora seja uma partícula, ela se comporta como uma onda, o que levou Louis de Broglie, que também foi ganhador do prêmio Nobel de física, a cunhar a expressão "dualidade onda partícula", através da qual tentou sintetizar as características básicas da luz. No câmbio há também uma dualidade, definida por Kenneth Rogoff[9] como um "preço esquizofrênico". Se quisermos entender o que comanda o comportamento do câmbio, temos que levar a sério a existência de uma dualidade cambial, analisando o câmbio nas suas duas dimensões: a do câmbio nominal, na qualidade de preço de um ativo; e a do câmbio real, na qualidade de um preço relativo entre bens domésticos e internacionais.

O câmbio nominal: Realidade e mitos

É fartamente reconhecido que no curto prazo o comportamento do câmbio nominal é determinado pelos movimentos que ocorrem no mercado de ativos financeiros. Ele responde aos diferenciais de taxas de juros entre o Brasil e os Estados Unidos, e aos diferenciais nas expectativas de retornos em outros ativos financeiros, como as ações. Além disso, sofre a influência de variações no risco soberano e no risco de câmbio, sendo este último tanto mais elevado quanto maior for a volatilidade do câmbio nominal.

Nas mesas de operação das instituições financeiras, as decisões têm que ser rápidas, o que obriga a que, em vez de esperar pelos resultados de um modelo complexo para definir que decisões tomar, os operadores usem heurísticas,[10] que são regras práticas através das quais se obtêm soluções aproximadas, com grande economia de tempo. Uma delas consiste em encontrar uma outra variável cuja direção e intensidade dos movimentos sejam mais facilmente interpretadas e previsíveis, e que tenham uma correlação positiva com o câmbio nominal. É isso que explica a preferência dos operadores no mercado financeiro pela utilização das cotações do CDS brasileiro para "estimar" o comportamento do real. O CDS é um derivativo (um seguro contra o default soberano do Brasil), mas é também um prêmio de risco dos títulos de dívida soberana, cujo comportamento é muito próximo ao do Embi construído pelo banco JP Morgan. No diagrama de dispersão, no gráfico 1, fica clara a correlação positiva, embora altamente instável, entre o câmbio nominal e o Embi. O diagrama foi construído com base em dados diários, cobrindo todo o período da flutuação cambial no Brasil. Há uma correlação positiva, mas qual seria a direção da causalidade? Na visão de um investidor não residente, os bônus de dívida soberana transacionados no mercado financeiro internacional, a partir de cujas cotações é construído o Embi, são substitutos dos títulos públicos em reais negociados no Brasil,[11] mas ambos têm seus preços afetados pela percepção de risco de solvência do governo. Se cresce a percepção de aumento do risco de insolvência, as duas demandas se contraem, provocando efeitos: a) caem os preços dos títulos de dívida soberana no exterior, elevando seus spreads em relação aos títulos sem risco (as *treasuries* de *duration* equivalente) e aumentando o Embi (e as cotações do CDS); b) caem os investimentos de não residentes, em portfólio de renda fixa (e de renda variável), o que reduz os ingressos (ou aumenta as saídas) de capitais, depreciando o real. Por isso há entre o câmbio nominal e o Embi (ou o CDS) uma correlação positiva, mas não porque haja uma direção de causalidade entre eles, e sim porque ambos têm movimentos causados por uma terceira variável, que é a percepção de risco de solvência do governo. Embora essa heurística gere decepções, continua a ser usada até hoje, muito embora a partir de 2016 tenha desaparecido a suposta correlação positiva, aparecendo uma correlação negativa, como é mostrado pelas duas séries à direita da linha perpendicular ao final de 2015, no gráfico 2.

Gráfico 1: Diagrama de dispersão Embi-câmbio nominal

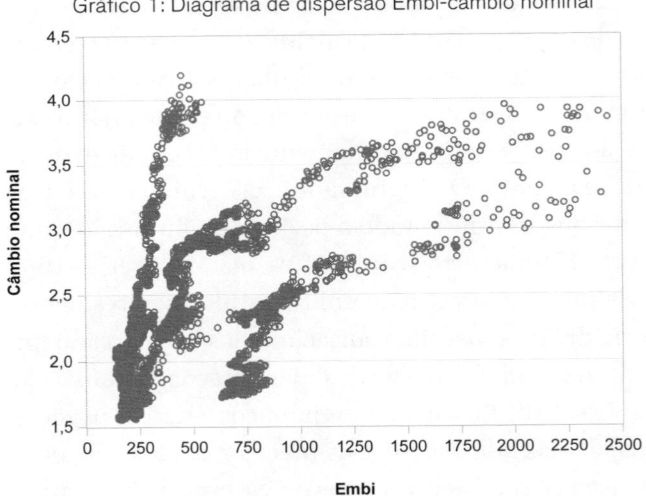

FONTE: Bloomberg.

Gráfico 2: Embi, CDE de dez anos e câmbio nominal em reais/dólares

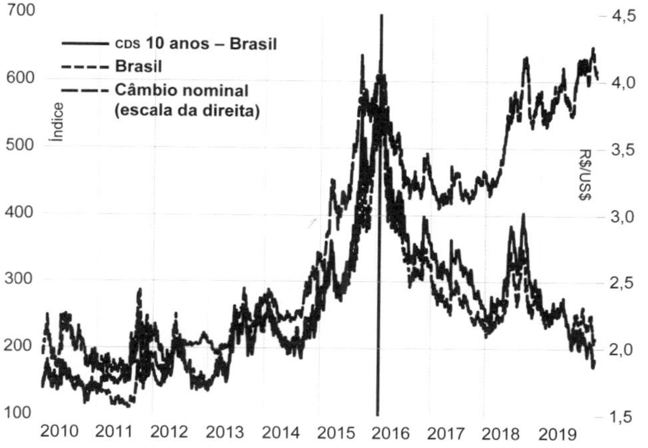

FONTE: Banco Central do Brasil.

Por que entre 2015 e o final de 2019 o câmbio "abandonou" o CDS? Heurísticas simples são úteis para a tomada de decisões rápidas em operações financeiras, mas para explicar mudanças de comportamento precisamos de boa teoria e de boas evidências empíricas. Veremos que tanto por trás do "descolamento" ocorrido entre o câmbio e o CDS a partir de 2015 quanto por trás de mudanças que geram a instabilidade no diagrama de dispersão do gráfico 1 estão alterações nos "fundamentos" que explicam variações no câmbio nominal e no câmbio real. Ganham-se informações entendendo o que determina os fluxos de capitais, mas antes de entrar nessa discussão temos que fazer uma incursão no outro lado da dualidade cambial, analisando o comportamento do câmbio real.

Câmbio real: Um preço relativo

A fundamentação teórica e a literatura que suportam o modelo de câmbio real usado neste livro já foram expostas no capítulo 5. A diferença é que a estimativa aqui apresentada é feita a partir de dados mensais, o que permite comprovar a estabilidade dos coeficientes e analisar melhor a dinâmica do ajuste. Existem dados mensais do câmbio real *trade-weighted* estimado pelo Banco Central e de preços médios mensais das exportações e importações brasileiras. Para a medida do passivo externo é utilizada a metodologia proposta por Lane e Milesi-Ferretti, exposta no capítulo 5, e o passivo externo estimado dessa forma é dividido pela série gerada através da interpolação mensal do PIB brasileiro realizada pelo Banco Central. Como não se rejeita a hipótese de que o câmbio real tem uma raiz unitária, a primeira providência consiste em realizar um teste de cointegração entre o câmbio real, as relações de troca e essa medida do passivo externo. Realizando o teste com todas as especificações possíveis no período de janeiro de 1991 a dezembro de 2019, não se rejeita a hipótese de que há um vetor de cointegração.

Tabela 1: Teste de cointegração entre o câmbio real, as relações de troca e o passivo externo — dados mensais

Tendência nos dados	**Nenhuma**	**Nenhuma**	**Linear**	**Linear**	**Quadrática**
Tipo de teste	Sem intercepto sem tendência	Intercepto sem tendência	Intercepto sem tendência	Intercepto tendência	Intercepto tendência
Traço	0	1	1	1	1
Max. eigenv.	0	1	1	1	1

Elaboração do autor.

A estimativa do modelo autorregressivo com correção de erros é apresentada na tabela 2. No gráfico 3, comparo os valores do câmbio real com duas projeções dinâmicas. A primeira (a linha pontilhada) é feita com base no modelo estimado para toda a amostra, entre janeiro de 1991 e dezembro de 2019. A segunda (a linha cheia mais fina) usa uma amostra que vai de janeiro de 1991 a dezembro de 2011, quando se inicia uma contínua depreciação. O propósito dessa segunda projeção é verificar se as informações contidas nos parâmetros estimados no período no qual ocorreu uma valorização são capazes de explicar, fora da amostra, a depreciação ocorrida a partir de 2012. Os resultados são claros: a projeção dinâmica realizada fora da amostra é praticamente a mesma da realizada usando a amostra como um todo, o que atesta a estabilidade dos coeficientes e a capacidade das duas variáveis exógenas de explicarem os movimentos do câmbio real de equilíbrio tanto na direção da valorização quando na da desvalorização.

Tabela 2: VEC (vetor autorregressivo) com correção de erros

Vetor cointegrante

Z(t–1) = log CR(t-1) — 3,317 + 0,471 log TT(t–1) — 0,354 log Posliqpib(t–1)
(3,589) (8,217)

Variáveis independentes	Variável dependente Δ Log CR	Variável dependente Δ Log TT	Variável dependente Δ Log Posliqpib
Z(t-1)	-0,099 (5,360)	-0,018 (1,464)	-0,003 (0,870)
Δ Log CR (t-1)	0,350 (7,082)	-0,096 (2,484)	0,022 (2,157)
Δ Log TT (t-1)	-0,067 (0,879)	-0,190 (3,601)	-0,003 (0,195)
Δ Log Posliqpib (t-1)	0,227 (1,960)	-0,160 (2,020)	0,882 (36,126)

Vetor cointegrante
Z(t–1) = log CR(t-1) — 3,317 + 0,471 log TT(t–1) — 0,354 log Posliqpib(t–1)
(3,589) (8,217)

constante	0,0004 (0,241)	0,002 (1,305)	0,0003 (0,742)
R^2	0,198	0,068	0,802
S.E	0,035	0,024	0,007
F	21,618	6,447	356,371

Elaboração do autor.

Gráfico 3: Câmbio real e projeções dinâmicas

Elaboração do autor.

Para explicar os desvios entre os câmbios reais — atual e de equilíbrio —, temos de considerar que os preços dos bens domésticos são rígidos e há um repasse muito rápido do câmbio nominal para os preços dos bens internacionais, o que significa que os sucessivos *overshootings* e *undershootings* decorrem de depreciações e valorizações do câmbio nominal. O *overshooting* ocorrido em 2002 e 2003, por exemplo, é associado à percepção de um risco de default da dívida devido à eleição de

Lula (naquele momento o Embi superou 2500 pontos); o de 2016 vem dos riscos associados ao processo de impeachment de Dilma Rousseff;[12] e o *undershooting* logo em seguida vem da restauração da confiança. No entanto, em todos esses casos há forças que fazem o câmbio retornar ao equilíbrio.

As duas variáveis — as relações de troca e o passivo externo — não têm a mesma importância na explicação dos movimentos do câmbio real de equilíbrio. Nos gráficos 4-A e 4-B estão as curvas de resposta a impulsos e a decomposição de variância, ficando claro que: a) a resposta do câmbio real a um choque nas relações de troca é rápida a curto prazo, mas o efeito logo se estabiliza; b) ainda que a resposta do câmbio real a um impulso vindo do passivo externo seja pequena a curto prazo, ela se mantém influenciando o câmbio real mesmo depois de decorridos de dois a três anos. Informação semelhante é dada pela decomposição da variância, e com o passar dos meses sobe a influência do passivo externo em relação à das relações de troca.

Gráfico 4: Curvas de resposta a impulso e decomposição de variância (câmbio real)

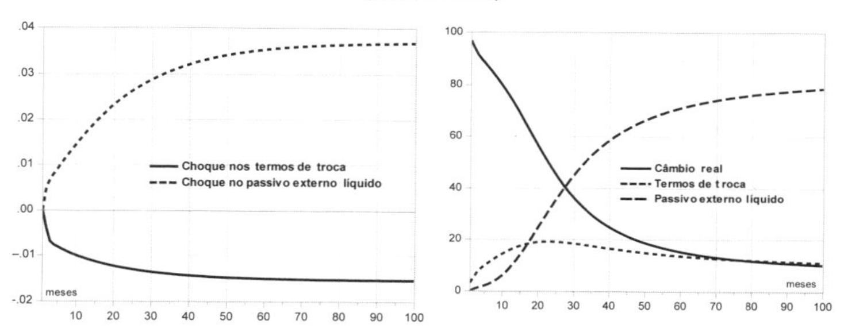

Elaboração do autor.

É preciso tomar em consideração, no entanto, que mudanças nas relações de troca têm efeitos sobre os déficits nas contas-correntes e sobre o passivo externo líquido, o que impede que haja plena separação dos efeitos. Por exemplo, durante o período analisado houve anos de grandes elevações dos preços de commodities, que, mesmo diante de taxas elevadas de investimento, ocorreram ao lado de superávits nas contas-correntes vindos dos ganhos de relações de troca.[13]

O boom de commodities se iniciou em 2002 se encerrou ao final de 2011 (ver o gráfico 7, mais adiante), e foi nesse período que conhecemos a maior valorização do câmbio real.[14] Contudo, não foi uma sobrevalorização, definida como o câmbio real abaixo de seu valor de equilíbrio, e sim um movimento de valorização do próprio câmbio real de equilíbrio. Há em todo o período analisado apenas uma sobrevalorização clara e persistente, que ocorreu entre 1994 e o final de 1998, e não é de surpreender que diante da expansão fiscal que persistiu após aquela reforma e em vista dos choques externos, entre os quais ressalta o contágio da crise da Rússia, teríamos que assistir a um ataque às reservas que levou o país a abandonar aquela âncora em favor do regime de metas de inflação.

A valorização cambial entre 2002 e 2011

Para entender a valorização cambial ocorrida entre 2002 e 2011, é preciso olhar para os dois lados da dualidade cambial, começando pelo câmbio nominal. No auge da crise de confiança na transição do governo FHC para o primeiro mandato de Lula, em 2002, o câmbio nominal chegou um pouco acima de quatro reais por dólar, mas daí em diante, com apenas uma interrupção na crise de 2008-9, valorizou-se continuamente, chegando ao final de 2011 abaixo de dois reais por dólar (gráfico 5). Uma regressão linear exprimindo o logaritmo do câmbio nominal em função de uma tendência linear entre janeiro de 2002 e dezembro de 2011 mostra que nesse período o real se valorizou a uma taxa média próxima de 7% ao ano. No gráfico 5, as barras cinza representam os fluxos cambiais totais naquele mês — conta financeira e de capitais mais as contas-correntes,[15] e a linha preta cheia corresponde às intervenções do Banco Central no mercado à vista de câmbio. Ocorreram ingressos que superaram várias vezes a marca de 10 bilhões de dólares por mês, que em grande parte foram comprados pelo Banco Central.

Gráfico 5: Câmbio nominal, fluxos totais e intervenções no mercado à vista

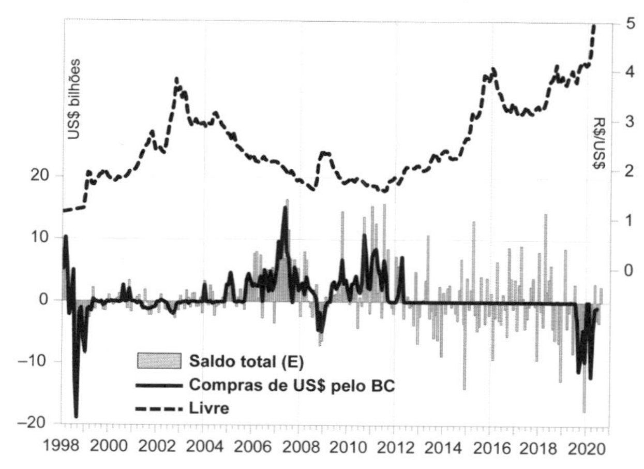

FONTE: Banco Central do Brasil.

No gráfico 6, olhamos para esses fluxos pela óptica do balanço de pagamentos: os valores positivos da linha pontilhada representam os déficits de doze meses nas contas-correntes; a linha cheia é o total de ingressos de doze meses nas contas financeiras e de capitais; e as barras verticais são os saldos no balanço de pagamentos nos doze meses encerrados naquele mês.[16] Há dois ciclos de grandes superávits no balanço de pagamentos (coincidentes com os fluxos mensais positivos no gráfico 5): o primeiro em torno de 2006-7, levando a um superávit no balanço de pagamentos que chegou a superar 80 bilhões de dólares em doze meses (as barras verticais), e o segundo um pouco mais longo, com superávits que no pico também se aproximaram de 80 bilhões de dólares em doze meses, e em ambos os casos houve enormes ingressos de investimentos diretos e de investimentos em carteira, parte dos quais em renda fixa e parte dos quais em ações. A acumulação de reservas no Brasil ocorreu devido aos enormes superávits nas contas financeira e de capitais, e não nas contas-correntes, que em geral mantiveram déficits elevados. Nesses anos, as taxas de juros no Brasil superavam em muito as taxas de juros nos Estados Unidos (gráfico 7), estimulando os não residentes a comprar ativos de renda fixa no Brasil. Também havia um enorme ingresso de investimentos diretos. Por fim, os ganhos em operações de *carry-trade* geravam um estímulo adicional aos ingressos dos investimentos em carteira na modalidade de renda fixa.[17]

Gráfico 6: Saldo de doze meses na conta financeira e de capitais

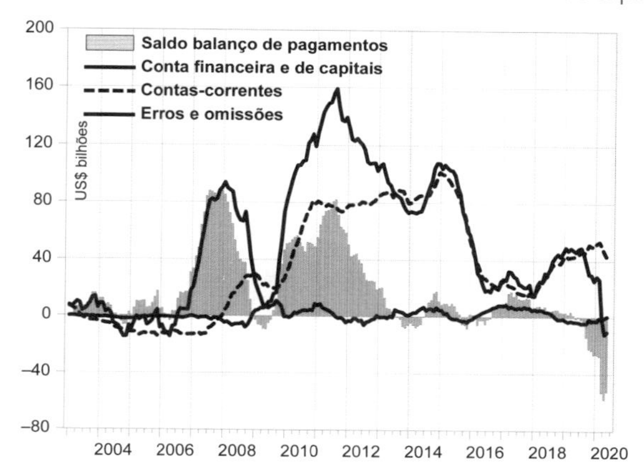

FONTE: Banco Central do Brasil.

Gráfico 7: Taxas de juros de um e dois anos nos Estados Unidos e no Brasil

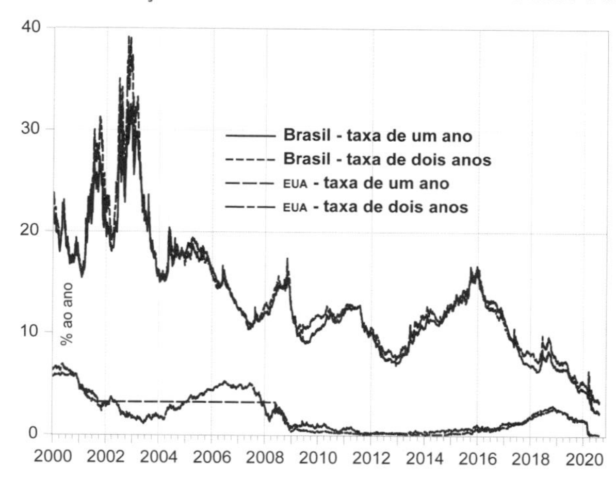

FONTE: Banco Central do Brasil e Tesouro dos EUA.

Não há dúvidas de que o ingresso de capitais foi uma das causas da valorização. Porém, a dualidade cambial nos obriga a olhar também para o câmbio real de equilíbrio, que se valorizou devido aos ganhos de relações de troca e ao comportamento do passivo externo, que foram ambos influenciados direta e indiretamente pela elevação dos preços internacionais de commodities (gráfico 8). Aquela valorização cambial foi muito criticada. Acusava-se o Banco Central de manter a taxa de juros desnecessariamente alta, "favorecendo os rentistas"[18] e penalizando a indústria, propondo que seria necessário introduzir controles sobre os ingressos de capitais, e, no entanto, mesmo com ingressos menos intensos, o câmbio real de equilíbrio teria se valorizado, ainda que mais lentamente, devido aos efeitos diretos e indiretos dos ganhos de relações de troca.

Gráfico 8: Preços de commodities e relações de troca

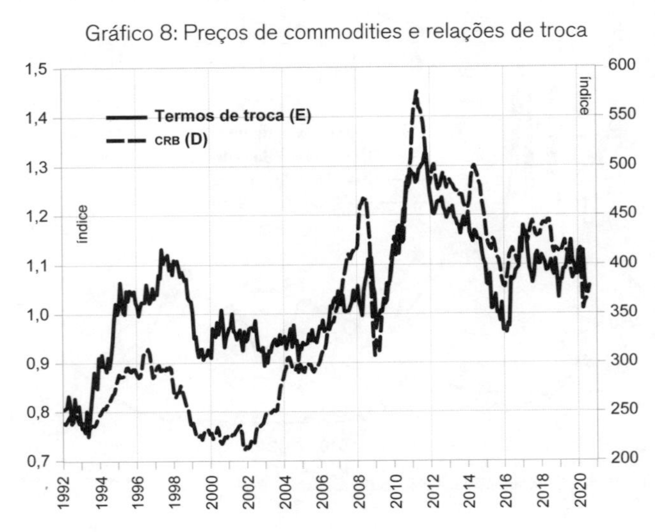

FONTE: Elaboração do autor a partir de dados da Bloomberg.

A partir de 2014, mesmo com taxas de juros no Brasil significativamente mais elevadas do que nos Estados Unidos (gráfico 7) e com equilíbrio na balança de pagamentos (gráfico 6), ocorreu uma queda sensível nos ingressos na conta financeira e de capitais ao lado de uma queda no déficit em contas-correntes. Por que o comportamento da conta de capitais mudou? A deterioração da situação fiscal, claramente refletida na elevação dos prêmios de risco, antecipava o rebaixamento da nota brasileira junto às agências de classificação de risco, o que acabou acontecendo em 2015, reduzindo o apetite dos investidores não residentes por ativos brasileiros, provocando uma forte saída dos investimentos em portfólio de renda fixa e a consequente depreciação do real.[19] Mas não era só isso. A partir de 2012, a desaceleração da China levou a uma queda contínua dos preços internacionais de commodities com efeitos sobre as relações de troca, provocando a depreciação do câmbio real. A soma desses efeitos introduziu uma tendência inversa à do período anterior tanto no câmbio nominal quanto no câmbio real.

Será que um câmbio real mais depreciado em relação à média histórica é um novo padrão de comportamento? Ou será que corremos o risco de ver reproduzido o ciclo de valorização ocorrido entre 2002 e 2011? Antes de dar respostas a essas perguntas, temos que responder uma outra: afinal, existem ou não evidências de que câmbios reais mais depreciados favorecem o crescimento?

Câmbio real e crescimento econômico

Há duas análises empíricas com importantes evidências que não são totalmente coincidentes: a de Aguirre e Calderón, e a de Rodrik.[20] Em ambos os casos a análise é feita em dois passos: no primeiro, é medido o grau de desalinhamento cambial; e, no segundo, é medida a influência desse desalinhamento sobre as taxas médias de crescimento econômico. Começo pelos resultados obtidos por Aguirre e Calderón. Para medir o desalinhamento cambial eles estimam o câmbio real de equilíbrio com base em uma amostra de sessenta países para o período 1965-2003, regredindo o câmbio real sobre: o passivo externo líquido; as relações de troca; o consumo do governo; e os diferenciais de produtividade entre bens domésticos e internacionais, definindo o grau de valorização cambial pela diferença entre o câmbio real atual e essa estimativa do câmbio real de equilíbrio. Usam, portanto, a mesma especificação do modelo apresentado neste livro.[21] Em seguida, através de regressões de crescimento, usam a mesma cobertura de países e o mesmo período amostral para estimar os efeitos da subvalorização cambial sobre as taxas de crescimento. Sua conclusão é de que os desalinhamentos cambiais "afetam o crescimento, mas o efeito é não linear. Os declínios no crescimento são tanto maiores quanto maiores forem os desalinhamentos cambiais", porém, "embora fique claro que sobrevalorizações cambiais são prejudiciais, fica difícil estabelecer um argumento defendendo que uma subvalorização promove o crescimento econômico". Outro resultado importante no contexto das discussões no Brasil é que, quando em suas regressões de crescimento são simultaneamente incluídos o câmbio real e o "desalinhamento cambial", é esta última variável que explica as diferenças de crescimento, e não a primeira.[22]

Rodrik define o grau de subvalorização de outra forma. Utilizando os dados da Penn World Table 6.2 de 2006, obteve as estimativas das taxas reais de câmbio usando a relação $\ln(RER)_{it} = \ln(XTRAT)_{it} - \ln(PPP)_{it}$, na qual $(XTRAT)$ são as taxas cambiais, (PPP) são os fatores de conversão para a paridade de poder de compra e (RER) são as taxas de câmbio real, com i indicando o país e t o ano, e diante das evidências de que há efeitos dos diferenciais de produtividade (o efeito Balassa-Samuelson) essas taxas são regredidas sobre as rendas per capita de cada país em cada período, dando origem aos valores previstos designados por $(\widehat{RER})_{it}$. O grau de subvalorização cambial é dado por $(UNDERVAL)_{it} = \ln(RER)_{it} - \ln(\widehat{RER})_{it}$. Rodrik também trabalha com regressões de crescimento em uma amostra de um máximo de 184 países com onze períodos de agregações de cinco anos, desde o primeiro, em 1950-4, até o último, em 2000-4, e conclui que não apenas a sobrevalorização reduz o crescimento, como também a subvalorização eleva o crescimento, e, o que é muito importante, essa sua conclusão é limitada aos países em desenvolvimento: empiricamente ela não é encontrada nos países desenvolvidos. Os dois resultados caminham em direções semelhantes, mas entre eles não há plena concordância: enquanto Rodrik afirma que "o câmbio real parece desempenhar um papel fundamental no processo de crescimento", Aguirre e Calderón não subscrevem totalmente essa proposição.

Nos últimos anos assistimos a uma sequência de investigações que buscam confirmar ou negar tais resultados, dando um suporte um pouco maior aos resultados de Rodrik, porém com qualificações. Para evitar problemas de causalidade, Habib, Mileva e Stracca[23] trabalharam com variáveis instrumentais que levavam a respostas da subvalorização e da sobrevalorização mais fortes do que em estudos anteriores. Missio, Jaime Jr., Britto e Oreiro[24] concluem que o câmbio subvalorizado tem efeitos importantes particularmente em países da América Latina, e que o efeito tende a ser não linear, com resposta positiva a níveis moderados de subvalorização. Um trabalho que merece atenção especial é a análise abrangente e profunda realizada por Eichengreen.[25] Depois de uma extensa análise crítica das evidências empíricas que surgiram após o trabalho de Rodrik, que são suportadas por suas próprias investigações adicionais cobrindo a indústria e que são relatadas no apêndice de seu trabalho, Eichengreen conclui que a taxa real de câmbio tem relevância e que "mantê-la em níveis competitivos e evitando excessiva volatilidade é importante para o crescimento". Tendo dito isso, contudo, ele adverte que a evidência não é esmagadora. Porém, esse fato em si mesmo transmite uma mensagem importante: um câmbio real estável e competitivo deveria ser pensado como uma condição que facilita o crescimento. Ao mantê-lo em níveis apropriados e ao evitar uma volatilidade excessiva, o país se habilita a explorar a sua capacidade para o crescimento e o desenvolvimento, para ter ganhos vindos de uma força de trabalho disciplinada, de elevadas taxas de poupança ou no seu status em relação aos investimentos estrangeiros. Contudo, "sem a presença destes fundamentos, uma política voltada para o câmbio real não chegará a nada".

A cautela de Eichengreen reflete uma preocupação que já era externada por Rodrik, quando este buscou responder à pergunta: por que a subvalorização acentuaria o crescimento? Há duas hipóteses frequentes na teoria do desenvolvimento econômico. Primeiro, a pobreza das instituições impede a convergência das economias em desenvolvimento na direção das economias mais desenvolvidas. Como fica claro pelas evidências históricas de Acemoglu e Robinson,[26] instituições fracas reduzem a capacidade do setor privado de se apropriar dos retornos aos investimentos por deficiências contratuais, por problemas de corrupção ou por ausência de proteção dos direitos de propriedade, entre outros motivos. A segunda refere-se à existência de falhas de mercado, cujo resumo foi exposto no início deste capítulo. Nas economias menos desenvolvidas esses problemas existem, em princípio, nos setores produtores de bens domésticos e de bens internacionais, e sua ocorrência explicaria no máximo por que aqueles países crescem pouco. A conjectura de Rodrik é de que nos países em desenvolvimento os bens internacionais seriam mais afetados por essas distorções. A solução de *first best* é representada por reformas que eliminam as distorções,[27] mas na impossibilidade dessas reformas uma solução de *second best* poderia ser obtida introduzindo uma segunda distorção que compense os efeitos da primeira, e essa compensação é dada pela elevação dos preços relativos dos bens internacionais ou por um câmbio real subvalorizado.

Superávits nas contas-correntes e crescimento

Nem sempre o suporte empírico a uma hipótese é robusto o suficiente para que se abandonem evidências contraditórias vindas de outros testes. Por isso não podemos deixar de cobrir as evidências produzidas por uma outra vertente da literatura. Se os países em desenvolvimento fossem fechados aos ingressos de capitais, a taxa real de juros igualaria poupanças e investimentos domésticos. Porém, ao se abrir aos fluxos de capitais, esses países se beneficiam da queda da taxa real de juros para o nível internacional, o que provoca o crescimento dos investimentos e a contração das poupanças domésticas, gerando um déficit nas contas-correntes. Mas há, também, países emergentes que crescem e mantêm superávits nas contas-correntes, com poupanças domésticas maiores do que os investimentos, acumulando reservas internacionais e exportando capitais para os países desenvolvidos. É o caso da China. Mas em resultados como o da China há um paradoxo: porque um país com menor densidade de capital por trabalhador e, consequentemente, com uma maior produtividade marginal do capital não atrairia capitais dos países mais desenvolvidos em vez do movimento inverso, que é grande?[28] Em busca de uma explicação, Eswar Prasad, Raghuram Rajan e Arvind Subramanian[29] usaram uma metodologia semelhante à dos modelos da seção anterior, na qual estimam regressões de crescimento com base em uma amostra com um grande conjunto de países durante vários anos, e obtiveram evidências de que não há apenas uma correlação positiva significativa entre os superávits nas contas-correntes e as taxas médias de crescimento econômico. Crescem mais os países com maiores superávits nas contas-correntes. Porém, quando os autores incluem nas suas regressões de crescimento ao mesmo tempo as taxas de investimento e de poupança, estas últimas têm efeitos significativamente diferentes de zero, e as taxas de investimento deixam de ter uma explicação significativa que, no entanto, existia quando das regressões eram omitidas as taxas de poupança. Em resumo, nesses casos as diferenças entre as taxas de crescimento parecem ser muito mais afetadas pelas taxas de poupança do que pelas taxas de investimento.

Há duas razões para tais resultados. Primeiro, os países pobres não têm corporações ou sistema financeiro que possam usar de modo extensivo o capital externo para elevar de forma significativa os investimentos, quando se defrontam com novas oportunidades. Segundo, esses países crescem rapidamente e, como os hábitos de consumo não se alteram de forma rápida diante do crescimento da renda, geram quantidades substanciais de poupanças domésticas, como é previsto pelo modelo incorporando persistência nos hábitos de consumo. Como não há a possibilidade de usar de modo extensivo o capital externo e como a aceleração do crescimento gera poupanças elevadas, esses países acabam produzindo superávits nas contas-correntes e exportam capitais, investindo no exterior. Essas são as explicações aventadas por Prasad, Rajan e Subramanian. Phillipe Aghion, Diego Comin e Peter Howitt[30] também notaram a correlação entre os superávits nas contas-correntes e o crescimento, com os países exportadores de capitais crescendo mais, e oferecem uma explicação semelhante.[31]

É perfeitamente possível que as intervenções chinesas e dos países asiáticos no mercado de câmbio estejam produzindo um câmbio "desalinhado", e que essa subvalorização esteja acelerando o crescimento econômico da China e dos demais países da região. Mas as enormes taxas de crescimento daqueles países não são independentes de suas elevadas taxas de investimento, e é também claro que as suas taxas de poupança são ainda maiores, tanto que mantêm superávits nas contas-correntes, e que de acordo com os resultados dessa segunda vertente da literatura os níveis elevados de poupança contribuem para acelerar o crescimento pelos caminhos expostos no parágrafo anterior.

Restaria entender por que a China e os países asiáticos mantêm políticas cambiais ativistas, evitando a valorização de seus câmbios nominais e acumulando ativos internacionais. Em princípio, uma poupança elevada poderia ser destinada quer ao acréscimo do estoque doméstico de capital, quer aos investimentos em ativos no exterior. Se os retornos sobre os investimentos domésticos declinarem sensivelmente com o aumento do estoque de capital e os riscos dos investimentos em ativos no exterior forem muito baixos, todo o excesso de poupanças sobre os investimentos será destinado ao exterior. Nesse caso, um salto nas poupanças domésticas torna-se idêntico ao salto nas contas-correntes. Mas se os retornos sobre os investimentos domésticos declinarem mais lentamente com o acréscimo do estoque de capital e os riscos dos investimentos no exterior forem maiores, o país alocará parte daquele excesso ao incremento do estoque doméstico de capital e parte aos investimentos no exterior, e com isso otimizará a combinação risco-retorno sobre o portfólio total de ativos (domésticos e externos).[32] Mas essa não é a única hipótese. Se esses países optarem por estreitar o excesso de poupanças sobre os investimentos, elevando ainda mais os investimentos domésticos, que já são altos, poderiam gerar ineficiências e quedas de taxas de retorno, e caso cheguem a estreitar a diferença entre poupanças e investimentos, estimulando o aumento do consumo, perderiam aquela contribuição adicional ao crescimento econômico dada pelas elevadas taxas de poupança. Nessas circunstâncias, tais países estarão em uma posição melhor mantendo o atual volume de investimentos e evitando o crescimento do consumo, mas isso conduz a manter o excesso de poupanças sobre os investimentos, o que significa um câmbio real de equilíbrio mais depreciado, e para evitar um "desalinhamento" cambial — uma sobrevalorização cambial — são obrigados a intervir no mercado de câmbio, investindo no exterior o excesso de poupanças sobre os investimentos, acumulando ativos internacionais. A política cambial ativista seria um dos instrumentos utilizados para compatibilizar esses objetivos, de manter o crescimento acelerado com as poupanças superiores aos investimentos.

O caso brasileiro

A indústria no Brasil não consegue melhorar o desempenho nas exportações, e a razão está na combinação do protecionismo com as distorções tributárias. Quer devido a um erro de diagnóstico, quer pela submissão do governo aos interesses de grupos industriais favorecidos pelo protecionismo, o fato é que o Brasil nunca abandonou o uso de índices de conteúdo nacional, tarifas elevadas e outras formas de estímulos à indústria. Se a isso somarmos os efeitos da guerra fiscal na qual estão envolvidos os estados na concessão de incentivos através do ICMS, que contribuem para transformar um tributo que deveria incidir sobre o valor adicionado em um tributo com incidência em cascata, dificultando ou mesmo impossibilitando a recuperação de créditos tributários acumulados e penalizando as exportações, é difícil aceitarmos a ideia de que com a simples manutenção do câmbio real subvalorizado o país elevaria o crescimento.

Nossa história de submissão ao protecionismo é longa. Ao final da Segunda Guerra Mundial assistimos a vendas diretas de dólares por exportadores aos importadores, que foi substituída por leilões de promessa de venda de câmbio em cinco categorias — na realidade um regime de câmbio múltiplo —, sendo o câmbio unificado só em 1953, quando foi criada uma estrutura tarifária buscando incentivar a produção de bens de consumo, com tarifas menores para os bens de produção. O Paeg fez uma primeira tentativa de redução de tarifas, mas o movimento não prosseguiu, e no II PND foi dada uma guinada importante com a tentativa frustrada de promover a substituição no setor produtor de bens de capital e de insumos básicos, como foi analisado no capítulo 4. Após uma nova tentativa de redução de barreiras às importações durante o governo Collor, fomos elevando outras barreiras não tarifárias, como os altos índices de conteúdo nacional, e passamos a fornecer fartamente estímulos fiscais e monetários a setores específicos. Além disso, por duas vezes tentamos, com custos altos e enorme grau de artificialismo, construir uma indústria naval, e esses dois experimentos fracassaram.

Em um estudo feito por Sandra Polónia Rios e Pedro da Motta Veiga,[33] foram apresentados dados que não deixam dúvidas sobre o atraso brasileiro no campo da abertura da economia ao exterior e das distorções acumuladas durante anos. Com respeito à participação nas exportações de produtos manufaturados, o Brasil perde para o México e para a Índia, que nos últimos anos deu uma guinada em direção à abertura comercial, e em 2012 fomos ultrapassados pelo Vietnã. Os autores fazem uma crítica cáustica a todos esses erros, afirmando que o "protecionismo comercial, substituição de importações e uma busca não confessada pela autarquia produtiva compõem a matriz nacional-desenvolvimentista que esteve por trás daquela política, ao longo de um período em que o país e o mundo passaram por transformações intensas em todas as esferas". Apresentam inúmeros dados que comprovam seu diagnóstico, entre eles uma estimativa da estrutura de proteção efetiva de nossa indústria cujos cálculos, no entanto, levam em consideração apenas as tarifas, omitindo a proteção proveniente de medidas não tarifárias, o que significa que o volume de distorções é ainda maior do que o apontado no trabalho. É chocante observar que decorridos setenta anos do final da Segunda Guerra Mundial, quando, instada pelo argumento da indústria nascente, a indústria se beneficiou de um arranque do crescimento, sustentando taxas elevadas após o Paeg e, em particular, no período do milagre brasileiro e nos anos do II PND, ainda temos uma indústria que precisa de proteções efetivas de mais de 100%, como são tanto o caso de caminhões e ônibus e de automóveis e carrocerias, quanto o de setores que foram os primeiros a "nascer" no Brasil, como o têxtil e de vestuário, que estão chegando à "velhice" ainda protegidos por tarifas efetivas em torno de 40%. Em 1990, antes da primeira tentativa de abertura realizada no governo Collor, a tarifa nominal média no Brasil era de 45%, e a tarifa efetiva de 32%, enquanto atualmente nossa tarifa média ainda está em torno de 26%, com uma tarifa efetiva de 12,2%, sendo que dezoito setores industriais têm uma tarifa efetiva igual ou maior do que a média. Nesses cálculos não foram levados em consideração outros benefícios de natureza fiscal e creditícia que acentuam as distorções, como é o caso da incidência em cascata do ICMS, do IPI, e de outros impostos que deveriam seguir a sistemática do valor adicionado.

A todas essas distorções temos que somar as provenientes da tributação sobre bens e serviços, como tem sido amplamente demonstrado por Bernard Appy.[34] Para ser neutro nos seus efeitos sobre as exportações (e sobre a alocação de recursos), tal imposto deveria ser arrecadado na sistemática de um IVA perfeito, através de uma sistemática de débitos e créditos tributários financeiros, liquidáveis em dinheiro. Qualquer que seja a alíquota fixada, ela deve ser mantida em todas as etapas, e nessa configuração tem efeitos similares a um imposto de alíquota idêntica incidindo apenas sobre a última operação — a sua venda ao usuário do bem no final da cadeia produtiva. Consequentemente, um imposto com tais características pode ser plenamente isentado nas exportações. Mas para que isso ocorra, e ao mesmo tempo se elimine a tentação de os estados se envolverem em uma guerra fiscal, esse imposto teria que ser recolhido no estado de destino, e não no estado produtor.

Quando em 1966 foi criado o ICM, a pressão de estados produtores, como São Paulo, levou à sua incidência no estado produtor. Foi o primeiro erro. Logo em seguida, nos anos do milagre brasileiro, o governo utilizou intensivamente os subsídios fiscais, criando de início a figura do crédito-prêmio do IPI, que era um subsídio, como foi exposto no capítulo 3. Conceder um crédito-prêmio sobre o IPI, que é um imposto federal, não afetava os estados, mas naqueles anos os governadores eram nomeados de maneira autoritária pelo governo federal, o que os "obrigava" a aceitar quaisquer que fossem as determinações emanadas do governo central.[35] Os subsídios restritos ao IPI eram insuficientes para gerar ganhos que fossem atrativos o suficiente para os potenciais exportadores de manufaturas, e por isso o governo federal criou um crédito-prêmio com base no ICM, que teve que ser aceito pelos governadores. Com a restauração da democracia e das eleições livres, os governadores não tinham mais que obedecer ao governo central e passaram a tomar decisões que favorecessem seus estados. Se o governo federal os obrigava a "contribuir" com o crédito-prêmio, por que não usar isenções em benefício de seu estado? Se uma indústria localizada em um estado A fosse cobiçada por um estado B, este oferecia uma isenção por N anos, o que levava à mudança da empresa, fazendo o estado A perder a receita sem que o estado B tivesse uma despesa. Era um incentivo irresistível que levou ao aumento da guerra fiscal entre estados, o que distorceu ainda mais aquele tributo. Essa guerra, à qual se adicionam complicações como as alíquotas interestaduais, fez com que seja difícil — e na maioria dos casos impossível — recuperar os créditos acumulados em fases anteriores do processo de produção. Dessa forma, o que seria um IVA coletado na sistemática de débitos e créditos se transformou em um imposto com incidência em cascata que penaliza as exportações, somando-se às distorções de nosso protecionismo excessivo à indústria.

A conclusão de toda essa análise é que deveríamos prestar mais atenção para a explicação dada por Rodrik sobre as razões pelas quais obteve seus resultados do que tentar provar — através de sucessivas repetições de seu exercício empírico — que eles estão certos. Afinal, Rodrik é um economista com sólida formação neoclássica, o que o habilita para a sua explicação de que existem caminhos de *first best* que são os corretos. Precisamos encarar de frente o problema da abertura comercial, atacando-o com as baterias de uma reforma tributária e de uma abertura unilateral do comércio às correntes internacionais de comércio.

O câmbio é um instrumento inadequado para promover o crescimento

Suponhamos que o Brasil abandonasse qualquer tentativa de reforma e optasse pela solução de *second best* proposta por Rodrik. Será que conseguiria sustentar de modo permanente o câmbio real subvalorizado? Se estivéssemos falando de câmbio nominal a resposta seria positiva, porém com qualificações. Com uma combinação de controles sobre os movimentos de capitais e intervenções no mercado de câmbio é possível obter níveis depreciados do câmbio nominal. Cairíamos em um regime de câmbio fixo ou de bandas estreitas de flutuação, cujas histórias de fracasso nem sequer são lembradas pela geração mais nova de economistas, mas que são inúmeras. Como é relatado por Obstfeld e Rogoff,[36] grande parte das tentativas de manter o câmbio contido dentro de limites estreitos terminou em debacle, e a razão para esse resultado é que o custo de manter o câmbio fixo pode ser extremamente elevado quando a credibilidade é perdida. A maior parte dos bancos centrais tem acesso a recursos em moeda estrangeira em quantidades grandes o suficiente para derrotar um ataque especulativo, porém isso requer que esses países estejam dispostos a subordinar ao câmbio todos os demais objetivos da política monetária.

Na sua análise, Obstfeld e Rogoff lembram os exemplos: a) da Suécia, que fixou o câmbio com relação ao marco alemão em março de 1991, sofreu o primeiro ataque especulativo em setembro de 1992, quando elevou a taxa do overnight a 500% ao ano, e sofreu um segundo ataque, passando a flutuar a coroa sueca em novembro; b) dos dilemas do governo Thatcher em relação à elevação da taxa de juros que era necessária para manter fixa a paridade da libra ao marco alemão; c) das crises cambiais do México, em 1973 e 1982; d) das crises cambiais da Argentina, em 1978 e 1981. A isso podemos adicionar as crises do Sudeste Asiático, em 1987, e a do Brasil, que foi forçado a abandonar um regime de bandas estreitas de flutuação em 1999, quando na sequência da crise da Rússia e do colapso do *Long Term Capital* foi obrigado a aderir à flutuação cambial e ao regime de metas de inflação.

Essa breve incursão na história de fracassos do regime de câmbio fixo é uma advertência contra a sua adoção. Quero começar analisando se é possível, abandonando os controles de capitais e utilizando apenas as intervenções no mercado (à vista e futuro) de câmbio, manter o câmbio nominal em torno de uma meta. Como lembram Obstfeld e Rogoff, as intervenções no mercado (à vista ou futuro) de câmbio são na grande maioria intervenções esterilizadas,[37] e essa é a forma como as intervenções são sempre realizadas no Brasil. Nos modelos monetários do câmbio nominal, como é o modelo de preços rígidos de Dornbusch,[38] as intervenções esterilizadas são ineficazes, porém podem ter alguma eficácia em modelos de portfólio nos quais os ativos domésticos são substitutos imperfeitos dos ativos internacionais, ou ainda devido ao efeito da "sinalização" por parte do Banco Central.[39] Embora não se possa negar a existência de alguma eficácia nas intervenções esterilizadas, há abundantes exemplos de que ela é muito baixa. Entre 2002 e 2012, por exemplo, através de intervenções esterilizadas, a grande maioria das quais realizada no mercado à vista de câmbio, o Banco Central comprou dólares intensamente, a ponto de passar as reservas internacionais de 50 bilhões de dólares em 2006 para 380 bilhões de dólares ao final de 2011. Porém, como vimos anteriormente (olhem para os gráficos 5 e 6, anteriormente), aquele foi um período de superávits no balanço de pagamentos, com um volume de ingressos de capitais excedendo em muito os déficits nas contas-correntes, e apesar da sequência de compra maciça no mercado à vista a moeda doméstica teve uma valorização contínua a uma taxa de 7% ao ano. Não se pode negar que tais intervenções possam ter reduzido a volatilidade do real, nem que se elas não tivessem ocorrido a valorização não poderia ter sido ainda mais intensa. Apenas registro o fato de que não foram intervenções pequenas, e assim mesmo assistimos a uma enorme valorização.

Um segundo exemplo se refere à eficácia das intervenções esterilizadas no mercado futuro de câmbio, através de swaps cambiais. Quer do ponto de vista de seus efeitos sobre a taxa cambial, quer do ponto de vista dos custos para o Banco Central e para o Tesouro, essas intervenções são totalmente equivalentes. A partir de 2012 cessaram as intervenções no mercado à vista (nesse período, a balança de pagamentos permaneceu em equilíbrio, como foi visto no gráfico 6) e, no entanto, o câmbio nominal passou a se depreciar mesmo com o Banco Central fazendo continuamente intervenções no mercado futuro de câmbio, através de swaps cambiais, o que equivale a uma venda no mercado futuro de câmbio. No auge dessas intervenções, o Banco Central acumulou em torno de 110 bilhões de dólares em swaps cambiais, o que equivale a uma venda de reservas de 110 bilhões de dólares, e, no entanto, o real continuou se depreciando.

Um terceiro exemplo ocorreu na transição do governo FHC para Lula, em 2002-3. Devido à incerteza quanto a um possível default da dívida soberana, o Embi chegou acima de 2500 pontos, e a preços da época a taxa cambial atingiu quatro reais por dólar. O *pass-through* dessa depreciação elevou as taxas de inflação acima de 16% ao ano. Para evitar uma forte elevação da taxa de juros, em uma economia que já estava deprimida, o Banco Central tinha que intervir para evitar uma depreciação ainda maior do que a ocorrida.[40] Porém, não dispunha de reservas, e como do ponto de vista de seus efeitos sobre a taxa de câmbio há, como foi dito acima, uma equivalência entre as intervenções no mercado à vista e no mercado futuro (ambas esterilizadas), o Banco Central tomou a decisão de vender o equivalente a 40 bilhões de dólares no mercado futuro de câmbio através de swaps cambiais. Devido à percepção de risco de um default, a demanda por parte dos investidores não residentes era por dólares à vista, visando sua remessa ao exterior, e não por hedge; e como ela não poderia ser satisfeita com a oferta de swaps cambiais, os investidores saíram à cata de dólares emprestados à vista, pagando tanto mais quanto maior fosse a sua percepção de risco de default. O aumento da demanda levou ao crescimento da taxa de juros de tais empréstimos — o chamado "cupom cambial" —, que naquele momento atingiu valores próximos de 50% ao ano. Se o país tivesse mais reservas não precisaria ter imposto à economia o custo de elevação forte do cupom cambial, mas ainda que pagando todo esse custo o real só voltou a se valorizar quando ficou claro que o risco de um default soberano havia terminado.

Muito mais difícil do que estabelecer limites para o câmbio nominal é trabalhar com metas para o câmbio real, que, como foi analisado anteriormente, é uma variável endógena e um preço relativo, que depende do comportamento dos preços dos bens domésticos. Embora o câmbio real de equilíbrio não possa ser diretamente fixado pela autoridade monetária, na sua qualidade de uma variável endógena que responde direta e indiretamente a vários instrumentos de política econômica pode, com o devido cuidado, ter seu comportamento influenciado por uma ação coordenada nos campos fiscal, monetário e de liberalização financeira. Primeiro, como o governo consome uma proporção maior de bens domésticos do que de bens internacionais, ao reduzir a demanda de bens domésticos, uma queda dos gastos do setor público pode levar a um câmbio real de equilíbrio mais depreciado, e, para contrabalançar a queda da demanda provocada pela contração fiscal, o Banco Central pode baixar a taxa de juros, reduzindo a atração de capitais e elevando os gastos totais da sociedade de forma a manter a absorção elevada. Em complemento, o canal do crédito pode ser utilizado para induzir um desvio dos gastos na direção de bens internacionais. Em conjunto, essas são ações que, feitas de forma coordenada, podem levar a um câmbio real de equilíbrio mais depreciado.

Na análise que desenvolveu sobre a proposta de Rodrik, Eichengreen analisou um exemplo de como a China deveria proceder quando teve que tomar medidas redutoras dos incentivos ao *export lead growth*, diminuindo seus superávits em contas-correntes devido ao aumento das pressões para evitar a ampliação do desequilíbrio mundial. O caminho a ser seguido constituía uma combinação de aperto monetário que provocaria uma valorização do câmbio nominal, acompanhado de um aumento dos gastos públicos, com o objetivo de manter elevado o nível de emprego, o que contribuía ainda mais para a apreciação do câmbio real de equilíbrio. Em adição, a China teria que buscar a liberalização e o desenvolvimento dos mercados financeiros de forma a encorajar os investimentos privados. Com uma combinação adequada desses três estímulos seria possível manter a demanda agregada no mesmo nível anterior (sustentando o emprego), porém com um deslocamento em favor dos bens domésticos, o que conduz a uma valorização do câmbio real. Um segundo exemplo relatado por Eichengreen é o das duas fases ocorridas na Coreia do Sul, nos anos 1960. Devido às pressões que elevaram os gastos públicos, antes de 1964 o câmbio estava sobrevalorizado,[41] e, da mesma forma como ocorreu no Brasil nos anos 1950, a tendência para déficits não sustentáveis nas contas-correntes foi combatida com um sistema de taxas múltiplas de câmbio, o que leva a uma sobrevalorização cambial que desestimula as exportações. Em maio de 1964, no entanto, foi realizada uma reforma através da qual o sistema de câmbio múltiplo foi unificado, o que em si constituiu uma desvalorização significativa, mas ao mesmo tempo as autoridades se engajaram em uma forte consolidação fiscal. Esta última foi tão grande que a razão entre receitas e gastos do governo se elevou de 0,91 em 1963 para 0,99, em 1964, 1,13, em 1965, e 1,24, em 1966. Com essa combinação de instrumentos, a depreciação não levou a uma inflação de bens domésticos que reduziria o câmbio real, que se manteve em níveis competitivos.

São duas as lições trazidas por todos esses exemplos. Primeiro, é perfeitamente possível ter metas para o câmbio nominal, e o mundo tem grande experiência com esse regime. Afinal, essa era a essência do regime de Bretton Woods, que não se sustentou, da mesma forma como não se sustentaram os inúmeros exemplos do período pós-Bretton Woods citados neste capítulo. Porém, o Banco Central tem que subordinar a política monetária ao objetivo do câmbio, e o veredicto da história é muito desfavorável a todos esses exemplos. Segundo, ainda que seja difícil temos que reconhecer que não é impossível afetar o câmbio real de equilíbrio. Mas ele exige um grau elevado de perícia na condução da política macroeconômica, que à primeira vista é tão ou mais exigente do que a perícia e a habilidade que são necessárias para implementar reformas que levem a uma solução de *first best* na remoção das distorções que impedem um maior grau da economia.

O maior empecilho para uma abertura comercial não deriva de uma falta de diagnóstico, da ausência de instrumentos para realizá-la ou da falta de um número enorme de evidências históricas dos efeitos da abertura em outros países que tiveram sucesso com a sua adoção. Ele vem da subordinação das políticas públicas aos interesses de grupos de pressão suficientemente poderosos em termos políticos para impedir que as reformas sejam executadas. Foi assim no período entre o final da Segunda Guerra Mundial e o Paeg, como exposto no capítulo 2, quando a política econômica foi direcionada para atender os interesses da indústria. O lado positivo daquele episódio é que ele permitiu, através da substituição de importações, acelerar por algum tempo o crescimento, mas a nossa própria experiência e a dos demais países que se beneficiaram daquela estratégia evidenciam que ela tinha limites. Foi assim, novamente, durante o regime militar, quer na tentativa de promover exportações durante o milagre brasileiro, quer com o II PND, como foi exposto nos capítulos 3 e 4. E, por fim, foi assim durante os governos populistas de Lula e de Rousseff, cujo envolvimento com a indústria lembra o que existiu durante o governo militar. Na realidade, do ponto de vista da gestão macroeconômica, há poucas diferenças entre as políticas adotadas no período do regime militar que tomou o poder em 1964 e as dos governos populistas de esquerda. Ambos compartilham de uma crença quase religiosa nos benefícios do social-desenvolvimentismo, que conseguiu construir uma narrativa que supera a lógica e as evidências empíricas. O tipo de política econômica ligado ao comércio internacional, no Brasil, é mais um exemplo do que Schiller chamou de *narrative economics*, que serve de base para o acordo implícito entre o governo e os interesses dos grupos de pressão, mas que infelizmente não conseguirá acelerar o crescimento econômico.

APÊNDICE
O CÂMBIO REAL DURANTE A PANDEMIA

APÓS UMA PEQUENA QUEDA NO início de 2020 (mais especificamente, a partir do início da pandemia) os preços internacionais das commodities voltaram a crescer, acumulando até maio de 2020 um aumento em torno de 40%. Neste texto, examino por que o câmbio real não se valorizou apesar dos ganhos nas relações de troca gerados por esse movimento.

Durante o "superciclo de commodities" — que se estendeu de 2002 a 2011, com uma interrupção na crise internacional de 2008-9 —, o índice CRB de preços internacionais de commodities aumentou 140%. A força motriz mais importante desse movimento foi o crescimento sustentado do PIB da China, cujas taxas passaram de 8% ao ano em 2002, até em torno de 14% ao ano em 2007, e após queda provocada pela crise internacional voltou a crescer 12% em 2010. A segunda força motriz foi o significativo enfraquecimento do dólar. Não estamos mais diante de um crescimento chinês tão alto. Logo após a curta recessão imposta pela pandemia, no início de 2020, a China voltou a crescer com intensidade temporariamente superior à de seu PIB potencial, que gira em torno de 5,5% ao ano, e, assim, com tendência a cair de forma mais lenta.

Apesar de ser um ciclo de commodities mais curto, o Brasil beneficiou-se em 2020-1 de um ganho de relações de troca. Para entender por que o câmbio real de equilíbrio não se valorizou, estendemos as projeções fora da amostra apresentadas no gráfico 3 do capítulo 7. A resposta é que, apesar dos ganhos de relação de troca, esse câmbio teve uma ligeira depreciação em vez de uma valorização. Isso se deve aos efeitos cumulativos do aumento do passivo externo — os sucessivos déficits nas contas-correntes —, que, como demonstra o gráfico 4 da p. 255, são comandados pelos movimentos do passivo externo, os quais continuaram a crescer devido aos déficits elevados em contas-correntes.

No entanto, não somente o câmbio real de equilíbrio não se valorizou, como o *overshooting* — o excesso do câmbio real atual sobre o de equilíbrio —, presente no início de 2020, se manteve elevado até o último dado disponível, em maio de 2021, o que explica por que temos que olhar o câmbio em sua dualidade. Como vimos no capítulo 4, quando as taxas de câmbio eram fixas (no regime de Bretton Woods e nos anos subsequentes) um aumento da oferta de moeda nos Estados Unidos levava a um aumento da oferta de moeda e da inflação mundiais, enquanto no regime de câmbio flutuante não mais temos que nos preocupar com uma inflação mundial. Contudo, como continua sendo a moeda de reserva, o dólar não perdeu o poder de transmitir ao mundo os efeitos de mudanças na política monetária provocadas pelo FED.

Em torno de abril de 2020 começamos a assistir a um estímulo monetário gigantesco nos Estados Unidos. Tudo se iniciou com a derrubada da taxa dos *fed funds* para o menor nível passível de ser praticado (0,25% ao ano), seguido de uma aquisição em torno de 2 trilhões de dólares de *treasuries*, que prosseguiu nos meses seguintes. Estímulos desse tipo, bem superiores aos ocorridos na crise de 2008-9, tendem a acentuar os déficits comerciais e nas contas-correntes nos Estados Unidos (conforme explica o "dilema de Triffin", exposto no capítulo 4), mas, por gozarem do privilégio exorbitante de emitirem uma moeda de reserva, não têm que se preocupar com o financiamento de seu balanço de pagamentos. Simplesmente "pagam" com sua própria moeda o déficit acumulado com o resto do mundo. Se os demais países fixassem o preço de sua moeda em relação ao dólar sofreriam um aumento da inflação, como ocorreu no regime de Bretton Woods. Como o câmbio flutuante funciona como um "absorvedor de choques", em vez de elevar o nível mundial de preços, uma expansão monetária exagerada nos Estados Unidos leva a uma valorização das moedas ao redor do mundo.

Uma evidência dessa reação aparece no comportamento do *dollar index*, cujo numerador tem uma média ponderada de sete moedas (euro, libra, iene, dólar canadense, dólar australiano, coroa sueca e franco suíço), e que já se enfraqueceu em torno de 10%. A grande maioria das demais moedas seguiu o mesmo movimento dessas sete. No gráfico 1, construído com dados diários a partir do primeiro dia útil de janeiro de 2018, verifica-se que desde a mudança de postura do FED (a linha vertical) todas as moedas ali representadas mostraram uma valorização, mas o real se manteve flutuando (com grande volatilidade) em torno de um patamar estável.

Contudo, o real não é a única exceção. Ocorreram fortes depreciações da lira turca e do peso argentino, cujos países enfrentam profundas crises, e em menor escala no Peru, que vive uma crise política. Uma quarta exceção é o rublo, que teve um comportamento semelhante ao do real, sofrendo uma depreciação inicial, porém não seguida de uma valorização. O comportamento da moeda brasileira reflete um prêmio de risco associado à piora do quadro fiscal. Vimos no capítulo 6 que, apesar da emenda constitucional que criou um teto de gastos e da aprovação da reforma da previdência, o ciclo de consolidação fiscal não se completou, e na resposta à pandemia o governo realizou um déficit primário incompatível com sua realidade. Os reflexos aparecem no mercado de ativos. Cresceram os prêmios na curva de juros e na taxa cambial. Para minimizar os riscos, os fundos de multimercado que administram recursos de residentes elevam a proporção de ativos estrangeiros em suas carteiras, e não residentes têm a mesma reação. O crescimento que ocorrera quando da perda do grau de investimentos já havia alterado profundamente os ingressos nas contas de capitais e financeiras, cessando o período de enormes ingressos e gerando saídas líquidas (conforme indica o gráfico 6 do capítulo 4), mas se acentuaram daí em diante.

No gráfico a seguir está representada a mediana de uma amostra de vinte moedas, verificando-se que a grande maioria segue de perto a sua trajetória de valorização — o Brasil é a exceção. Se construíssemos mais um gráfico, superpondo esta mediana ao dólar índex, verificaríamos que os comportamentos são muito próximos.

Gráfico 1: Taxas cambiais com base em dados diários

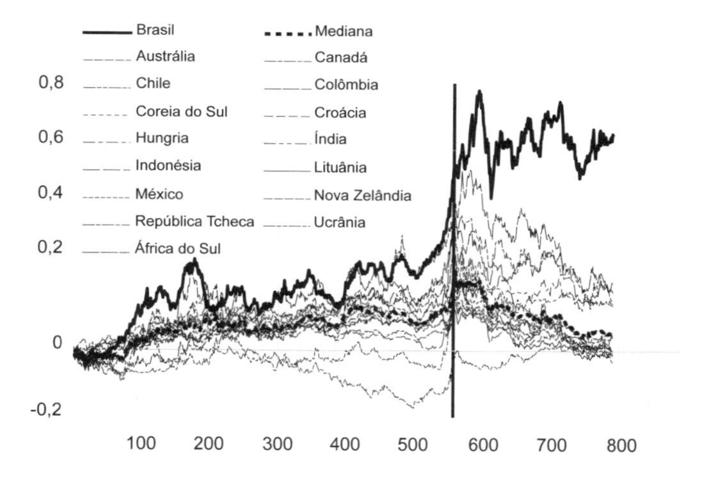

AGRADECIMENTOS

Na elaboração do livro me beneficiei de críticas, sugestões e colaborações inestimáveis. Agradeço, inicialmente, à equipe da Companhia das Letras, em especial a Otávio Marques da Costa, Camila Berto, Julia Passos e Fábio Bonillo, que com gentileza e mãos firmes lapidaram um manuscrito pouco compreensível. Marcelo Gazzano e Christopher Gomes Galvão me ajudaram na escavação arqueológica que permitiu escrever o capítulo 3, e Paula Magalhães, Eduardo Longoni, Pedro Borges e Luca Mercadante tiveram a paciência de tornar inteligíveis todos os meus gráficos. Agradeço ao grande amigo José Roberto Mendonça de Barros, a quem devo as discussões sobre os capítulos 1 e 3. Alexandre Schwartzman pacientemente leu e criticou uma primeira versão do que se transformou nos capítulos 4 e 5. Minha esposa, Maria Cristina Pinotti, com quem discuto diariamente os problemas do nosso país, conduziu-me no entendimento de como as nossas instituições políticas foram enfraquecidas, expondo-nos à piora do regime fiscal que foi abordada no capítulo 6. Agradeço a leitura de Miguel Bandeira e o empenho e a dedicação de Marcos Lisboa, que leu criticamente todos os capítulos e muito me estimulou com suas observações, sugestões, e com a insistência na publicação do presente livro.

NOTAS

1. AGRICULTURA E DESENVOLVIMENTO ECONÔMICO [pp. 25-63]

1. Delfim Netto (1959).
2. Alves e Pastore (1978).
3. Com as terras cultiváveis se distanciando mais e mais dos centros consumidores e dos portos, foram necessários investimentos em infraestrutura com consideráveis retornos sociais (sem eles o país não conseguiria expandir a produção agrícola), mas devido aos fretes pagos para atingir os portos foram aumentados os custos para a agricultura exportadora, o que reforçava ainda mais a necessidade de elevar a produtividade do setor.
4. Hayami e Ruttan (1971).
5. Griliches (1964).
6. Ao elevar a renda dos trabalhadores, a industrialização aumentava a demanda de alimentos, mas, devido à inelasticidade da oferta agrícola aos preços, a produção não crescia, ocorrendo uma inflação que, na visão dos "estruturalistas", não deveria ser combatida usando os instrumentos fiscal e monetário, sob pena de levar a uma recessão e à paralisação do desenvolvimento.
7. Um influente trabalho publicado à época afirmava que "se a propriedade

das terras está vários estágios afastada daqueles que efetivamente a cultivam, os incentivos para a melhoria dos métodos de cultivo, para o uso de fatores de produção mais modernos, de novas práticas de conservação do solo, são necessariamente mais fracos" (Grunwald [1961]).

8. Paiva (1969); (1971); (1975).
9. Schultz (1964).
10. Lewis (1954).
11. Solow (1956).
12. Pastore (1969); (1971).
13. Mendonça de Barros (1974).
14. Todaro (1969).
15. Harris e Todaro (1970).
16. Acemoglu e Robinson (2012).
17. Rodrik (2018).
18. Johnston e Mellor (1961).
19. Krishna (1963); Falcon (1964); Dean (1966); Eddel (1965).
20. Hopper (1961).
21. Welch (1956); Chenareddy (1967).
22. Uma das razões é o protecionismo à indústria doméstica de máquinas. Outra seria a inexistência ou a baixa eficiência das pesquisas genética e agronômica. Embora existam exemplos do setor privado gerando variedades mais produtivas, esse tipo de pesquisa se assemelha a um bem público, que tem elevados retornos sociais, mas a inexistência de mecanismos eficientes de proteção à propriedade (uma patente) não garante o retorno privado. Instituições públicas assumem essa função, como a Embrapa, que tem papel preponderante no caso brasileiro, como veremos adiante.
23. Um segundo exemplo é o Nobel conferido a Eugene Fama pela criação da hipótese de mercados eficientes, e a Robert Schiller, por evidências que a negam. O terceiro agraciado nesse mesmo ano foi Lars Peter Hansen.
24. Delfim Netto e outros (1965).
25. Brandt (1965).
26. Pastore (1969); (1971).
27. Nerlove (1958).
28. Pastore e Mendonça de Barros (1976).
29. É fácil ver por que essa é uma função "separável": em $F(K,L)$ há substituição entre capital mecânico e mão de obra, e em $\phi(A,\rho)$ há substituição entre a área cultivada e o capital do tipo biológico. Mas não há substituição entre um dos dois elementos de $F(K,L)$, considerados

de maneira isolada, e cada um dos elementos de $\phi(A,\rho)$, considerados isoladamente.

30. Ao longo deste capítulo, o símbolo $\hat{x}^t$ será usado para designar a taxa de variação instantânea de uma variável x.
31. Ekhaus (1955).
32. Quando Paiva enunciou sua hipótese sobre o mecanismo, em 1968, o Brasil era um produtor muito pequeno de soja, mas na metade dos anos 1970 a realidade já era outra. Em *A resposta da produção agrícola aos preços*, estimei uma enorme elasticidade de resposta da soja ao seu preço (2,6% a curto prazo, e mais de 15% a longo) com uma única explicação: o produto era tão rentável que gerava uma enorme resposta aos estímulos de preços, e provavelmente sua produção cresceria com força no Brasil. O que era uma mera conjectura provou ser realidade.
33. Por incrível que pareça, tivemos no Brasil um ministro com essa crença. Ele foi Celso Furtado, que posteriormente foi um crítico voraz do crescimento econômico durante o período de 1968 a 1973, como veremos no capítulo 3.
34. Todaro (1969); ; Harris e Todaro (1971).
35. Pastore, Alves e Rizzieri (1974).
36. Ayer e Schuh (1972); Griliches (1958); Peterson (1967); Evenson (1967).
37. Gasques, Bastos, Valdes e Bacchi (2012).
38. O índice de Turnqvist foi criado em 1936 no Banco da Finlândia. Denominando por $q_{t,t-1}$ a taxa agregada de variação da produção entre t e $t-1$ de cada um dos n produtos incluídos no cálculo, sua estimativa é dada por $(1+q_{t,t-1}) = \prod_{j=1}^{n}[Yi_t / Yi_{t-1}](Si_t + Si_{t-1})/2$, em que o símbolo $\prod$ indica o produtório das variações (Yi_t / Yi_{t-1}), e os pesos S_i são as proporções de cada produto no valor bruto da produção. Para chegar ao índice se faz um encadeamento, que se inicia tomando o ano base igual a cem, com o ano seguinte obtido multiplicando cem por $(1+q_{1,0})$; o ano subsequente multiplicando esse valor por $(1+q_{2,1})$, e assim por diante. Seus resultados são extremamente próximos aos obtidos com a aplicação do índice ideal de Fischer, que é a raiz quadrada do produto dos índices de Laspeyres e de Paasche. Sobre as propriedades do índice e exemplos de comparação entre ele e o índice ideal de Fischer, ver Dean Harper e Sherwood (1996).
39. Foi estimada uma regressão linear do logaritmo da produção contra uma tendência linear, com uma variável *dummy* utilizada para colocar à prova a alteração no intercepto e na declividade. O teste rejeita a hipótese de que não houve elevação da tendência. Esse mesmo teste foi aplicado a

todas as variáveis apresentadas na tabela 4, e em todas elas ocorreu a quebra de estrutura no mesmo ano e significativamente diferente de zero.

40. Denominando por $(1 + \iota_{t,t-1})$, a taxa de variação de cada um dos três insumos primários entre t e $t - 1$ é dada por $(1 + \iota_{t,t-1}) = \prod_{j=1}^{3} [Xj / Xj_{t-1}](Cj_t + C_{t-1}) / 2$, em que Xj é indicativo do insumo, e cada Cj é o seu peso, dado pela sua participação no valor total dos insumos.
41. Em princípio, isso também seria passível de estimação. No caso do milho híbrido, por exemplo, Griliches (1958) foi capaz de estimar a taxa de retorno dos investimentos, e para isso teve que obter estimativas do que foi investido na geração da variedade e do acréscimo de produção por unidade de área. Com esses dados, e assumindo uma taxa de desconto razoável, o valor do estoque de conhecimento relativo ao milho híbrido — o capital biológico desse produto particular — nada mais é do que o valor presente do fluxo adicional de renda gerado pela sua adoção. Em teoria a solução é fácil, mas na prática reconheço que é extremamente difícil.

2. AS SEMENTES DA "INFLAÇÃO INERCIAL" [pp. 65-103]

1. Feenstra, Inklaar e Timmer (2015).
2. Franco (2017).
3. Fischer (1994).
4. De acordo com o "princípio da classificação efetiva de mercados" enunciado por Mundell (1968), a "vantagem comparativa" da política monetária em um regime de câmbio fixo obriga a utlizá-la para atingir o "objetivo externo", que é o balanço de pagamentos.
5. Novamente o princípio da classificação efetiva de mercados, de Mundell.
6. North (1990).
7. Baer e Kerstnetsky (1962).
8. Ruggles (1962); Felix (1962).
9. Chacel, Simonsen e Wald (1969).
10. No entanto, foi cometido um erro que teria consequências graves mais tarde. Em vez de determinar que a incidência do ICM ocorreria no estado de destino do produto, estabeleceu-se sua incidência no estado de origem, o que estimulou o desenvolvimento de uma guerra fiscal que persiste até hoje, e que foi acumulando distorções que impedem a grande vantagem

de um IVA, que é a total isenção de sua incidência nas exportações, independentemente do número de etapas no processo produtivo.

11. Jaloretto (2016).
12. Campos (1984).
13. Franco (2017).
14. Ibid.
15. A ligação entre a base monetária e o estoque de M1 — o papel-moeda em poder do público mais os depósitos à vista nos bancos comerciais e no Banco do Brasil — é dada pelo multiplicador de meios de pagamento, $M1 = kM^B$, em que $k = 1/[h + (1-h)(\delta + h)$, em que $h = M^P / M1$, $\delta = R / D^{BC}$ e $\gamma = D^{BB} / (D^{BB} + D^{BC})$, sendo D^{BC} os depósitos do público nos bancos comerciais.
16. No período anterior ao Paeg, o déficit de caixa do Tesouro era predominantemente financiado pela emissão de base monetária. Sobre esse ponto, ver Simonsen (1970), Fishlow (1974), Penha Cysne (1985) e Kafka (1967).
17. Ferreira (2016).
18. O objetivo declarado para tal decisão era o de "dinamizar e fortalecer o incipiente mercado aberto de títulos públicos".
19. O interesse do ministro da Fazenda na presidência do CMN era que fosse praticada a menor taxa de juros, não apenas pelos seus efeitos sobre a dívida pública como também pela crença de que, devido à indexação, os custos da inflação seriam pequenos, e que, com juros baixos — ainda que à custa de mais inflação —, o país cresceria de forma mais acelerada.
20. Ferreira (2016).
21. Durante o governo Geisel, três diretores do Banco Central deixaram de ser membros votantes no CMN, e simultaneamente foi elevado o número de membros participantes das votações.
22. Há duas fontes possíveis de senhoriagem: a inflação e o crescimento da renda real. Admitindo que todo o estoque de moeda seja igual à base monetária, derivando o cociente entre o estoque de moeda e o PIB, $m = (M / yP)$, chega-se a $\sigma = (\pi + g)m + dm / dt$, em que σ é a senhoriagem, πm é o imposto inflacionário e gm é a senhoriagem do crescimento, com g designando a taxa de crescimento do PIB.
23. O plano não poderia falhar, e além da ancoragem do câmbio fixo era necessário elevar a taxa de juros, o que diante da mobilidade de capitais exigia que se implantassem controles sobre os ingressos de capitais.
24. Na presença de mobilidade internacional de capitais, a elevação da taxa

de juros atrai capitais cujo ingresso eleva a oferta de moeda, impedindo a manutenção dos juros elevados.

25. Desde 1986, com a criação da Secretaria do Tesouro, existiam as condições necessárias para separar as funções do Tesouro e do Banco Central, com o primeiro sendo encarregado da administração da dívida pública e o segundo, da execução da política monetária através de operações de mercado aberto realizadas com base em sua carteira própria de títulos públicos. Esse assunto será tratado em detalhe no capítulo 7.
26. Como u_t é uma variável aleatória com média nula, calculando a esperança matemática dos dois lados da equação obtemos $E(\pi_t) = \pi_{t-1}$, o que significa que o valor esperado da inflação em t é a inflação efetivamente ocorrida em $t-1$.
27. Franco (2018).
28. A teoria da inflação inercial é um bom exemplo do que Schiller (2019) chamou de "*narrative economics*" [narrativa econômica]. Para ele, "uma *narrativa econômica* é uma história contagiosa que tem o potencial de mudar como as pessoas formulam decisões econômicas, como a decisão de contratar ou esperar por melhores tempos, a de arriscar seu pescoço ou ser cauteloso em um negócio, ou ainda a de lançar um empreendimento de negócio versus a de investir em um ativo especulativo". A poderosa retórica usada na defesa da "teoria da inflação inercial" contagiou corações e mentes, e isso foi fundamental para conseguir o apoio de políticos e da sociedade. Mas ela foi apenas um instrumento. O sucesso se deve à qualidade da teoria econômica usada em sua formulação, começando pela separação das funções da moeda na sua fase de transição, e na criação de uma âncora nominal após a sua implantação. O Plano Real não se baseou em nenhuma "nova teoria". Apenas fez uma correta aplicação da teoria econômica já existente.
29. Taylor (1979, 1980).
30. A solução é exposta em Sargent (1987), no capítulo x.
31. Por substituições sucessivas a equação (13) pode ser escrita na forma $x_t = \eta / c(1-\eta k)\sum_{j=0}^{\infty}(1/c)^j m_{t-j}$, na qual os salários em t dependem das ofertas monetárias passadas com pesos declinantes no tempo.
32. O caso mais geral, no qual há simultaneamente algum grau de indexação e expectativas racionais, é dado pela solução da equação (12), que é uma equação a diferenças finitas de segunda ordem com duas raízes, uma menor do que um, que determina o grau de persistência, e a outra superior à unidade, que mostra de que forma os salários dependem das expectativas

das ofertas de moedas futuras. Ver a esse respeito Sargent (1987), capítulo X. Vale a pena um exemplo numérico para avaliar o comportamento das variáveis. Admitamos que a elasticidade dos salários em relação à demanda agregada seja unitária $\eta = 1$, que $\delta = 0,5$, e que $k = 2$. Nesse caso, teremos $c = 3$ e $\lambda = 0,17$. O coeficiente da autoregressividade será bastante pequeno: existe uma inércia inflacionária, mas de intensidade baixa. No entanto, se fizermos $\delta = 0,9$, teremos $\lambda = 0,303$. Este exemplo mostra que, mesmo na presença de expectativas racionais, pode existir inércia, cujo grau se eleva com o aumento da rigidez de preços, como foi amplamente demonstrado por Taylor.

33. Sargent (1987), capítulo 11.
34. Este assunto é desenvolvido em detalhe no capítulo 4.
35. Mundell (1968).
36. Dornbusch (1982).
37. Para praticar uma regra de PPP no reajuste de câmbio preservando graus de liberdade na execução da política monetária é necessário introduzir controles sobre os movimentos de capitais. Isso foi feito no Plano Real durante o período da âncora cambial. Contudo, nos anos do "milagre brasileiro" e na execução do II PND, o interesse do governo era obter financiamentos externos para os investimentos, desconsiderando essa alternativa por completo.
38. Dornbusch analisou as consequências de uma maior acomodação cambial e concluiu que o crescimento de β, dado o valor de α, pode aumentar ou reduzir o grau de persistência. Isso decorre do fato de que os ajustes cambiais afetam os preços (e o produto) por dois caminhos distintos: o da demanda e o dos custos. No entanto, seus resultados só são obtidos quando a acomodação cambial se altera sem que se modifique o grau da acomodação monetária. Embora possamos imaginar que tal independência ocorra para valores intermediários de β, é muito difícil imaginarmos que com o câmbio sendo reajustado em uma regra de paridade de poder de compra seja possível controlar a oferta de moeda sem que haja controles de capitais. No período no qual o governo utilizou essa forma de reação nos reajustes da taxa cambial, ele também vinha realizando investimentos financiados por empréstimos externos, e por isso não havia sentido em introduzir controles de capitais. Nessas circunstâncias, não havia como estabelecer um valor de $\alpha \neq 1$, chegando-se à total acomodação monetária.
39. Pastore (1977); (2015), cap. 2. No período coberto pelas evidências empíricas aqui apresentadas não se rejeitava a hipótese de estabilidade da

demanda de moeda, o que permitia prever a inflação em função dos movimentos em M1 (a velocidade-renda da moeda se ajustava endogenamente às expectativas de inflação). Uma estimativa da demanda de moeda está em Pastore (1969). King (1972) criticou os resultados desse artigo sob o argumento de que eram artificialmente produzidos por um "erro de deflacionamento comum" nas variáveis dos dois lados da equação. Na resposta a essa crítica demonstrei [Pastore (1973)] que não havia tal erro. Bem mais tarde retornei ao tema [Pastore (1976)], mostrando evidências de que desde os anos 1980 a demanda de moeda se tornou altamente instável. A partir desse ponto nas discussões sobre política monetária, nunca mais fiz uso dos agregados monetários, passando a trabalhar com modelos (como os deste capítulo) nos quais o instrumento de política monetária é a taxa de juros.

40. Foi em 1969 que se iniciaram as minidesvalorizações cambiais em uma regra de paridade de poder de compra, e um pouco antes o governo passou a usar o controle de preços para segurar a inflação, e essa é uma forma de introduzir a "rigidez de preços" que acentua a inércia. Mas fica a suspeita de que a transição para a raiz unitária não ocorreu em um momento determinado, e sim de maneira gradual. Para buscar evidências a esse respeito, foi estimado com base em dados mensais um modelo na forma $\pi_t = b_0 + b_1\pi_{t-1} + b_2\mu_{t-1} + v_t$, no qual temos a taxa de inflação no mês t em função das taxas de inflação e de expansão monetária em $t-1$. Usando o teste de Bai-Perron foram determinadas duas quebras de estrutura e consequentemente três períodos. Em todos eles o coeficiente b_1 difere de forma significativa de zero, mas entre janeiro de 1950 e janeiro de 1959 a estimativa é $b_1 = 0{,}35$, com um intervalo de confiança de 95% entre 0,17 e 0,54; entre fevereiro de 1959 e fevereiro de 1967, a estimativa é $b_1 = 0{,}38$, com um intervalo de confiança de 95% entre 0,26 e 0,50; e o terceiro, de março de 1967 a dezembro de 1980, com $b_1 = 0{,}83$, com um intervalo de confiança de 95% entre 0,71 e 0,96.

3. O MILAGRE BRASILEIRO [pp. 105-38]

1. Como ocorreu com a "inflação inercial", esse também é um exemplo do que Schiller denominou "*narrative economics*". O objetivo político — combater o regime autoritário — explica a força do "contágio" do argumento.

2. Furtado (1962).
3. Um resumo da discussão à época com a perspectiva de hoje é apresentado no capítulo 2 do excelente livro de Ferreira de Souza (2018).
4. Malan e Wells (1982).
5. Fishlow (1972)
6. Langoni (1978).
7. Em entrevista recente dada a Lozardo (2019) em um livro em homenagem a Roberto Campos, quando perguntado por que havia demitido Dênio Nogueira da presidência do Banco Central, contrariando Campos que o havia indicado com um mandato fixo, Delfim Netto respondeu que Campos achava que a inflação era de demanda e que deveria utilizar a política monetária para reduzir as expectativas, "mas isso seria um erro, porque naquele momento a inflação era de custos, e não de demanda".
8. Solow (1956). Entre 1962 e 1965, fui participante de seminários e grupos de estudos conduzidos por Delfim Netto na FEA-USP. Entre eles havia seminários sobre a teoria do desenvolvimento econômico, nos quais foram estudados o que à época estava no *mainstream* da produção acadêmica, como os modelos da vertente neoclássica de Solow-Swan e da vertente mais à esquerda de Kaldor-Pasinetti, que por caminhos diferentes eliminavam a instabilidade do equilíbrio que era inerente ao modelo de Harrod-Domar. Foi nos seminários sobre o modelo de Solow que tomamos consciência de que o aumento da densidade de capital por trabalhador empregado não explicava integralmente o crescimento da produtividade por trabalhador, mas nesse ponto não fomos além de atribuir de maneira vaga essa diferença ao "progresso tecnológico".
9. Essa visão aparece na sua tese de cátedra, de 1962, na qual ele insiste que para que o crescimento ocorra é preciso que o governo desempenhe um papel predominante, porém em nenhum ponto é defendido que isso possa ser realizado através de regras de política econômica ou de estímulos ao crescimento da produtividade. Caberia ao governo utilizar uma grande margem de poder discricionário, "gerando" o crescimento.
10. Veloso, Vilella e Giambiagi (2008).
11. Em suporte a essa hipótese utilizo os dados de Bonelli e Rodrigues (s.d.), que, em um esforço para datar ciclos econômicos no Brasil no período anterior à existência dos dados trimestrais sobre as contas nacionais, utilizaram a metodologia do filtro de Kalman para obter uma estimativa do PIB trimestral, na qual dataram dois ciclos recessivos: primeiro com

quedas no primeiro e no segundo trimestres de 1963; e o segundo com quedas entre o terceiro trimestre de 1966 e o primeiro de 1967.

12. Ferreira e Veloso (2013).
13. Os autores partem de uma função de produção Cobb-Douglas, $y_t = A_t k_t^{\alpha} h_t^{1-\alpha}$. O estoque de capital físico foi construído usando a equação de inventário perpétuo $K_t = I_t + (1-\delta)K_{t-}$, na qual K_t é o estoque de capital, I_t é o investimento e δ é a taxa de depreciação do capital, e o estoque do capital humano foi estimado usando a metodologia de Mark Bils e Peter J. Klenow (2000), dada por $h_t = e^{[\theta(1-\psi)]} s_t^{1-\psi}$, na qual s_t é o grau de escolaridade média da mão de obra. A produtividade total dos fatores é estimada por resíduo, $A_t = y_t / k_t^{\alpha} h_t^{1-\alpha}$.
14. No modelo de Solow, quando a economia se encontra em uma fase de crescimento balanceado, o crescimento do capital e do produto ocorre à mesma taxa, mantendo constante a relação k / y, e em períodos de transição para uma nova fase de crescimento balanceado há uma elevação da relação capital/produto. Ou seja, o comportamento de k / y dá informações sobre a fase de crescimento da economia, e para avaliar esses pontos Ferreira e Veloso rearranjaram a função de produção, fazendo uma segunda composição, que assume a forma $y_t = A_t^{\alpha/(1-\alpha)} (k_t / y_t)^{\alpha/(1-\alpha)} h_t$.
15. Como o Brasil estimulava o ingresso de capital estrangeiro na indústria, a oferta desse tipo de capital era mais elástica, o aumento da PTF teria que acelerar a acumulação de capital físico. Já a oferta de capital humano era inelástica, aumentando os salários dos trabalhadores qualificados, e suas consequências sobre a distribuição de renda serão analisadas na parte final do capítulo.
16. Em 1950, a produtividade na agricultura correspondia a 15% da produtividade na indústria e a 12% da observada no setor de serviços. Entre 1950 e 1980, a relação entre a produtividade da agricultura e a de serviços se manteve relativamente estável, enquanto o setor industrial cresceu a uma taxa superior, de 4,1% ao ano.
17. Embora o Banco Central continuasse a contar com cinco membros votantes no CMN, cresceu a participação de outros ministros de Estado e de presidentes de outros bancos estatais, estabelecendo claramente qual era o objetivo do exercício do poder nas decisões daquele órgão colegiado, ou seja, aumentar a concessão de estímulos voltados ao crescimento econômico. Em 1967, o CMN tinha dez membros, incluindo dois representantes do setor privado, cinco dos quais eram o presidente e os diretores do Banco Central; em 1969, a inclusão dos ministros do Planejamento, da Agricultura, da Indústria e Comércio e do Interior elevou o número

a catorze membros; e em 1972 foram acrescidos mais dois membros, os presidentes da Caixa Econômica Federal e do BNH.

18. Entre 1966 e 1967, trabalhei na assessoria do Ministério da Fazenda e discordava daquele diagnóstico da inflação. Já vinha trabalhando em minha tese de doutorado, usando modelos de defasagens distribuídas para estimar as curvas de oferta de produtos agrícolas, e usei aquele ferramental econométrico para realizar uma estimativa da demanda de moeda no Brasil, que deu origem a um artigo que posteriormente foi publicado na *Revista Brasileira de Economia* (Pastore [1969]). O objetivo era colocar à prova a estabilidade da demanda de moeda e mostrar que a política monetária era o instrumento correto para combater a inflação. Obviamente, o impacto de minhas ideias no governo foi nulo. Obtido o doutorado, permaneci na FEA-USP até 1976, quando fui trabalhar na Funcex, e na tese apresentada no meu concurso de livre-docência, realizado em 1973, estendi o modelo dedicando um capítulo à explicação monetária da inflação, um segundo discutindo a oferta de moeda no Brasil, e um terceiro dedicado ao problema fiscal, com uma estimativa do imposto inflacionário. Delfim Netto fez parte da banca julgadora e não me reprovou. Por isso tendo a acreditar que naquele momento ele já tivesse abandonado as ideias anteriores sobre a natureza da inflação no Brasil, mas não estou seguro desse julgamento.
19. Esta seção se baseia nos trabalhos realizados na Fundação Centro de Estudos de Comércio Exterior entre 1976 e 1979, respectivamente: Funcex (1978); Funcex (1979a) e Funcex (1979b), em colaboração com José Augusto Arantes Savazini, Honório Kume e Joal Azambuja Rosa.
20. Acemoglu, Robinson e Johnson (2005).
21. Rodrik (2008).
22. Eichengreen (2008).
23. A pressão internacional e o entendimento do Acordo Geral de Tarifas e Comércio (GATT) fizeram com que em 1979 o governo brasileiro editasse dois decretos-lei que delegavam ao Ministério da Fazenda a competência para aumentar, reduzir ou extinguir o direito à restituição do IPI. Por meio de uma portaria, o ministro da Fazenda estabeleceu a data de 30 de junho de 1983 para a extinção do direito ao crédito-prêmio, mas o assunto continuou controverso, e durante quinze anos o STJ decidiu favoravelmente à compensação dos impostos federais, sob o entendimento de que uma portaria não poderia revogar um benefício concedido por lei.
24. Nas estimativas aqui apresentadas, foi utilizada uma versão preliminar

da matriz de insumo-produto estimada pelo IBGE, com uma classificação diferente da Nomenclatura Brasileira de Mercadorias (NBM). Para a estimação dos subsídios efetivos, foi necessário compatibilizar as duas classificações. Os resultados adiante apresentados usam a classificação de setores da matriz de insumo-produto.

25. A Lei 4502, de 31 de novembro de 1964, isentou de IPI todas as exportações, assegurando o ressarcimento do imposto relativo às matérias-primas e aos produtos intermediários quando não fosse possível sua recuperação pelo sistema do crédito tributário. A isenção do IPI se transformou em imunidade constitucional através da emenda nº 18, de 1º de dezembro de 1965. Com o Decreto-Lei 491, de 5 de março de 1969, ocorreram as isenções do IPI, do Imposto de Importação sobre os bens de capital destinados à implantação e ao reaparelhamento de empresas com programas de exportação. Na área do ICM foi criada a imunidade constitucional na exportação de produtos manufaturados, conforme o parágrafo 5º, artigo 24 da Constituição, de 24 de fevereiro de 1967, regulamentada pelo Ato Complementar nº 35, de 28 de fevereiro de 1967. Após sucessivas reformulações, os subsídios do ICM passaram a ser definidos pela Lei Complementar 24, de 7 de janeiro de 1975, que disciplinou o mecanismo de celebração de convênios para os estados e criou o Conselho de Política Fazendária (Confaz).
26. O crédito-prêmio do IPI foi instituído pelo Decreto-Lei 491, de 5 de março de 1969, e o crédito prêmio do ICM foi criado pelo Convênio 1/70, de 15 de janeiro de 1970, primeiro em caráter facultativo, tornando-se concessão obrigatória com o convênio AE-2/71, de 12 de janeiro de 1971.
27. Os cálculos apresentados usaram a fórmula proposta por Balassa, com a proteção aos insumos na média ponderada entre subsídios e tarifas. As proteções aos insumos vêm de uma tarifa, t_i, ou de um subsídio, s_i. Foram adotados os critérios de predominância, média ponderada, máxima proteção e mínima proteção, com base em $\pi_i = \delta s_i + (1+\delta)t_i$. Se predominaram insumos importados foi feito $\delta = 0$. No critério da máxima proteção ao insumo, foi tomado o maior valor entre s_i e t_i, e, no da média ponderada, tomamos $\tau_i = (X_i / X_i + M_i)s_i + M_i / X_i + M_i)t_i$.
28. A diferença entre os dois métodos relaciona-se ao tratamento dado aos bens *non-tradables*. Balassa considera os *non-tradables* equivalentes aos *tradables*, porém com incidência tarifária nula, mas Corden (1971) argumenta que esse método é inadequado porque seria irrealista supor que os *non-tradables* tenham oferta infinitamente elástica, como é o caso

dos *tradables* no qual por ser pequeno no comércio internacional o país é suposto ser um "tomador de preços".

29. Bruno (1967).
30. Savasini e Kume (1979). Em trabalho anterior, Savasini (1978) estimou as relações de input/output através dos vetores de custo obtidos pelo CIP. Faço questão de mencionar a origem dos dados, porque esse é o único exemplo que consegui encontrar em minha vida de um benefício líquido gerado pelo controle de preços.
31. Little e Mirrlees (1968).
32. Bacha (1972).
33. Bacha (1972).
34. Langoni (1974).
35. Mendonça de Barros e outros (1975).
36. Moldau (1985).
37. Todaro (1969).
38. Harris e Todaro (1970).
39. Harberger (1972).
40. Stiglitz (1974).
41. Popper (1959).
42. Fishlow (1972).
43. Rodrik (1994).

4. O II PND E A CRISE DA DÍVIDA EXTERNA [pp. 139-72]

1. Ao final de 1982, com a crise já desencadeada, 21 países retinham dois terços da dívida externa bruta de todos os países em desenvolvimento, incluindo não produtores e produtores de petróleo (Opep e não Opep), cada um deles com um mínimo de 10 bilhões de dólares. Na América Latina, cinco eram importadores líquidos de petróleo (Brasil, Argentina, Chile, Peru e Colômbia) e dois eram produtores (México e Venezuela). Na Ásia, tivemos cinco países (Coreia do Sul, Indonésia, Filipinas, Índia, Tailândia e Taiwan) e na Europa Oriental outros cinco (Polônia, Rússia, Iugoslávia, Alemanha Oriental e Romênia). Na África, havia três países (Argélia, Marrocos e Nigéria), dois dos quais eram produtores de petróleo (Truman [1986]).
2. Em pronunciamentos públicos, o ministro do Planejamento, João Paulo Velloso, explicava que o ideal para o Brasil seria ter um terço dos in-

vestimentos realizados por empresas privadas nacionais, um terço por empresas estrangeiras e um terço por empresas estatais.

3. A oferta total de bens e serviços é obtida somando o produto, Y, às importações, M, e a demanda agregada de bens e serviços é obtida somando o consumo das famílias, C, aos investimentos, I, ao consumo do governo, G, e às exportações, G. O equilíbrio impõe a igualdade $(X-M)=Y-(C+I+G)$, em que as exportações líquidas, $(X-M)$, são iguais ao saldo nas contas-correntes (para simplificar, admito nula a renda líquida enviada ao exterior), e $(C+I+G)$ é a absorção. Somando e subtraindo a arrecadação tributária, T, obtemos $[(Y-T)-C]+(T-G)-I=(X-M)$, em que $(Y-T)$ é a renda disponível. A diferença entre a renda disponível e o consumo é a poupança das famílias, e a diferença entre a arrecadação tributária e o consumo do governo constitui a poupança do setor público. Ou seja, a poupança das famílias é $S_f=(Y-T)-C$, e a poupança pública é $T-G=S_p$, e fazendo $S=S_f+S_p$, obtemos $S-I=X-M$, ou seja, as exportações líquidas (o superávit nas contas-correntes) são o excesso das poupanças sobre os investimentos.
4. Havia, também, uma penalização à produção de bens domésticos — como a construção civil —, que usam insumos transacionados no mercado internacional, como é o caso do aço.
5. Sachs (1989).
6. Países não quebram, mas bancos podem quebrar, e quando são "grandes demais para quebrar" o temor de uma crise sistêmica faz com que os governos os salvem. Essa é uma história que sempre se repete. Em 2008-9 enfrentaríamos uma nova crise sistêmica. No relato de Timothy Geithner, que em janeiro de 2009 assumiu o cargo de secretário do Tesouro dos Estados Unidos, a questão em 2009 era "como pode o governo restaurar a confiança durante uma crise? Parte da resposta, ainda que desagradável, era simples. O governo deve estar por trás das *faltering firms*, removendo os incentivos que podem transformar o medo em pânico". Ver a esse respeito Geithner (2014). Essa é sabidamente uma fonte de *moral hazard*, e foi justamente por tentar evitá-lo que Paulson, o antecessor de Geithner no Tesouro, permitiu a quebra do Lehman Brothers, que desencadeou a fase mais aguda da crise de 2008-9.
7. Como vivíamos um período de taxas de juros extremamente baixas, é difícil entender por que os países produtores de petróleo se satisfariam com as taxas de juros de um certificado de depósitos, em vez de pensar em outras formas mais rentáveis de investimentos.

8. Ferreira e Veloso (2013).
9. Ellery Jr. e Teixeira (2013); Bulgarin e outros (2010).
10. Fragelli Cardoso (2013).
11. O argumento, exposto no texto do II PND, ignorava que preços mais elevados estimulam o aumento da produção de petróleo pela exploração de reservas com custos marginais mais elevados; o uso de equipamentos elétricos mais eficientes no uso da energia; a criação de fontes alternativas de energia, entre outros.
12. Dois depoimentos dão a ideia clara do pensamento naqueles anos. Megginson e Netter (2001) afirmam que "a Grande Depressão; a Segunda Guerra Mundial e o rompimento do império colonial empurraram os governos para um papel mais ativo, incluindo a propriedade da produção e a provisão de serviços no mundo todo. Na Europa Ocidental os governos nacionais debatiam a profundidade na qual deveriam se envolver na regulação da economia nacional e quais seriam os setores industriais que deveriam ser reservados apenas à propriedade do Estado". Shleifer (1998) nos ensina que "consistentemente com a evidente falta de aversão à propriedade do Estado, no Pós-Guerra os países ao redor do mundo assumiram um papel enorme na produção, sendo proprietários de tudo, desde a terra e as minas até as fábricas e a indústria de comunicações, bancos, companhias de seguros, hospitais e escolas".
13. De acordo com os preços da época, o barril de petróleo (tipo Brent) saltou de uma média de 4,3 dólares em 1973 para treze dólares em 1974; ou, a preços de hoje (inflados pelo CPI/EUA com base cem em 1983), de vinte dólares para oitenta dólares, mantendo-se constante em termos nominais de 1974 a 1978, o que significa que, devido à inflação nos Estados Unidos, o preço caiu a preços de hoje para quarenta dólares. Um novo choque ocorreu em 1979, levando o preço médio do ano a 32 dólares, com o pico sendo atingido em 1980, 38 dólares. A preços de hoje, tal pico atingiu 140 dólares. Um exercício contrafactual substitui a trajetória observada de preços nominais da época por uma de crescimento linear, partindo de 4,3 dólares e se elevando até vinte dólares em 1983, o que equivale a manter constantes os preços corrigidos pelo CPI/EUA em 1974, 1975 e 1976, o que resulta em um déficit nas contas-correntes de 1% do PIB abaixo do ocorrido, e entre 1979 e 1982 chega a 2% abaixo. Porém, em 1981 e 1982, o Brasil já estava em uma recessão que havia sido em grande parte provocada pela queda do consumo das famílias e, consequentemente,

da absorção. Esse exercício mostra que o aumento do investimento foi a causa predominante do aumento do déficit nas contas-correntes.

14. Lane e Milesi-Ferretti (2006).
15. Para a exposição e a análise das "regras do jogo" desse regime ver McKinnon (1996), e para uma análise detalhada do seu desenvolvimento histórico ver Bordo (1993).
16. Obstfeld (1993).
17. Bordo (1993).
18. Entre 1949 e 1967 foram poucas mudanças de paridades cambiais entre os países do G-10. As exceções foram a flutuação do dólar canadense, nos anos 1950; as duas desvalorizações da França, em 1957 e 1958, e da libra, em novembro de 1967; a pequena revalorização da Alemanha e dos Países Baixos, em 1961; e outra revalorização do marco e desvalorização do franco francês, em 1969 [Bordo (1993), McKinnon (1996)]. Com a fixação do câmbio, perdeu-se aquela margem de flexibilidade e terminou a possibilidade de direcionar a política monetária para o equilíbrio interno.
19. Obstfeld (1993); Bordo (1993).
20. Solomon (1982).
21. Triffin (1960).
22. Bordo (1993).
23. A criação dos Direitos Especiais de Saque anunciada na reunião anual do FMI no Rio de Janeiro, em 1967, era um passo nessa direção.
24. McKinnon (1996).
25. Reinhart e Rogoff (2013).
26. Clarida, Gali e Gertler (1998); Judd e Rudebusch (1998).
27. Orphanides e Williams (2004).
28. Silber (2012).
29. Ibid.
30. Johnson (1976); Swoboda (1976).
31. Langoni (1976).
32. Negava, também, que o estabelecimento do cartel da Opep poderia ser atribuído ao ciclo de forte expansão mundial da demanda, ampliando a demanda de petróleo. Lembro nesse ponto o argumento de que cartéis só sobrevivem caso todos os seus membros se comprometam a conter a produção, bastando que um produtor importante resolva elevar a sua para que o cartel se dissolva. A disposição dos participantes do cartel se baseava em uma estratégia de longo prazo e não era dominada por um oportunismo de curto prazo.

33. Hirschman (1968).
34. Johnson e Swoboda não apenas contribuíram decisivamente para a construção do que hoje chamamos de macroeconomia de uma economia aberta, cuja maior contribuição foi dada por Alexander Mundell, como tinham grande influência nos Estados Unidos e na Europa nas discussões sobre política econômica. Nas frequentes visitas que fiz à Universidade de Chicago, através de Arnold Harberger e Larry Sjaastad, travei conhecimento com Mundell, Harry Johnson e com Alexandre Swoboda, do Graduate Institute of Geneva, onde Sjaastad era também um professor visitante, e tive a oportunidade de assistir a algumas sessões do Chicago Workshop, voltado aos problemas da economia internacional, e conferências que eles organizavam e que, por imposição de Johnson, de um terço à metade dos trabalhos discutidos deveriam ser escritos por economistas abaixo de trinta anos. Uma excelente amostra da qualidade das análises geradas sob o incentivo daqueles três economistas é o livro editado por Mundell e Swoboda (1968), contendo os trabalhos discutidos em uma conferência internacional realizada em Chicago naquele ano. Além de sua grande produção acadêmica, Mundell e Johnson foram professores de alguns dos economistas que contribuíram para a teoria da taxa cambial, como Jacob Frenkel, Michael Mussa e Rudiger Dornbush, sendo este último o grande protagonista na explicação do comportamento da taxa cambial e na extensão e no aprimoramento do modelo de Mundell-Fleming. Aquele era um grupo centrado em Chicago que nada tinha a ver com o liberalismo radical liderado por Milton Friedman e integrado por Stigler e Gary Becker, que junto com Aaron Director e Von Hayeck fundou a Sociedade de Mont Pèlerin. Admiro trabalhos de Friedman como a sua história monetária dos Estados Unidos, as contribuições de Stigler sobre a teoria da organização industrial, e as de Gary Becker no campo do capital humano, mas nunca fui seduzido pelos exageros aos quais o seu liberalismo chegou. Sobre as críticas aos extremos atingidos pelo liberalismo de Mont Pèlerin, recomendo a leitura do livro de Jonathan Aldred (2019).

5. A CRISE DA DÍVIDA EXTERNA E A SUPERINFLAÇÃO DOS ANOS 1980 [pp. 173-207]

1. Para entender o que foi necessário para que essa fase tivesse sucesso foram analisados em profundidade todos os seus aspectos econômicos e

jurídicos. Nada melhor do que ler a exposição feita pelo idealizador do esquema, Gustavo Franco (2017).

2. Entre 2002 e 2006, o forte crescimento dos preços internacionais de commodities levou a uma apreciação do câmbio real, que acentuou os estímulos ao ingresso de capitais em investimentos em carteira — renda fixa e ações —, com grande parte desses ingressos sendo comprada pelo Banco Central no mercado à vista de câmbio, levando à forte acumulação de reservas. Esse problema será tratado em profundidade no capítulo 7.
3. O Banco Central tinha a "memória" da crise dos anos 1980, quando cessaram as linhas de financiamento à exportação e o país não tinha reservas. Duzentos bilhões de dólares de reservas poderiam suprir os bancos com as linhas de financiamento contra a garantia dos recebíveis, e para esse propósito utilizou-se em torno de 15 bilhões de dólares.
4. Depois de uma tentativa frustrada de renegociar a dívida vencida junto a uma parte dos bancos internacionais e de obter recursos novos, ação que partiu do diagnóstico errado de que aquela era uma crise de liquidez, e não de solvência que ameaçava os países devedores e os bancos, o Brasil tomou a decisão de enfrentar a renegociação com a totalidade dos bancos, o que tomaria tempo. Iniciou-se, assim, a chamada Fase II da renegociação da dívida. Enquanto ela não fosse concluída, não havia como manter os pagamentos externos.
5. Havia uma lista estabelecendo a ordem de prioridade na liberação dos pagamentos, mas para evitar fraudes ela nunca foi publicada, sendo apenas do conhecimento do Banco Central.
6. Cerqueira (2003).
7. Adams e Gros (1986).
8. Dornbusch (1982).
9. Quando, na primeira fase do Plano Real, o governo usou a âncora cambial, mas queria também se certificar de que estava "matando" a inflação, optou por uma segunda âncora — as taxas de juros elevadas. Como naquele período os movimentos de capitais já eram intensos, teve que introduzir controles sobre os ingressos de capitais, livrando-se da trindade impossível.
10. Pastore e Almonacid (1975).
11. Lembro-me de uma discussão tida já ao final de 1984 ou início de 1985 com Sterie Beza em uma sala do FMI, na presença de Alexandre Kafka, o diretor brasileiro na instituição, e de outros membros da equipe brasileira, entre os quais estavam Delfim Netto e Madeira Serrano. A discussão

se deu quando Beza se referia ao comportamento da inflação seguindo um *random walk*, o que tornaria impossível o cumprimento da meta de base monetária, mas não conseguia argumentos convincentes de por que o FMI insistia em impor aquela condicionalidade.

12. Sachs (1989).
13. Cada banco reduz de maneira isolada o seu risco na medida em que participa no "sindicato" com apenas uma fração do total do empréstimo. Porém, no caso de uma crise sistêmica, o que vale para um banco isoladamente não vale para o conjunto. O erro cometido pelos bancos é um exemplo clássico de uma "falácia da composição".
14. A expressão significa reavaliar o estoque dos títulos representativos da dívida aos preços de mercado registrados naquele momento. Isso é possível apenas quando os empréstimos são securitizados e quando existe um mercado secundário para tais *securities*.
15. Uma evidência desse fato é o número enorme de consolidações bancárias que ocorreram na sequência daquela crise.
16. Em 16 de junho de 1983, foram iniciadas as negociações da Fase II entre o Brasil e os bancos credores, e em julho de 1983, com o Brasil já com reservas negativas no sentido de caixa, foi aprovada no CMN a Resolução 851 do Banco Central, estabelecendo a centralização cambial e as prioridades nos pagamentos ao exterior. Havia quatro projetos na Fase II; o Projeto A, com um empréstimo novo realizado pela totalidade dos bancos credores (em torno de 650) com um montante de 6,5 bilhões de dólares; o Projeto B, com o reescalonamento das parcelas de principal com vencimento em 1984, totalizando aproximadamente 5,2 bilhões de dólares; o Projeto C, de uma "Trade Commitment Letter", através da qual os bancos se comprometiam a manter em 1984 as linhas de crédito comercial de curto prazo no mesmo nível atingido em junho de 1983, no montante de 9,8 bilhões de dólares; e o Projeto D, com uma Interbank Commitment Letter mantendo para o ano de 1985 as linhas de crédito interbancário em 5,4 bilhões de dólares. A negociação foi concluída, e com a implementação da Fase II a Resolução 851 do Banco Central foi revogada em março de 1984, permitindo eliminar os atrasados existentes, terminando o ano de 1984 com reservas de dólares no sentido de caixa. Os detalhes estão em Cerqueira (2003).
17. Em última instância, o aumento das exportações líquidas ocorre com a queda da absorção em relação ao PIB, o que exige políticas monetária e fiscal contracionistas. O realinhamento cambial — entendido como a

depreciação do câmbio real — atua contraindo a demanda de bens internacionais em favor da demanda de bens domésticos e ajuda a expandir as exportações líquidas.

18. Hoje esse é um assunto superado, mas naqueles anos (e mesmo nos anos 1990) não era raro encontrar quem "deflacionasse" o câmbio real pelo índice de preço por atacado — IPA —, dentro do pressuposto de que "seria melhor do que seu deflacionamento pelo IPC porque o IPA é um índice mais abrangente". Sendo um preço relativo (entre *tradables* e *non-tradables*), o melhor deflator é o que inclui a maior proporção de *non-tradables*, como os serviços, o que dá clara preferência ao uso do IPC como deflator.
19. Froot e Rogoff (1994).
20. Faruqee (1995).
21. Mussa (1984).
22. Obstfleld e Rogoff (1995); e (1996) capítulo X.
23. Lane e Milesi-Ferretti (2000).
24. Aguirre e Calderon (2005).
25. A taxa de câmbio real cesta de moedas é uma média ponderada das taxas de câmbio reais dos quinze países mais significativos no âmbito do comércio exterior. São utilizados os índices de preços ao consumidor para transformar o câmbio nominal em câmbio real. No caso brasileiro, o índice é o INPC. A ponderação de cada moeda é dada pela participação das exportações de cada país sobre o total exportado. Os cálculos são do Banco Central do Brasil.
26. Lane e Milesi-Ferretti (2000).
27. No próximo capítulo, esse mesmo modelo será estimado com base em dados mensais com uma amostra mais longa e usando como variável dependente o câmbio real *trade-weighted*. Com base nessa nova amostra, os resultados do teste de cointegração são bem mais robustos.
28. Naquele caso, contudo, as estimativas foram realizadas através de um modelo VEC.
29. Isard (2007).
30. Pessôa e Lisboa (2020) comentam a controvérsia ocorrida entre Pastore, Mendonça de Barros e Kadota (1976 e 1978), de um lado, e Bacha (1977), de outro, sobre qual deveria ser a magnitude da depreciação cambial na resposta à crise do petróleo. Nenhum dos dois lados daquela controvérsia conhecia a literatura econômica aqui usada.
31. Lizondo (1991).

32. Calvo e outros (1995).
33. Tversky e Kahneman (2018).
34. Muth (1981).
35. Tanto η_t quanto ε_t são variáveis aleatórias com média zero, variância constante e autocovariâncias nulas.
36. A obtenção da equação (7) fica extremamente simplificada, escrevendo a equação (4) na forma $\pi_t^{\prime}\sum_{j=1}^{\infty}(1-\gamma)\gamma^j\pi_{t-j}=\frac{1-\gamma}{1-\gamma L}\pi_{t-1}$, na qual L é o operador de defasagens.
37. Obviamente, se fixar a taxa real abaixo da neutra, e como b é negativo, teremos $b\beta(r_t-\gamma r_{t-1})>0$, o que significa que a cada momento do tempo teremos sempre $\pi_t>\pi_{t-1}$, levando a uma trajetória *sempre crescente* da inflação.
38. Usando o operador L, a equação (7) é dada por $\pi_t=\pi_{t-1}+\beta b(1-\gamma L)r_t+$ $[(u_t+\beta v_t)-\gamma(u_{t-1}+\beta v_{t-1})]$, e usando $\pi_t^e=\frac{1-\gamma}{1-\gamma L}\pi_{t-1}$, chega-se a (9).
39. Em (8) as variáveis u_t e v_t são tais que $E(u_t)=E(v_t)=0$, com $E(u_t)=$ $E(v_t)=0$ $E(u_t)=E(v_t)=0$ para todo e qualquer valor de J. Impondo $[1+\beta bk(1-\gamma)]=0$, obtemos através de (9) que $E(\pi_t)=0$.
40. Modigliani (1987); e (1989).

6. O ETERNO PROBLEMA FISCAL [pp. 209-42]

1. Era essa a argumentação contida no *Livro branco do déficit público*, um documento do Ministério do Planejamento à época do Plano Cruzado.
2. O imposto inflacionário é apenas uma parte da senhoriagem. Vimos no capítulo 2 que, quando o estoque real de base monetária está em equilíbrio, a senhoriagem total é dada por $\sigma=(\pi+g)m$, que é a soma: do imposto inflacionário, πm, em que π é a alíquota e m é a base do imposto, e gm, que é a senhoriagem do crescimento. Quando as taxas de crescimento do PIB são elevadas (como era o caso naqueles anos), a contribuição da "senhoriagem do crescimento" pode ser grande.
3. Eichengreen, Hausmann e Panizza (2003); Reinhart, Rogoff e Savastano (2003). O Brasil ainda sofria o fenômeno da intolerância à dívida, que é a incapacidade de articular níveis de dívida que são manejáveis em países mais avançados, e era também vítima do pecado original, definido como a incapacidade de se financiar na própria moeda.
4. Blanchard (2019).
5. Alesina, Favero e Giavazzi (2019).

6. Acemoglu, Johnson e Robinson (2005).
7. Ver a esse respeito Pinotti (2019).
8. No capítulo 2 vimos que a moeda era passiva e que o estoque de moeda (papel-moeda em poder do público mais os depósitos à vista) é um múltiplo k da base monetária, com o valor de k (o multiplicador de meios de pagamento) sendo muito estável. Assim, a base monetária geradora da senhoriagem também respondia endogenamente à inflação.
9. Esse é o argumento clássico de Sargent e Wallace (1993).
10. Para provas com o devido rigor técnico, porém com os mesmos resultados expostos a partir da equação (4), ver: Bohm (1991); Hamilton e Flavin (1986); Trehan e Walsh (1988).
11. Pastore (1994).
12. Issler e Lima (1997).
13. Issler e Lima (1998).
14. Ferreira (2016).
15. Foram frequentes os períodos nos quais o governo tomou a decisão de "desvincular" a correção monetária da inflação, quer através da aplicação de uma regra, quer através de sua prefixação com o intuito de iniciar uma desindexação. Para instituições financeiras carregando posições ativas de títulos públicos, todos esses procedimentos geravam significativos ganhos e/ou perdas de capital que se ampliavam devido a que essas posições eram financiadas com depósitos de investidores remunerados à taxa do overnight.
16. Uma forma de repressão financeira era obrigar que investidores como companhias de seguro, fundos de pensão, entre outros, mantivessem uma proporção de seus ativos em títulos públicos. Gerava-se uma demanda "artificial" de títulos públicos, cuja expansão elevava os preços e baixava as taxas de juros.
17. O argumento sobre a possível perda de eficiência na política monetária é exposto em Pastore (1996); e (2015), capítulo 6.
18. Woodford (1998).
19. Modigliani e Brumberg (1954) admitem que durante os anos nos quais os indivíduos trabalham e ganham salários têm que planejar suas poupanças e acumular um estoque de ativos que será usado para custear seu consumo após a aposentadoria, ou que será deixado como herança para os seus descendentes. A "função consumo", dessa forma, depende da renda corrente disponível naquele momento, do valor presente de todo o fluxo de renda esperado desde o momento t, no qual a decisão está sendo

tomada até que sua renda cesse, além do valor de mercado do estoque de riqueza acumulada até aquele momento.

20. Se ocorre um ganho no seu estoque de riqueza, o indivíduo não precisa poupar tudo o que planejara antes, provocando um aumento do consumo.
21. Barro (1974).
22. Se os indivíduos tiverem expectativas racionais e observarem que o governo obedece à sua restrição orçamentária intertemporal, saberão que a uma sequência de déficits que eleva a dívida pública terá que se seguir uma sequência de superávits de igual valor presente. Isso significa que a um dado aumento da dívida pública corresponde a expectativa de sua redução no futuro, ou seja, existe um passivo fiscal futuro que atua na direção contrária, impedindo a expansão do consumo. Nesse caso, um aumento da dívida pública não é percebido como riqueza e não altera o consumo.
23. Obviamente essa é uma hipótese que tem que ser colocada à prova.
24. Na nota anterior, referi-me à necessidade de colocar essa hipótese à prova. Evidências contrárias à validade da equivalência ricardiana para os Estados Unidos foram obtidas por Modigliani (1983), (1986), (1987), mas desconheço no caso brasileiro estudos com esse objetivo.
25. Nos vários planos heterodoxos fracassados, sempre era constatado que na sequência da queda abrupta da inflação ocorria uma forte expansão da demanda agregada, e essa é uma reação fartamente documentada na literatura a respeito. A prudência levou os autores do Plano Real a optarem inicialmente por duas âncoras.
26. Essa é a razão para o salto da relação dívida/PIB, como é visto no gráfico 4, adiante.
27. Uma exposição detalhada do ocorrido nesse período é feita por Portugal (2016).
28. Freund (2000).
29. Goldfajn e Valdes (1996).
30. Esses dados excluem os swaps cambiais e a dívida externa do setor público.
31. Várias crenças foram pulverizadas naquele período. Uma primeira era que, contrariando o modelo de primeira geração de Krugman, com reservas elevadas não poderia existir um ataque especulativo. O ataque ao real ocorreu logo após o desembolso da privatização da Telebrás, que elevou as reservas a 70 bilhões de dólares, o nível mais elevado da história até aquele momento.

32. Froot e Rogoff (1995).
33. Usei na comparação a dívida líquida, definida como a dívida bruta menos as reservas.
34. Blanchard (2005).
35. A hipótese crucial neste ponto é que o grau de aversão ao risco dos não residentes supere o dos investidores domésticos.
36. O teste de Granger mostra que não se rejeita que o CDS "cause" a Selic, o que nada tem de estranho: afinal, o Banco Central reage às expectativas de inflação, e quando elas se elevam aparece um "prêmio de inflação" na curva de juros, elevando as taxas de juros de mercado. Sabemos, também, que mudanças bruscas de expectativas atuam quase sem nenhuma defasagem sobre os preços dos ativos, o que explica por que o Embi e o CDS de um ano reagem simultaneamente.
37. A estratégia foi claramente exposta por Fraga, Goldfajn e Minella (2003).
38. Portugal (2016).
39. Para esconder esse efeito sobre a dívida pública, o governo passou a utilizar um novo conceito de dívida líquida, que, além da dedução das reservas internacionais, as quais realmente são um ativo do governo, passou a deduzir também as transferências por fora do orçamento ao BNDES, como se essa instituição não fosse uma empresa totalmente pública.
40. Pinho de Mello e Carrasco (2018).
41. Esses foram dois canais através dos quais o que de forma benevolente denominaríamos "capitalismo de compadrio" se transformou em corrupção sistêmica. Para uma análise desse período do ponto de vista dos efeitos negativos da corrupção sobre o desenvolvimento econômico, ver Pinotti (2018).
42. Os artifícios eram válvulas que permitiam o financiamento direto do Banco Central ao Tesouro. O problema está relacionado ao tratamento dado pela Lei 11 803, de 2008, aos ganhos e perdas patrimoniais do Banco Central. Quando ocorre um ganho patrimonial, o Banco Central transfere os recursos ao Tesouro em dinheiro, e quando há uma perda o Tesouro transfere ao Banco Central títulos da dívida pública. Tais transferências seriam pequenas se o Banco Central não tivesse um grande estoque de reservas internacionais. No caso de uma depreciação, o Banco Central transfere os ganhos ao Tesouro através de um depósito na Conta Única. A Lei 11 803 determina que esses recursos só sejam utilizados para o pagamento da dívida, o que em princípio impede que sejam utilizados para aumentar os gastos do Tesouro. Se o Tesouro gastasse os recursos

provenientes dessa transferência através da conta única para realizar outros gastos, injetaria reais na economia, baixando a taxa de juros e obrigando que o Banco Central elevasse as operações compromissadas, de modo a manter a taxa de juros no nível desejado pelos objetivos de política econômica. Em princípio isso impede o financiamento do Tesouro na forma de senhoriagem. Porém, como é advertido por Mendes (2015), no episódio das "pedaladas", em 2015, foram usados artifícios que permitiram que disfarçadamente houvesse um financiamento direto do Banco Central ao Tesouro.

43. Em 2011, o Banco Central já tinha se submetido aos desejos do governo de manter a taxa de juros baixa. Naquele episódio, que ocorreu na época da crise da dívida europeia em 2011, a inflação no Brasil estava em ascensão, ao lado do crescimento dos riscos vindos do agravamento do problema fiscal na Europa, e mesmo assim o BC baixou a taxa de juros.
44. Portugal (2016).
45. Em 2019, doze estados haviam ultrapassado o limite imposto aos gastos de pessoal, oito dos quais por mais de quatro pontos percentuais, três por dez pontos percentuais e dois aproximando-se de 80%.
46. Acemoglu, Johnson e Robinson (2005).
47. Pinotti (2019).

7. CÂMBIO E CRESCIMENTO: REALIDADE E MITOS [pp. 243-80]

1. O remimbi desvalorizado reduz os salários reais expressos em preços dos bens internacionais, aumentando a taxa de retorno dos investimentos na produção industrial voltada para as exportações. Foi muito discutida no passado a simbiose entre China e Estados Unidos, levando ao que Dooley, Folkerts-Landau e Garber (2003) denominaram o regime de Bretton Woods II. A combinação do câmbio depreciado com elevadas poupanças levava a superávits nas contas-correntes chinesas, que eram investidos em títulos do Tesouro dos Estados Unidos, financiando grande parte dos déficits nas contas-correntes deste país e contribuindo para o equilíbrio mundial com taxa cambial fixa entre Estados Unidos e China.
2. Hausman, Pritchet e Rodrik (2005).
3. Rodrik (2008).
4. Subvalorização cambial não é um conceito arbitrário. Tanto um *over-*

shooting quanto uma bolha, ou mesmo um excesso de volatilidade cambial, podem por algum tempo levar a uma subvalorização, com pouco ou nenhum efeito sobre o lado real da economia. São conceitos que diferem de uma subvalorização duradoura, com a qual o câmbio real atual permanece por um extenso período mais depreciado do que algum conceito de câmbio real de equilíbrio. Ver a esse respeito Frankel (1993), cap. 6. Neste capítulo, uma subvalorização cambial é definida como quando o câmbio real atual permanece mais depreciado: ou em relação à medida de câmbio real de equilíbrio usada por Rodrik (2008); ou à utilizada por Aguirre e Calderon (2005), que, por sua vez, se assemelha à utilizada neste capítulo para avaliar o comportamento do câmbio real de equilíbrio no Brasil, ambas expostas mais adiante.

5. Eichengreen (2008).
6. Polónia Rios e Motta Veiga (2014).
7. Esse é o conceito de câmbio real em uma economia dependente exposto por Edwards (1989), Hinkle e Montiel (1999), e Edwards e Savastano (2000), entre muitos outros.
8. Isso requer um regime de câmbio fixo combinado com controles de capitais, e será analisado adiante.
9. Rogoff (2007).
10. Tversky e Kahneman (2018).
11. Os investidores não residentes não são indiferentes ao risco de câmbio. Para eles, o bônus negociado em reais está sujeito ao risco de câmbio, contra o qual podem se proteger com swaps cambiais. Há muitos anos que o Brasil tem um mercado líquido e extenso de derivativos cambiais, permitindo a utilização desse mecanismo de hedge, cuja liquidação é garantida pela B3.
12. Como nesses dois casos, o câmbio real atual se manteve (ainda que por um curto período) significativamente acima do câmbio real de equilíbrio e tivemos uma *subvalorização* cambial, que deveria ser promotora do crescimento. Foi, contudo, uma subvalorização passageira, gerada por uma forte depreciação do câmbio nominal provocada pelo risco de um default iminente da dívida. Seu reflexo sobre o câmbio real teria que se dissipar porque o câmbio nominal voltou a se valorizar, através de uma combinação de intervenções no mercado futuro de câmbio com um aumento da inflação dos bens domésticos.
13. As duas projeções dinâmicas mostradas no gráfico 3 consideram como variáveis exógenas as relações de troca e o passivo externo. Se deixarmos

como exógeno o passivo, as projeções dinâmicas praticamente reproduzem as duas trajetórias no gráfico 3, o que não ocorre se deixarmos como exógenas as relações de troca. Essa é uma forma alternativa de concluir que a variável dominante na explicação do câmbio real de equilíbrio é o passivo externo, que, no entanto, não é independente das relações de troca nem do câmbio real.

14. Esse é, também, um período de crescimento econômico acelerado. Através de vários canais de transmissão, o aumento dos preços de commodities permitiu uma aceleração do crescimento do PIB.
15. Sendo fluxos cambiais totais, eles caminham próximo do saldo no balanço de pagamentos. Entre 2002 e 2011, existiram superávits na balança de pagamentos (ver o gráfico 6 logo a seguir), que permitiram que o Banco Central acumulasse reservas. A partir de 2012, começa um longo período no qual o Banco Central se ausentou do mercado à vista, sem compras ou vendas, o que forçava o equilíbrio no balanço de pagamentos.
16. Note-se que no período no qual o Banco Central se ausentou do mercado à vista de câmbio ocorreu um equilíbrio contínuo no balanço de pagamentos, com os saldos acumulados das contas financeira e de capitais caminhando muito próximo dos saldos nas contas-correntes.
17. Um investidor norte-americano vendia um título de um ano e comprava um ativo de renda fixa de um ano no Brasil, ganhando a diferença entre as duas taxas nominais de juros, mas a esse ganho tinha que adicionar mais 7% ao ano (em média) vindo da valorização do real; porém os ingressos de portfólio não se resumiam aos títulos de renda fixa ou às operações de *carry-trade*. Como o Brasil crescia rapidamente, havia boas expectativas com relação aos *earnings* das empresas, o que estimulava a compra de ações por parte de não residentes.
18. Críticos mais vocais e com grande carga ideológica chegavam a afirmar que o Banco Central havia sido capturado pelos interesses do mercado financeiro.
19. Certos tipos de investidores não residentes, como os fundos de pensão de grandes universidades, só são autorizados por seus reguladores a comprar ativos de países que tenham no mínimo a classificação de *Investment Grade* concedido por duas agências de classificação de riscos.
20. Aguirre e Calderón (2005); e Rodrik (2007). Um trabalho pioneiro nesse campo é o de Razin e Collins (1997).
21. Tentei sem sucesso introduzir no modelo aqui apresentado o consumo

do governo e os diferenciais de produtividade (usando os dados da Penn World Table).

22. Nenhum dos defensores das vantagens de um câmbio subvalorizado, no Brasil, se refere ao "desalinhamento cambial", e sim ao nível do câmbio real.
23. Habib, Mileva e Stracca (2016).
24. Missio, Jaime Jr., Britto e Oreiro (2015).
25. Eichengreen (2008).
26. Acemoglu e Robinson (2012).
27. No seu modelo, isso equivale a retirar o "imposto" que incide sobre os bens internacionais.
28. Prasad, Rajan e Subramanian (2007a).
29. Prasad, Rajan e Subramanian (2007b).
30. Aghion e outros (2006).
31. No contexto de uma economia fechada, não há dúvidas de que mais poupanças significam mais crescimento, mas a explicação sobre essa ligação entre poupanças e crescimento no contexto de uma economia aberta ainda é um campo em construção na teoria econômica. Uma tentativa nessa direção é a de Aghion e outros (2006).
32. Essa é a explicação de Kraay e Ventura (2002), que, no entanto, não se refere especificamente aos países emergentes.
33. Polónia Rios e Motta Veiga (2014).
34. Appy (2014).
35. Governadores rebeldes que não atendiam ao "comando" tinham seu mandato cassado, sendo substituídos por um outro governador nomeado.
36. Obstfeld e Rogoff (1995).
37. Uma intervenção esterilizada não tem efeitos monetários. Se o Banco Central operar controlando o estoque de moeda, tem que vender títulos públicos em mercado aberto em valor igual ao da aquisição de reservas. Se operar fixando a taxa de juros, como ocorre no regime de metas de inflação, vende um valor de títulos públicos que impede a queda da taxa que seria provocada pela injeção de moeda vinda da aquisição das reservas.
38. Dornbusch (1976). A mesma propriedade vale nos modelos monetários com preços flexíveis. Nesses dois casos, os ativos domésticos são substitutos perfeitos de ativos internacionais, o que leva àquele resultado.
39. No passado havia grande ceticismo sobre a eficácia das intervenções esterilizadas que no Jurgenson Report chegaram a ser julgadas como totalmente ineficazes. Ver a esse respeito Rodrigues e Frankel (1993); e

Frankel (1993). Na literatura predomina a noção de que a eficácia existe, mas é limitada. Mais recentemente, Levy-Yeyati e Stutzeneger (2007) mostraram evidências de que elas vêm sendo utilizadas com sucesso pelos países que buscam evitar a valorização de suas moedas. Contudo, toda essa discussão se refere aos efeitos das intervenções sobre o câmbio nominal, e não ao câmbio real.

40. Essa não foi a única providência. Como ficará claro logo em seguida, havia pouca munição para intervir, o que significa que só restava a alternativa de caminhar mais lentamente para a meta. Foi uma decisão difícil porque o regime de metas de inflação era jovem, e o Banco Central ainda não havia acumulado credibilidade suficiente. Foi, então, tomada a decisão de definir uma meta intermediária, que convergiria para a meta oficial. A transparência da decisão e o seu sucesso ao final preservaram a credibilidade em um momento crucial do regime. A fundamentação dessa decisão é exposta no artigo de Fraga, Goldfajn e Minella (2003).
41. O governo Park buscava obter suporte após as demonstrações estudantis que levaram à queda do governo anterior e havia uma capacidade produtiva ainda limitada devido ao custo da ocupação japonesa e do final da Guerra da Coreia.

BIBLIOGRAFIA

ACEMOGLU, D.; JOHNSON, S. (2005); ROBINSON, J. A. “Institutions as a Fundamental Cause of Long-Run Growth”. In: AGHION, Philippe; DURLAUF, Stephen (Orgs.). *Handbook of Economic Growth*. North Holland: Elsevier, 2005.

ACEMOGLU, D.; ROBINSON, J. A. (2012). *Why Nations Fail*. Nova York: Crown Publishing Group, 2012.

ADAMS, C.; GROS, D. (1986). “The Consequences of Real Exchange Rate Rules for Inflation: Some Illustrative Examples”. *International Monetary Fund Staff Papers*, v. 33, set. 1986.

AGHION, P.; COMIN, D.; HOWITT, P. (2006). “When Does Domestic Saving Matter for Economic Growth”. *NBER Working Paper*, n. 12 275.

AGUIRRE, Á.; CALDERÓN, C. (2005). “Real Exchange Rate Misalignments and Economic Performance”. *Central Bank of Chile Working Papers*, n. 315, abr. 2005.

ALDRED, J. (2019). *Licence to Be Bad: How Economics Corrupted Us*. Londres: Penguin, 2019.

ALESINA, A.; FAVERO, C.; GIAVAZZI, F. (2019). *Austerity: When It Works and When It Doesn't*. Princeton: Princeton University Press, 2019.

ALVES, E. R. A.; PASTORE, A. C. (1978). “Import Substitution and Implicit Taxation of Agriculture in Brazil”. *American Journal of Agricultural Economics*, v. 60, n. 5, pp. 865-71, dez. 1978.

APPY, B. (2014). *Reforma da tributação de bens e serviços*. E-book CDPP, 2014.

AYER, H. W.; SCHUH, G. E. (1972). "Social Rates of Return and Other Aspects of Agricultural Research: The Case of Cotton Research in São Paulo, Brazil". *American Journal of Agricultural Economics*, v. 54, n. 4, pp. 557-77, 1972.

BACHA, E. L. et al. (1972). *Análise governamental de projetos de investimentos: procedimentos e recomendações*. Rio de Janeiro: IPEA; INPES, 1972.

BACHA, E. L. (1977). "Sobre a taxa de câmbio: Um adendo ao artigo de Pastore-Barros-Kadota". *Pesquisa e Planejamento Econômico*, ago. 1978. Disponível em: <http://repositorio.ipea.gov.br/bitstream/11058/6829/1/PPE_v7_n1_Sobre.pdf>. Acesso em: 3 abr. 2021.

BAER, W.; KERSTNETSKY, I. (1962). "Some Observations on the Brazilian Inflation". In: _______ (Orgs.). *Inflation and Growth in Latin America*, 1962.

BALASSA, B. (1965). "Tariff Protection in Industrial Countries: An Evaluation". *Journal of Political Economy*, dez. 1965.

BARRO, R. (1974). "Are Government Bonds Net Wealth?". *Journal of Political Economy*, v. 82, 1974.

BLANCHARD, O.; FISCHER, S. (1989). *Lectures on Macroeconomics*. Cambridge (MA): The MIT Press, 1989.

BILS, M.; KLENOW, P. (2000). "Does Schooling Causes Growth?". *American Economic Review*, v. 90, 2000.

BLANCHARD, O. (2005). "Fiscal Dominance and Inflation Targeting: Lessons from Brazil". In: GIAVAZZI, F.; GOLDFAJN, I.; HERRERA, S. (org.). *Inflation Targeting, Debt, and the Brazilian Experience, 1999 to 2003*. Cambridge (MA): The MIT Press, 2005.

_______. (2019) "Public Debt and Low Interest Rates". *American Economic Review*, v. 109, n. 4, abr. 2019.

BLINDER, A. S. (2018). *Advice and Dissent: Why America Suffers When Economics and Politics Collide*. Nova York: Basic Books, 2018.

BRANDT, S. A. "Estimativas de ofertas de produtos agrícolas no estado de São Paulo" (mimeo). São Paulo: Instituto de Economia Agrícola da Secretaria da Agricultura do Estado de São Paulo, 1965.

BOHM, H. (1991). "Budget Balance Through Revenue or Spending Adjustments?: Some Historical Evidence for the United States". *Journal of Monetary Economics*, v. 27, 1991.

BONELLI, R.; RODRIGUES, C. F. (s.d). "PIB trimestral: Proposta metodológica e resultados para o período 1947-79". Disponível em: <http://bibliotecadigital.fgv.br/dspace/handle/10438/11687>. Acesso em: 5 abr. 2021.

BORDO, M. D. (1993). "The Bretton Woods International Monetary System:

A Historical Overview". In: BORDO, M. D.; EICHENGREEN, B. (Orgs.). *A Retrospective on The Bretton Woods System: Lessons for International Monetary Reform*. Chicago: The University of Chicago Press, 1993.

BRUNO, M. (1967). "The Optimal Selection of Export Promoting and Import Substituting Projects". In: *United Nations: Planning the External Sector — Technics, Problems and Policies*. Nova York: United Nations, 1967.

BULGARIN et al. (2010). "From a Miracle to a Disaster: The Brazilian Economy in the Past 3 Decades". *Brazilian Review of Econometrics*, v. 30, n. 1, pp. 3-22, maio 2010.

CALVO, G. (1988). "Servicing the Public Debt: The Role of Expectations". *American Economic Review*, n. 78, set. 1988.

_______; REINHART, C. M.; VÉGH, C. (1995). "Targeting the Real Exchange Rate: Theory and Evidence". *Journal of Development Economics*, v. 47, 1995.

CAMPOS, R. O. (1994). *A lanterna na popa: Memórias*. Topbooks: Rio de Janeiro, 1994.

CERQUEIRA, C. A. (2003). *Dívida externa brasileira*. Brasília: Banco Central do Brasil, 2003.

CHACEL, J. M.; SIMONSEN, M. H.; WALD, A. (1969). "A correção monetária". Apec, 1969.

CHENNAREDDY, V. (1967). "Production Efficiency in South Indian Agriculture". *Journal of Farm Economics*, v. 49, nov. 1967.

CLARIDA, R.; GALI, J.; GERTLER, M. (1998). "Monetary Policy Rules and Macroeconomic Stability: Evidence and Some Theory". *NBER Working Paper*, 6442, mar. 1998.

CORDEN, W. M. "The theory of protection. Oxford". Clarendon Press, 1971.

DEAN, E. (1966). *The Supply Response of African Farmers*. Amsterdã: North-Holland, 1966.

_______; HARPER, M. J.; SHERWOOD, M. S. (1996). "Productivity Measurement with Changing-Weight Indezes of Outputs and Inputs". Apresentado em "OECD Expert Workshop on Productivity: International Comparison and Measurement Issues", Paris, 2-3 maio 1996.

DELFIM NETTO, A. (1959). *O problema do café no Brasil*. 3. ed. São Paulo: Editora Unesp, 2009.

_______; PASTORE, A. C.; PEREIRA DE CARVALHO, E. (1965). "Agricultura e desenvolvimento econômico no Brasil". *Estudos ANPES*, n. 5, 1965.

DOOLEY, M.; FOLKERTS-LANDAU, D.; GARBER, P. (2003). "An Essay on the Revised Bretton Woods System". *NBER Working Paper*, n. 9971, set. 2003.

DORNBUSCH, R. (1982). "PPP Exchange Rate Rules and Macroeconomic Stability". *Journal of Political Economy*, n. 90, fev. 1982.

ECKAUS, R. S. (1955). "The Factor-Proportions Problem in Underdeveloped Areas". *American Economic Review*, n. 45, pp. 539-65, set. 1955.

EDDEL, M. (1965). "The Adequacy of Food Production for Economic Development in Latin America". Tese de M. A. não publicada. Nova York: Universidade Columbia, 1965.

EDWARDS, S. (1988). "Real and Monetary Determinants of Real Exchange Rate Behavior: Theory and Evidence from Developing Countries. *NBER Working Paper*, n. 2721, 1988.

_______. (1989). *Exchange Rate Misalignment in Developing Countries*. Baltimore: Johns Hopkins University Press, 1989.

_______; SAVASTANO, M. (2000). "Exchange Rates in Emerging Economies: What do We Know? What do We Need to Know?". In: KRUEGER, A. (Orgs.). *Economic Policy Reform: The Second Stage*. Chicago: University of Chicago Press, 2000.

EICHENGREEN, B.; HAUSMANN, R.; PANIZZA, U. (2003). "Currency Mismatches, Debt Intolerance and Original Sin: Why They Are Not The Same And Why It Matters". *NBER Working Paper*, n. 10036, out. 2003.

EICHENGREEN, B. (2008). "The Real Exchange Rate and Economic Growth". *Working Paper*, n. 4, Comissão de Crescimento e Desenvolvimento, 2008.

ELLERY, R.; TEIXEIRA, A. (2013). "O milagre, a estagnação e a retomada do crescimento: As lições da economia brasileira nas últimas décadas". In: VELOSO; FERREIRA; GIAMBIAGI; PESSOA (Orgs.). *Desenvolvimento econômico: Uma perspectiva brasileira*. Rio de Janeiro: Elsevier, 2013.

EVENSON, R. (1967). "The Contribution of Agricultural Research to Production". *Jounal of Farm Economics*, v. 49, n. 5, pp.1415-25, dez. 1967.

FALCON, W. (1964). "Farms Supply Response in a Subsistence Economy: The Case of West Pakistan". *American Economic Review*, v. 54, n. 3, 1964.

FARUQEE, H. (1994). "Long-Run Determinants of the Real Exchange Rate: A Stock-Flow Perspective". *IMF Working Paper*, ago. 1994.

FEENSTRA, R. C.; INKLAAR, R.; TIMMER, M. P. (2015). "The Next Generation of the Penn World Table". *American Economic Review*, v. 105, n. 10, pp. 3150-82. Disponível em: <https://www.rug.nl/ggdc/docs/the_next_generation_of_the_penn_world_table.pdf>. Acesso em: 30 ago. 2021.

FELIX, D. (1964). "Monetarists, Structuralists and Import-Substituting Industrialization: Acritical Appraisal". In: BAER, W.; KERSTNETSKY, I. (Orgs.). *Inflation and Growth in Latin America*. Homewood: Richard D. Irwin, 1964.

FERREIRA, A. (2016). "Origens e evolução da Secretaria do Tesouro Nacional". In: BACHA, E. *A crise fiscal brasileira: Ensaios em homenagem a Fábio de Oliveira Barbosa*. Rio de Janeiro: Civilização Brasileira, 2016.

FERREIRA, P. C.; VELOSO, G. (2013). "O desenvolvimento econômico brasileiro no Pós-Guerra". In: VELOSO; FERREIRA; GIAMBIAGI; PESSOA (Orgs.). *Desenvolvimento econômico: Uma perspectiva brasileira*. Rio de Janeiro: Elsevier, 2013.

FERREIRA DE SOUZA, P. H. G. (2018). *Uma história de desigualdade: A concentração de renda entre os ricos no Brasil, 1926-2013*. São Paulo: Hucitec, 2018.

FISCHER, S. (1994). "Modern Central Banking". In: CAPIE, F.; GOODHART, C; FISCHER, S.; SCHADT, N. *The Future of Central Banking: The Tercentenary Symposium of the Bank of England*. Cambridge: Cambridge University Press, 1994.

FISHLOW, A. (1972). "Brazilian Size Income Distribution". *American Economic Review*, maio 1972.

_______. (1974). "Algumas reflexões sobre a política econômica brasileira após 1964". *Estudos Cebrap*, n. 7, jan.-maio 1974.

FRAGA, A.; GOLDFAJN, I; MINELLA, A. (2003). "Inflation Targeting in Emerging Market Economies". *NBER Working Paper*, 2003.

FRAGELLI CARDOSO, R. (2013). "Política econômica, reformas institucionais e crescimento: A experiência brasileira (1945-2010)". In: VELOSO; FERREIRA; GIAMBIAGI; PESSOA (Orgs.). *Desenvolvimento econômico: Uma perspectiva brasileira*. Rio de Janeiro: Elsevier, 2013.

FRANCO, G. (2017). *A moeda e a lei: Uma história monetária brasileira, 1933-2013*. Rio de Janeiro: Zahar, 2017.

FRANKEL, J. A. (1993). *On Exchange Rates*. Cambridge (MA): The MIT Press, 1993.

FREUND, C. (2000). "Current Account Adjustments in Industrialized Countries". *International Finance Discussion Papers*, n. 692, Conselho de Governadores do FRB, dez. 2000.

FRIEDMAN, M.; SCHWARTZ, A. J. (1963). *A Monetary History of the United States*. Princeton: Princeton University Press, 1963.

FROOT, K.; ROGOFF, K. (1995). "Perspectives on PPC and Long-Run Real Exchange Rates". In: GROSSMAN, G.; ROGOFF, K. (Orgs.). *Handbook of International Economics*. Amsterdã: North-Holland, 1995. v. 3.

FUNDAÇÃO INSTITUTO BRASILEIRO DE GEOGRAFIA E ESTATÍSTICA (1977). "Matriz das relações interindustriais", Brasil, 1970. Versão preliminar restrita às indústrias de transformação e extrativa mineral. Rio de Janeiro: Fundação Instituto Brasileiro de Geografia e Estatística, 1977.

FURTADO, C. (1967). *Análise do modelo brasileiro*. Rio de Janeiro: Civilização Brasileira, 1962.

GASQUES, J. G.; BASTOS, E. T.; VALDES, C.; BACCHI, M. R. P. (2012). "Produtividade da agricultura brasileira e os efeitos de algumas políticas". *Revista de Política Agrícola*, ano XXI, n. 3, jul./ago./set. 2012.

GEITHNER, T. F. (2014). *Stress Test: Reflections on Financial Crises*. Nova York: Crown Publisher, 2014.

GOLDFAJN, I.; VALDÉS, R. O. (1996). "The Aftermath of Depreciations". *NBER Working Paper*, 1996.

GRILICHES, Z. (1958). "Research Costs and Social Returns: Hybrid Com and Related Innovations". *Journal of Political Economy*, v. 66, pp. 419-31, out. 1958.

_______. (1964). "Research Expenditures, Education, and the Aggregate Agricultural Production Function". *American Economic Review*, v. 54, dez. 1964.

GRUNWALD, P. (1961). "The Structuralist School on Price Stabilization and Economic Development: The Chilean Case". In: HIRSHMAN, A. O. (Org.). *Latin American Issues*. Nova York: 20th Century Fund, 1961.

HABIB, M. M.; MILEVA, E.; STRACCA, L. (2016). "The Real Exchange Rate and Economic Growth: Revisiting The Case Using External Instruments". Working Paper, Banco Central Europeu, 2016.

HAMILTON, J. D.; FLAVIN M. A. (1986). "On The Limitations of Government Borrowing: A Framework for Empirical Testing". *American Economic Review*, v. 76, pp. 809-19, set. 1986.

HARBERGER, A. C. (1972). "On Measuring The Social Opportunity Cost of Labor". In: *Project Evaluation: Collected Papers*. Londres: Macmillan, 1972.

HARRIS, J. E.; TODARO, M. P. (1970). "Migration, Unemployment and Development: A Two Sector Analysis. *American Economic Review*, mar. 1970.

HAUSMANN, R.; PRITCHETT, L.; RODRIK, D. (2005). "Growth Accelerations". *Journal of Economic Growth*, v. 10, n. 4, pp. 303-29, 2005.

HAYAMI, Y.; RUTTAN, V. (1971). *Agriculture Development: An International Perspective*. Baltimore: John Hopkins University Press, 1971.

HINKLE, C. E.; MONTIEL, P. J. (1999). *Exchange Rate Misalignment: Concepts and Measurement for Developing Countries*. Oxford: Oxford University Press, 1999.

HIRSCHMAN, A. O. (1968). "The Political Economy of Import-Substituting Industrialization in Latin America". *The Quarterly Journal of Economics*, fev. 1968.

HOPPER, D. (1965). "Alocation Efficiency in a Traditional Indian Aggriculture". *Journal of Farm Economics*, v. 47, ago. 1965.

ISARD, P. (2007). "Equilibrium Exchange Rates: Assessment Methodologies". *IMF Working Paper*, n. 296, dez. 2007.

ISSLER, J. V.; LIMA, L. R. O. (1997). "Como se equilibra o orçamento do governo no Brasil: Aumento de receitas ou corte de gastos?". *Pesquisa e Planejamento Econômico*, 1997.

_______. (1998). "Public Debt Sustainability and Endogenous Seignoriage in Brazil: Time Series Evidence from 1974-92". *Ensaios Econômicos EPGE*, dez. 1998.

JALORETTO, C. (2016). "Banco Central do Brasil: Evolução histórica e questões atuais". In: BACHA, E. (Org.). *A crise fiscal brasileira: Ensaios em homenagem a Fábio de Oliveira Barbosa*. Rio de Janeiro: Civilização Brasileira, 2016.

JOHNSON, H. G. (1976). "Um panorama da crise mundial e do comércio internacional". *Revista Brasileira de Economia*, v. 30, jan.-mar. 1976.

JOHNSTON, B. F.; MELLOR, J. W. (1961). "The Role of Aggriculture in Economic Development". *American Economic Review*, pp. 563-93, set. 1961.

JUDD, J. P.; RUDEBUSCH, G. D. (1998). "Taylor's Rule and The Fed: 1970-1997". *FRBSF Economic Review*, n. 3, nov. 1998.

KAFKA, A. (1967). "The Brazilian Stabilization Program, 1964-66". *Journal of Political Economy*, v. 75, suplemento, ago. 1967

KING, K. (1971). "O emprego de deflatores inadequados e o problema de erro comum nas variáveis em estudos econométricos". *Pesquisa e Planejamento Econômico*, dez. 1971.

KRAAY, A.; VENTURA, J. (2002). "Current Accounts in the Long and the Short-Run". *NBER Macro Annual*, 2002.

KRISHNA, R. "Farms Supply Response in India-Pakistan: A Case Study of the Punjab Region". *The Economic Journal*, v. 73, set. 1963.

LANE, P.; MILESI-FERRETI, G. (2000). "The Transfer Problem Revisited: Net Foreign Assets and Real Exchange Rate". *IMF Working Paper*, jul. 2000.

LANGONI, C. G. (1974). "As causas do crescimento econômico no Brasil". *APEC*, 1974.

_______. (1973). *Distribuição de renda e desenvolvimento econômico no Brasil*. Rio de Janeiro: Expressão e Cultura, 1973.

_______. (1976). "A crise mundial: Causas e perspectivas". *Revista Brasileira de Economia*, v. 30, jan.-mar. 1976.

LEVY-YEYATI, E.; STURZENEGGER, F. (2007). "Fear of Floating in Reverse: Exchange Rate Policy in the 2000s". Banco Mundial; Universidade Harvard; e Universidade Torcuato di Tella, 2007.

LEWIS, W. A. (1954). "Economic Development with Unlimited Labor Supply". *The Manchester School*, v. 2, maio 1954.

LITTLE, I. M. D.; MIRRLEES, J. A. (1968). *Manual of Industrial Projects Analysis in Developing Economies*. Paris: OECD, 1968.

LIZONDO, J. S. (1991). "Real Exchange Rate Targets, Nominal Exchange Rate Policies, and Inflagtion". *Revista de Analisis Economico*, n. 6, 1991.

LOZARDO, E. (2019). *Ok, Roberto. Você venceu!: O pensamento econômico de Roberto Campos*. São Paulo: Topbooks, 2019.

MALAN, P.; WELLS, J. (1982). "Análise do modelo brasileiro". *Pesquisa e Planejamento Econômico*, resenha bibliográfica, dez. 1972.

MCKINNON, R. I. (1996). *The Rules of The Game: International Money and Exchange Rate Rules*. Cambridge (MA): The MIT Press, 1996.

MEGGINSON, W. L.; NETTER, J. M. (2001). "From State to Market: A Survey of Empirical Studies on Privatization". *Journal of Economic Literature*, v. 39, jun. 2001.

MENDES, M. (2016). "A Lei 11.803/2008 e as relações financeiras entre o Tesouro Nacional e o Banco Central". In: BACHA, E. (Org.). *A crise fiscal e monetária brasileria*. Rio de Janeiro: Civilização Brasileira, 2016.

MENDONÇA DE BARROS, J. R.; LOBATO, H. D.; TRÁVOLO, M. A.; ZOCKUN, M. H. G. P. (1975). "Sistema fiscal e incentivos à exportação". *Revista Brasileira de Economia*, n. 29, out.-dez. 1975.

MISSIO, F. J.; JAIME JR., F. G.; BRITTO, G.; OREIRO, J. L. (2015). "Real Exchange Rate and Economic Growth: New Empirical Evidence". *International Review of Economics*, 2015.

MODIGLIANI, F.; BRUMBERG, R. (1954). "Utility Analysis and The Consumption Function: An Interpretation of The Cross-Section Data". In: KURIHARA, K. K. (Org.). *Pos-Keynesian Economics*. New Brunswick: Rutgers University Press, 1954.

_______ (1983). "Government Deficits, Inflation and Future Generations". In: JOHNSON, S. (Org.). *The Collected Papers of Franco Modigliani*. Cambridge (MA): The MIT Press, 1989.

_______ (1987). "The Economics of Public Deficits". In: JOHNSON, S. (Org.). *The Collected Papers of Franco Modigliani*. Cambridge (MA): The MIT Press, 1989.

_______ (1987). "Government Debt, Government Spending and Private Sector Behavior: A Comment". In: JOHNSON, S. (Org.). *The Collected Papers of Franco Modigliani*. Cambridge (MA): The MIT Press, 1989.

MODIGLIANI, F.; BRUMBERG, R. (1987). "The Economics of Public Deficits". In: RAZIN, A.; SADKA, E. (Org.). *Economic Policy in Theory and Practice*. Londres: Macmillan, 1987.

_______ (1989). "Reagan's Economic Policies: A Critique". In: JOHNSON, S. (Org.). *The Collected Papers of Franco Modigliani*. Cambridge (MA): The MIT Press, 1989.

MOLDAU, J. H. (1985). "O custo de recursos domésticos como critério para avaliar a eficiência na produção de exportáveis, aplicado ao caso brasileiro no início da década de 1970". *Revista Brasileira de Economia*, v. 30, abr.-jun. 1985.

MUNDELL, R. A. (1968). *International Economics*. Nova York: Macmillan, 1968.

_______; SWOBODA, A. K. (1969). *The Monetary Problems of The International Economy*. Chicago: University of Chicago Press, 1969.

MUSSA, M. (1984). "The Theory of Exchange Rate Determination". In: BILSON, J. F. O.; MARSON, R. C. (Org.). *Exchange Rate Theory and Practice*". Chicago: University of Chicago Press, 1984.

MUTH, J. F. (1981). "Optimal Properties of Exponentially Weighted Forecasts". In: LUCAS JR., R. E.; SARGENT, T. J. (Org.). *Rational Expectations and Econometric Practice*. Minneapolis: University of Minesota Press, 1981.

NERLOVE, M. (1958). *The Dynamics of Supply Estimation of Farmer's Response to Price*. Baltimore: The Johns Hopkins Press, 1958.

NORTH, D. C. (1990). *Institutions, Institutional Change and Economic Performance*. Cambridge: Cambridge University Press, 1990.

OBSTFELD, M. (1993). "The Adjustment Mechanism". In: BORDO, M. D.; EICHENGREEN, B. (Org.). *A Retrospective on The Bretton Woods System: Lessons for International Monetary Reform*. Chicago: Universtity of Chicago Press, 1993.

_______; ROGOFF, K. S. (1995). "Exchange Rate Dynamics Redux". *Journal of Political Economy*, v. 103, n. 3, pp. 624-60, 1995.

_______ (1996). *Foundations of International Macroeconomics*. Cambridge (MA): The MIT Press, 1996.

ORPHANIDES, A.; WILLIAMS, J. C. (2004). "The Decline of Activist Stabilization Policy: Natural Rate Misperceptions, Learning and Expections". *International Finance Discussion Papers*, Conselho de Governadores do Federal Reserve System, n. 804, abr. 2004.

PAIVA, R. M. (1968). "O mecanismo de autocontrole no processo de expansão da melhoria técnica da agricultura". *Revista Brasileira de Economia*, n. 3, 1968.

PAIVA, R. M. (1968) "Modernização e dualismo tecnológico na agricultura". *Pesquisa e Planejamento*, v. 1, n. 2, dez. 1971.

______ (1975). "Modernização e dualismo tecnológico na agricultura: Uma reformulação". *Pesquisa e Planejamento*, v. 5, n. 1, jun. 1975.

PASTORE, A. C. (1969). "Inflação e política monetária no Brasil". *Revista Brasileira de Economia*, v. 23, jan.-mar. 1969.

______ (1969). *A resposta da produção agrícola aos preços no Brasil*. São Paulo: FEA-USP, 1969. Tese (Doutorado em Economia).

______ (1971). "A oferta de produtos agrícolas no Brasil". *Estudos Econômicos*, São Paulo, v. 1, n. 3, pp. 35-69, mar. 1971.

______ (1972). "O emprego de defatores inadequados e o problema de erro comum nas variáveis em estudos econométricos: Um comentário". *Pesquisa e Planejamento Econômico*, jun. 1972.

______ (1994). "Déficit público, a sustentabilidade do crescimento das dívidas interna e externa, senhoriagem e inflação: Uma análise do regime monetário brasileiro". *Revista de Econometria*, n. 14, 1994.

______ (1996). "Por que a política monetária perde eficácia?". *Revista Brasileira de Economia*, v. 50, n. 3, 1996.

______ (1997). "Passividade monetária e inércia". *Revista Brasileira de Economia*, v. 51, jan.-mar., 1997.

______ (1997). "Senhoriagem e inflação: O caso brasileiro". Texto para discussão 005. EPGE, FGV, set. 1997.

______ (2015). *Inflação e crises: O papel da moeda*. Rio de Janeiro: Elsevier, 2015.

______; ALVES, E. R. A.; RIZZIERI, J. A B. (1974). "Inovação induzida e os limites à modernização na agricultura brasileira". *Revista de Economia Rural*, XIV, tomo 1. Anais da XII Reunião Anual da Sociedade Brasileira de Economia Rural, Porto Alegre, 22-4 jul. 1974.

PASTORE, A. C.; ALMONACID, R. D. (1975). "Gradualismo ou tratamento de choque". *Pesquisa e Planejamento Econômico*, v. 5, dez. 1975.

PASTORE, A. C.; MENDONÇA DE BARROS, J. R. (1976). "Absorção de mão de obra e efeitos distributivos do progresso tecnológico na agricultura". *Revista Brasileira de Economia*, n. 30, jul.-set. 1976.

PASTORE, A. C.; MENDONÇA DE BARROS, J. R.; KADOTA, D. (1977). "A paridade de poder de compra, minidesvalorizações e o equilíbrio da balança comercial brasileira". *Pesquisa e Planejamento Econômico*, ago. 1976.

PASTORE, A. C.; MENDONÇA DE BARROS, J. R.; KADOTA, D. (1978). "Sobre a taxa de câmbio: Resultados adicionais e uma réplica a Bacha". *Pesquisa e Planejamento Econômico*, ago. 1978.

PASTORE, A. C.; SAVASINI, J. A. A.; AZAMBUJA ROSA, J. (1978). "Quantificação dos incentivos à exportação". Funcex, 1978.

PASTORE, A. C.; SVASINI, J. A. A.; AZAMBUJA ROSA, J.; KUME, H. (1979). "Promoção efetiva às exportações no Brasil". Funcex, 1979.

PENHA CYSNE, R. (1985). "Política econômica no Brasil: 1964-66". *Ensaios Econômicos*, EPGE, n. 55, jan. 1985.

PESSÔA, S.; LISBOA, M. (2020). "Debate permanente com base na evidência empírica". In: GOLDFAJN, I.; DANTAS, F. (Orgs.). *A economia com rigor*. São Paulo: Portfolio Penguin, 2020.

PETERSON, W. L. (1967). "Returns to Poultry Research in The United States". *Journal of Farm Economics*, v. 49, n. 3, pp. 656-69, 1967.

PINHO DE MELLO, J. M.; CARRASCO, V. "Por que fracassamos na infraestrutura? Diagnóstico, remédios e um arcabouço teórico de análise". In: PASTORE, A. C. (Org). *Infraestrutura: Eficiência e ética*. Rio de Janeiro: Elsevier, 2017, cap. 2.

PINOTTI, M. C. (2019). "Corrupção, instituições e estagnação econômica: Brasil e Itália". In: ______ (Org.). *Corrupção: Lava Jato e Mãos Limpas*. São Paulo: Portólio-Penguin, 2019.

POLÓNIA RIOS, S.; MOTTA VEIGA, P. (2014). "Abertura comercial: Reforma necessária (mas não suficiente) para a retomada do crescimento econômico". Rio de Janeiro, Cindes-CDPP, 2014.

POPPER, K. R. (1959). *The Logic of Scientific Discovery*. Londres; Nova York: Routledge, 1959.

PORTUGAL, M. (2016). "Política fiscal na primeira fase do Plano Real". In: BACHA, E. (Org.). *A crise fiscal e monetária brasileira*. Rio de Janeiro: Civilização Brasileira, 2016.

PRASAD, E.; RAJAN, R.; SUBRAMANIAN, A. (2007a). "The Paradox of Capital". *Finance and Development*, v. 44, n. 1, mar. 2007.

______ (2007b). "Foreign Capital and Economic Growth". *NBER Working Paper*, n. 13619, 2007.

RAZIN, O.; COLLINS, S. M. (1997). "Real Exchange Rate Misalignments and Growth". *NBER Working Paper*, n. 6174, set. 1997.

REINHART, C. M.; ROGOFF, K. (2013). "Shifting Mandates: The Federal Reserve First Centennial". *NBER Working Paper*, n. 18 888, mar. 2013.

REINHART, C. M.; ROGOFF, K.; SAVASTANO, M. (2003). "Debt Intolerance". *Brookings Papers on Economic Activity*, v. 1, pp. 1-74, 2003.

RODRIGUES, K. M.; FRANKEL, J. A. (1993). *Does Foreign Exchange Intervention Work?*. Washington: Institute for International Economics, 1993.

RODRIK, D. (1994). "Getting Interventions Right: How South Korea and Taiwan Grew Rich". *NBER Working Paper*, n. 4964, dez. 1994.

_______ (2008). "Real Exchange Rate and Economic Growth". *Brookings Papers on Economic Activity*, outono 2008.

_______ (2018). Straight Talk on Trade. Princeton: Princeton University Press, 2018.

ROGOFF, K. (2007). "Impact of Globalization on Monetary Policy". In: *The New Economic Geography: Effects and Policy Implications*. Kansas City: Federal Reserve Bank of Kansas City, 2007.

RUGGLES, R. (1962). "Summary of the Conference". In: BAER, W.; KERSTNETSKY, I. (Orgs.). *Inflation and Growth in Latin America*. Homewood: Richard D. Irwin, 1962.

SACHS, J. (Org.) (1989). *Developing Country Debt and the World Economy*. Chicago: University of Chicago Press, 1989.

SARGENT, T. J. (1987). *Macroeconomic Theory*. 2. ed. Cambridge (MA): Academic Press, 1987.

_______; WALLACE, N. (1993). "Some Unpleasant Monetarist Aritmetic". In: SARGENT, T. J. *Rational Expectations and Inflation*. Nova York: HarperCollins.

SAVASINI, J. A. A. (1975). *A Study of Export Promotion: The Brazilian Case*. Nashvile, Vanderbilt University, 1975. Tese (Doutorado).

_______; KUME, H. (1979). "Custo de recursos domésticos das exportações brasileiras". Fundação Centro de Estudos do Comércio Exterior, 1979.

SCHILLER, R. (2019). *Narrative Economics*. Princeton: Princeton University Press, 2019.

SCHLEIFER, A. (1998). "State Versus Private Ownership". *NBER Working Paper*, n. 6665, 1998.

SCHULTZ, T. W. (1964). *Transforming Traditional Agriculture*. New Haven: Yale University Press, 1964.

SILBER, W. (2012). *Volker, The Triumph of Persistence*. Nova York: Bloomsbury, 2012.

SIMONSEN, M. H. (1970). "Inflação: Gradualismo vs. tratamento de choque". *APEC*, Rio de Janeiro, 1970.

SOLOMON, R. (1982). *The International Monetary System: 1945-1981*. Nova York: Harper and Row, 1982.

SOLOW, R. (1956). "A Contribution to The Theory of Economic Growth". *Quarterly Journal of Economics*, v. 70, 1956.

STIGLITZ, J. E. (1974). "Alternative Theories of Wage Determination and Unemployment in LDCS: The Labor Turnover Model". *Quarterly Journal of Economics*, maio 1974.

SWOBODA, A. K. (1976). "Inflação, petróleo e crise econômica mundial". *Revista Brasileira de Economia*, v. 30, jan.-mar. 1976.

TAYLOR, J. (1979). "Staggered Price Setting in a Macro Model". *American Economic Review*, v. 69, maio 1979.

_______ (1980). "Aggregate Dynamics and Staggered Contracts". *Journal of Political Economy*, v. 88, 1980.

TODARO, M. P. (1969). "A Model of Labor Migration and Urban Unemployment in Less Developed Countries". *American Economic Review*, mar. 1969.

TREHAN, B.; WALSH, C. (1988). "Common Trends, Intertemporal Balance and Revenue Smoothing". *Journal of Economic Dynamics and Control*, v. 12, pp. 425-44, 1988.

TRIFFIN, R. (1960). *Gold and The Dollar Crises: The Future of Convertibility*. New Haven: Yale University Press, 1969.

TRUMAN, E. M. (1986). "The International Debt Situation". *International Finance Discussion Paper*, n. 98, dez. 1986.

TVERSKY, A.; KAHNEMAN, D. (2018). "Judgement under Uncertainty: Heuristics and Biases". In: SHAFIR, E. (Org.). *The Essential Tversky*. Cambridge (MA): The MIT Press, 2018.

VELOSO, F. A.; VILELLA, A.; GIAMBIAGI, F. (2008). "Determinantes do 'milagre' econômico brasileiro (1968-1973): Uma análise empírica". *Revista Brasileira de Economia*, v. 62, abr.-jun. 2008.

WELCH, D. E. (1965). "Response to Economic Incentives by Abakaliki Rice Farms in Eastern Nigeria". *Journal of Farm Economics*, v. 47, nov. 1965.

WOODFORD, M. (1998). "Public Debt and The Price Level" (mimeo). Princeton University Press, 1998.

ÍNDICE REMISSIVO

TIPOLOGIA Miller e Akzidenz
DIAGRAMAÇÃO Spress
PAPEL Pólen Soft, Suzano S.A.
IMPRESSÃO Gráfica Santa Marta, setembro de 2021

A marca FSC® é a garantia de que a madeira utilizada na fabricação do papel deste livro provém de florestas que foram gerenciadas de maneira ambientalmente correta, socialmente justa e economicamente viável, além de outras fontes de origem controlada.